"十四五"时期国家重点出版物出版专项规划项目

新基建核心技术与融合应用丛书

新能源汽车关键技术丛书

电动汽车充电设施规划：
建模、仿真与优化调度

师瑞峰　宁　津　叶禹江　著

U0336907

机 械 工 业 出 版 社

本书围绕电动汽车产业发展过程中充电设施对其发挥的支撑性、制约性作用，介绍了电动私家车、电动出租车等不同车型充电设施的规划/重规划建模与优化求解方法，基于系统动力学、多智能体方法的充电设施离散系统仿真建模方法，以及面向居民区、商业区等不同应用场景的多种有序充放电策略。最后，本书还对车网互动（V2G）技术方向进行了简要评述。

本书可供关注电动汽车充电设施技术与产业发展的广大研究人员和技术人员阅读和参考，也可作为高等院校电气工程相关专业的教学参考书。

图书在版编目（CIP）数据

电动汽车充电设施规划：建模、仿真与优化调度 /
师瑞峰，宁津，叶禹江著. -- 北京：机械工业出版社，
2024. 8. --（新基建核心技术与融合应用丛书）（新能
源汽车关键技术丛书）. -- ISBN 978-7-111-76045-0

Ⅰ. U469.72

中国国家版本馆 CIP 数据核字第 2024VW7083 号

机械工业出版社（北京市百万庄大街 22 号　邮政编码 100037）
策划编辑：刘星宁　　　　　　　　　　责任编辑：刘星宁　闫洪庆
责任校对：甘慧彤　杨　霞　景　飞　　责任印制：刘　媛
北京中科印刷有限公司印刷
2024 年 12 月第 1 版第 1 次印刷
169mm × 239mm · 17 印张 · 347 千字
标准书号：ISBN 978-7-111-76045-0
定价：109.00 元

电话服务　　　　　　　网络服务
客服电话：010-88361066　机 工 官 网：www.cmpbook.com
　　　　　010-88379833　机 工 官 博：weibo.com/cmp1952
　　　　　010-68326294　金 书 网：www.golden-book.com
封底无防伪标均为盗版　机工教育服务网：www.cmpedu.com

前言

■ ■ ■ ■ ■ 电动汽车充电设施规划：建模、仿真与优化调度

交通作为承载人类文明进步的工具，推动并见证了人类文明的演化历程。电动汽车作为一项集制造、机械、能源、信息、智能等多领域的集大成者产品，其技术变革与提升吸引了诸多企业、科技精英、政策制定者和普通消费者共同参与其中，为解决人类社会面临的绿色、低碳、智能、高效的交通出行共同努力。

事实上，电动汽车本身不是一个新产物，早在19世纪末，美国洛杉矶就诞生了世界上第一辆电动出租车，在20世纪初曾经一度成为汽车市场的主流产品之一；但由于受限于当时电池技术、充电技术以及高昂的使用成本，很快就被内燃机汽车替代。

20世纪70年代的石油危机，使世界各国突然意识到化石燃料储量与供给的局限性，之后西方主要发达国家越来越注重气候变化与环境问题，从20世纪80年代开始发达国家再次掀起研发电动汽车的技术热潮。截至1996年，通用汽车公司推出的EV1纯电动汽车可以连续行驶130mile[⊖]，但彼时的EV1成本高昂且销量不佳，最终于2003年停产。

进入21世纪后，世界各国（特别是欧盟）对可持续发展与环保问题越来越关注，电动汽车迎来了技术发展的黄金时期。涌现了一大批具有代表性的新一代产品，如特斯拉的Roadster电动跑车、Model S，日产的LEAF，宝马的i3等车型。时至今日，我国电动汽车在国际生产和消费领域均占据了主导地位，除了比亚迪、北汽、上汽等传统电动汽车技术路线研发的车企外，还诞生了蔚来、理想等一批应汽车电动化而生的新的产业力量，甚至小米、百度、华为等互联网巨头也都纷纷加入了电动汽车、智能交通的设计研发与生产制造。整个生态呈现如火如荼的蓬勃生机。

回顾电动汽车的整个发展历史不难看出，早期的电动汽车市场由于受电池性能、续驶里程、成本、安全性以及充电基础设施等诸多因素制约，发展并不顺利。各国先后出台了各种政策推动电动汽车的产业发展。如欧盟于2014年推出了促进清洁能源在交通领域应用的产业引导政策。我国政府早在"九五"计划期间就开始系统组织开展电动汽车的技术研发，并从"十五"计划开始通过国家"863"计划设立"电动汽车重大科技专项"，从而为我国电动汽车技术弯道超车提供了体制机制保障。产业方面，我国政府早在2009年就通过"十城千辆"规划系统布局电动汽车的产业示范，并在3年计划

⊖ 1mile=1609.344m。

完成后，于 2012 年发布了《节能与新能源汽车产业发展规划（2012—2020 年）》，持续推动产业示范与发展；除了上述系列产业政策的保障外，政府还继续通过一系列具体交通管理政策的配合，最终使我国的电动汽车产业从 2014 年开始呈现出指数级的爆发式增长态势，截至 2024 年 6 月，我国新能源汽车保有量为 2472 万辆，其中纯电动汽车保有量超过 1813.4 万辆，位居世界第一。诞生了以比亚迪和宁德时代为代表的电动汽车、动力电池产业巨头，真正确立了我国在电动汽车领域的全球领先优势。

在我国电动汽车产业发展过程中，充电设施的建立与完善发挥了决定性作用。以国家电网为代表的电力供应企业也先后经历了充电、换电的技术路线探索与抉择，最终在国家政策扶持、企业担当、技术经济性成熟等诸多因素共同作用下，实现了充电设施与电动汽车协同发展、交替引领的目标。截至 2024 年 6 月，我国电动汽车充电设施台（套）数超过 1024.3 万，并且其增速与电动汽车数量保持同步增长，这为我国电动汽车可持续发展、提供更加友好的人 - 车 - 桩 - 网 - 充的电动汽车使用条件提供了根本性的基础设施保障。

总的来说，电动汽车在过去 30 多年间经历了曲折的发展阶段，关于充电设施的规划、建模、仿真与优化调度分析一直是过去十多年间的研究热点，本书是作者对过去十多年间电动汽车充电设施由弱到强、由少到多变迁的历史见证，也是我们对这一领域学习和探索的工作总结。为区别于电动汽车向电网放电的 V2G 研究领域，本书仅以电动汽车单向充电设施的规划、仿真与优化调度为对象展开分析，暂不涉及 V2G 相关的基础设施规划技术及其优化调度方法。

本书研究得到国家自然科学基金项目（61203100）、国家重点研发计划项目（2021YFB2601300）、中央高校基本科研业务费面上基金项目（13MS19、16MS42）的资助。研究过程也得到了科学技术部高新技术司能源与交通处原处长武平教授、国家自然科学基金委员会高技术研究发展中心原总师金茂菁教高、北京交通大学贾利民教授、深圳大学潘燕春教授、华北电力大学刘自发教授、胡俊杰教授等专家的指导和帮助；同时，作者指导的研究生张宁、廖振宏、胡宇辰、郑士尧、马源、梁子航、杨阳、史丽丽、徐灵杰、李少鹏、刘嘉华、张杰、苏豪、李雨婷、贺哲等同学也为本书成稿提供了大量基础模型与算例仿真的研究支撑。在此对他们的贡献一并表示感谢！

时代的车轮滚滚向前，在双碳、环保、可持续发展等一系列新时代背景下，未来电动汽车的产业发展一定会越来越庞大，作为其基础支撑的电动汽车充电设施也一定会从体量、规模、标准、体系、便捷、绿色等方面不断取得新的突破，但愿本书能抛砖引玉，为同行提供相关技术研究与政策探讨方向的参考。由于作者水平有限，欢迎广大读者批评斧正，为共同推动我国电动汽车充电设施事业发展贡献力量。

作者

华北电力大学

前言

第2篇　电动汽车充电设施系统仿真建模

第 3 篇　电动汽车有序充电优化调度

第1章 绪 论

近年来，传统化石能源日益紧缺、城市汽车尾气排放导致的环境问题日益加剧，间接推动了电动汽车产业的迅速发展。西方主要发达国家先后制定了各自的电动汽车产业发展规划，并且对其充电、换电等能量补给装备研制及基础设施建设进行了全面规划，从而保持并扩大了他们在相关领域的技术领先优势。

我国政府十分重视电动汽车这一战略性新兴产业的发展，"十五"以来通过国家863计划、科技支撑计划等科技研发资助体系对电动汽车技术研发给予了大力支持，并通过多部委联合推动的"十城千辆"等示范工程加速了产业布局与应用发展，经过30年的努力，技术研发能力从无到有、由弱到强、再到国际引领，自主创新取得了重要突破。

尽管过去30年间我国电动汽车各项技术取得了飞快发展，但整体上电动汽车充电基础设施的规划、建设及相关运营服务等"软"服务能力发展相对滞后。早期在国家多部委联合支持下，国家电网公司、南方电网公司、普天新能源公司先后在"十城千辆"电动汽车示范城市建设了一批充换电站并投入运营，但彼时的服务对象定位大多针对电动公交车、电动环卫、电动邮政车等政府或国有企事业单位的业务运营车辆，因此具有线路固定、运营时间规律等显著特点，其充电服务能力、服务范围和服务水平也难以满足即将到来的普通居民电动汽车的充换电业务需求；自2014年起，我国电动汽车进入产业发展的快速增长期，充电设施的发展也同步进入快速发展阶段。但整体上，充电设施的发展相较电动汽车的充电需求而言仍然存在规划容量不足、时空供给与需求难以精准适配等问题。因此，对私家电动车、出租电动车等具有随机充电需求的车辆充换电设施规划方法开展研究，具有重要的理论价值和实用意义，也是近年来新兴的研究热点。

1.1 电动汽车产业发展现状

电动汽车是我国战略性新兴产业，虽然国家科技部门关于节能和新能源汽车的大规模技术研发和产业示范工作开展超过20年，但电动汽车的概念深入人心则发生在过去10年间。关于电动汽车的发展历史，可以追溯到燃油车之前，下面简要回顾一下电动汽车的发展历程。

1.1.1 电动汽车发展简史

1. 电动汽车的早期发展与兴起

1830 年，苏格兰发明家罗伯特·安德森（Robert Anderson）成功地将电动马达装在一辆马车上，这是最早使用电能驱动车辆行驶的尝试。

1832 ~ 1839 年间，罗伯特·安德森发明了一辆简易电动篷车，但此时的电动车还处于原始阶段，使用的电池无法充电，行驶速度和里程也有限。

1842 年，罗伯特·安德森与托马斯·大卫波特（Thomas Davenport）合作打造出第一辆以电池为动力的电动汽车，从此开创了电动汽车的历史。

1859 年，法国人普兰特（Plante）发明了蓄电池。

1881 年，法国工程师特鲁夫（Trouve）制造了第一辆电动三轮车，并于同年在巴黎举办的国际电器展览会上展出了该款可实际操作的电动三轮车。

1884 年，英国发明家托马斯·帕克发明了第一辆真正意义上的电动汽车，该车具备一定的行驶性能。

1890 年，在美国艾奥瓦州诞生了第一辆电动汽车。

1899 年，法国制造出第一辆电动汽车。

1900 年，德国制造出第一辆电动汽车。

1912 年，美国开始大批量生产电动汽车（约 34000 辆）。

20 世纪 20 年代初，在美国汽车保有量中，电动汽车占 38%，而以内燃机为动力的车辆仅占 22%。截至 1915 年，美国电动汽车的保有量达 5 万辆。

随着石油开采提炼和内燃机技术的迅速进步，以及电动汽车在电池技术方面的进步放缓等因素，使得电动汽车逐步在性能、价格等方面都难以与燃油汽车开展竞争，从而逐步被燃油汽车取代，到了 20 世纪 30 年代，电动汽车几乎从大众生活中消失。

2. 电动汽车的复苏和发展

20 世纪 50 ~ 60 年代，由于环境污染和石油资源紧缺等问题，使得人们再次将目光转向电动汽车，加上同时期电力电子控制技术和计算机技术的日益成熟，蓄电池的性能不断提升，以及新的动力电源日趋完备，电动汽车产业又呈现出新的活力和发展机遇。

20 世纪下半叶，以美国为主的全球最大汽车市场在接连经历两次石油危机后，车企和公众开始重新关注并聚焦以电动汽车为首的新能源汽车。

20 世纪 90 年代初，由于空气质量逐渐恶化，美国加利福尼亚州空气资源管理委员会号召各车企减少新车型的平均排放，于是排放更低、更具燃油效率，甚至是零排放的新产品纷纷上市，伴随着 SUV（运动型多功能汽车）等低燃油经济性车型的走红，电动汽车、混合动力汽车也成为北美市场的宠儿。

2010 年，在全球石油价格持续走高，环境保护呼声日益强烈，消费者对低碳生活的向往和积极支持新能源汽车等多因素联合影响下，电动汽车再度成为低碳经济的必然选择。世界各国的车企在大力发展纯电动汽车为主的新能源汽车，以德国为代表的欧洲国家已经明确推出了燃油汽车停产时间表，美国、中国也都在考虑制定适合本国国情的燃油汽车退出计划。自从 2015 年以来，特别是 2020 年我国提出"双碳"战略目标以来，我国的电动汽车保有量呈现出了爆发式增长态势，仅用 10 年时间就实现了电动汽车从 4 万多辆增加至 1800 余万辆的瞩目成就，一个以电动汽车为代表的新能源汽车发展时代已经来临。

1.1.2　国外电动汽车发展现状

过去几十年间，由于美国、日本、欧洲等发达国家和地区的新技术推动，以及政府对汽车排放标准的要求越来越高，各大汽车生产企业投入了大量的人力、物力和财力用于电动汽车的研发，不断推出各自的新产品。为促进电动汽车产业发展，这些国家分别制定了一系列鼓励政策，如对电动汽车购买者实行优惠的补贴政策，对燃油汽车使用者征收废气排放税费的限制政策，以及对新能源汽车相关的科研经费予以倾斜的支持政策等，这些政策都对电动汽车的发展起到了巨大促进作用。

1. 美国

2023 年美国新能源汽车销售量为 140 万辆，同比增长 41.52%，2018 ~ 2023 年复合增长率为 31.25%，行业处于快速发展期，但整体规模较小。与欧洲相比，美国在推动新能源汽车方面的政策支持相对较少。政府购车补贴和充电基础设施建设等方面的投入有限，未能有效刺激消费者购买新能源汽车。美国石油资源丰富，油价相对较低，这使得传统燃油汽车使用成本相对较低，降低了人们购买新能源汽车的动力。其中，特斯拉在美国电动汽车市场的市占率高达 55%，几乎一枝独秀，而排名第二和第三的通用和大众，电动汽车市占率均不足 10%；据 MarkLines 统计，2023 年 1 ~ 10 月，美国共有 21 家车企 36 个品牌 97 款电动汽车（EV 及 PHEV）取得销售业绩，其中销量前三位的车型分别为特斯拉 Model Y、特斯拉 Model 3、吉普 Wrangler，分别为 33.65 万辆、19.2 万辆和 4.98 万辆，销量前五位的车型占电动汽车总销量比例达 52.84%，集中度较高，但除特斯拉外排名最高的吉普 Wrangler 销量占比仅为 4.1%。

美国出台了一系列鼓励研发和生产电动汽车的政策，2022 年 8 月，美国总统拜登签署了《通胀削减法案》（Inflation Reduction Act，IRA），该法案将投入 3690 亿美元用于能源安全和气候变化，重点覆盖电动汽车等清洁能源制造业，其中规定消费者购买清洁能源新车可获得最高 7500 美元的税收抵免。2023 年 4 月，美国政府公布 IRA

细则，其中明确最终在北美组装的电动汽车才能以税额扣除的方式获得最高 7500 美元的补贴，电动汽车若使用 50% 以上北美组装的电池配件可享受每辆 3750 美元的补贴，若使用 40% 以上在美国或同美国签署自贸协定的国家开采、加工的关键矿物可享受每辆 3750 美元的补贴。

迄今为止，阻碍许多美国人购买纯电动汽车的是"充电焦虑"，即担心缺少充电基础设施或充电站出现故障。然而，随着充电基础设施的质量和范围提升，这种担忧日趋减少。2023 年春季，先后由福特、通用汽车、里维安、北极星、沃尔沃和梅赛德斯 - 奔驰等车企宣布，他们将在未来遵守特斯拉的北美充电系统（NACS）充电连接器标准。美国电气化公司和 EVGo 等充电基础设施供应商也在朝设施共享共用的方向努力。

2. 日本

从世界范围内，日本是最早开始发展电动汽车产业的国家之一。这主要是由于日本国土面积狭小，石油资源匮乏，几乎完全依赖进口，油价很高。同时，日本工业发达，人口密度很高，城市污染严重。由此导致日本政府很早就特别重视电动汽车的研究、开发和产业化升级，比其他国家更早提出了电动汽车的发展规划，日本的电动汽车市场由日本汽车制造商主导，包括本田、马自达、三菱、日产及丰田。日本企业在电动汽车、电池等方面的研发实力并不弱，甚至是先行者，只不过两者均未在日本当地实现规模化量产，无法成为强有力的支柱产业。

同时，日本不是一举将重心转移到纯电动汽车，而是维持混合动力汽车＋纯电动汽车＋燃料电池汽车等多种选项的"全方位战略"。日本认为汽车产业发展的主线伴随着车用能源的不断发展，当蓝氢、绿氢的成本拥有竞争力时，氢燃料电池汽车将在汽车产业减碳发展中发挥关键作用。日本在制氢、储运氢、氢能装备等方面拥有深厚的技术积累，有可能在下一轮汽车产业变革中占据主导地位。此外，日本全力布局固态电池技术研发，期待实现"翻盘"，固态电池的能量密度可以达到现阶段锂离子电池密度的 3 倍以上，可拥有快速充电，安全性更高，寿命更长等理想性能。

3. 欧洲

欧洲历来重视节能和减排，得益于欧洲新能源汽车支持政策、环保意识、技术进步、市场竞争等方面的推进，欧洲新能源汽车市场规模近年来取得快速增长。2023年欧洲新能源汽车销售量为 295 万辆，同比增长 13.46%，2018～2023 年复合增长率为 49.88%，行业处于快速发展期。从细分能源类型来看，欧洲市场纯电动车型占据了市场的主要份额，2023 年纯电动汽车销售量为 202 万辆，占新能源汽车总销售量的68.47%，2018～2023 年纯电动汽车占比保持在 50%～70% 之间，且有逐步增长的趋势。

德国作为汽车大国，近年来电动汽车的发展态势良好，2023 年 12 月，德国电动汽车市占率为 30%，其中纯电动汽车占比 22.6%，插电式混合动力汽车占比 7.4%，这显著低于 2022 年 12 月的同期表现：电动汽车销量占比 55.4%，其中纯电动汽车占比 33.2%，插电式混合动力汽车占比 22.2%。德国在欧洲市场占据主导地位，英国、法国、瑞典、挪威、荷兰和比利时市场紧随其后。尽管德国电动汽车市场增长迅猛，但其市场份额仅占整体汽车市场的 3%，预计到 2030 年才能实现 1500 万辆电动汽车的发展目标。德国电动汽车的价格通常较高，虽然政府提供了相关的补贴和激励措施，但仍然会影响消费者的购买意愿，促使消费者进一步权衡选择电动汽车的性价比。同时，德国的消费者对电动汽车的性能依旧存在偏见，尤其在其国内的传统内燃发动机汽车依旧占据绝对生产优势的背景下，近年来以中国比亚迪为代表的亚洲电动汽车品牌在德国逐渐树立了品牌形象，但由于欧盟碳排放关税、贸易关税等政策壁垒，未来市场前景依旧不明朗。

法国电力供应充沛且多为核电和水电，发电来源清洁，电价较低。法国政府在政策上积极鼓励开发电动汽车和充分利用电力资源，并且为电动汽车的发展提供资金支持。2023 年，法国市场新增汽车注册量 1774729 辆，同比增长 16.1%。其中纯电动汽车注册量 298216 辆，同比增长 46.8%，获得所有动力系统中最高的增长率。插电式混合动力汽车注册量 162952 辆，同比增长 28.8%。2021 年，法国出台“法国 2030”投资计划，其中一项目标是，要在 2030 年前实现每年生产 200 万辆电动汽车。2022 年，法国政府进一步明确要为该目标投资 36 亿欧元，以促进整个行业发展。2023 年 5 月，斯特兰蒂斯集团、道达尔能源公司和梅赛德斯 - 奔驰公司的合资汽车电池工厂正式落成，这是法国第一家专门生产电动汽车动力电池的大型工厂，得到了法国、德国、意大利和欧盟的资金支持，预计每年能为约 50 万辆电动汽车提供电池。此外，法国北部地区还将新建 3 家电池工厂，包括中国企业和法国企业的合资项目。

英国是当今世界上拥有较先进的电动汽车生产技术和电动汽车使用较广泛的国家之一，其规模化使用电动汽车的历史已有 50 年之久。2023 年 12 月，英国电动汽车市场份额占比 28.4%，其中纯电动汽车占 19.7%，插电式混合动力汽车占 8.6%。除插电式混合动力汽车占比提升外，其他数据都低于 2022 年同期：电动汽车市场份额 39.4%，纯电动汽车占比 32.9%，插电式混合动力汽车占比 6.5%。2023 年 11 月，英国政府发布了《秋季声明》（Autumn Statement 2023），宣布向制造业提供总额达 45 亿英镑的资金，其中超过 20 亿英镑将用于汽车行业，以支持零排放汽车的制造、供应链和技术研发。随后，英国政府又发布了先进制造计划（AMP）和首个《英国电池战略》。该战略明确提出将英国打造成为全球制造业的最佳国度，并设定了在 2030 年实现全球竞争力电池供应链的产业目标，强调通过政策措施，如投资支持、合作拓展、金融机制与投资评估以及国际标准，推动英国电池产业的发展。

除上述国家以外的其他国家和地区，如瑞士、瑞典、丹麦、奥地利、捷克、匈牙利、俄罗斯、澳大利亚、墨西哥等，都已开展了电动汽车的研发和产业推广。

整体上，国外电动汽车发展存在以下问题：

1）欧美等国家在售后服务与新能源汽车使用环境培育方面相对滞后。尽管欧美国家政府已意识到电动汽车充电基础设施的重要性，并进行了一定程度的投资，但建设进展缓慢。充电桩的部署面临着土地、资金和政策等多方面的挑战，导致充电基础设施建设的滞后。此外，充电成本高昂，加之充电速度慢，限制了电动汽车的普及和用户体验。

2）美国电动汽车发展面临的挑战包括：电池及其他相关技术尚未达到商业化应用要求，美国自身不拥有高能电池所必需的一些重金属和稀土元素，如铬、镍和锂等，因此发展电动汽车有可能使美国从石油进口依赖走向对其他物资的进口依赖，电动汽车还可能带来新的安全和污染问题。

3）欧洲国家电费本身价格较高，德国、意大利、英国、法国等传统燃油汽车总部所在国电费均居于世界前列，车主"油改电"的意愿并不强烈，这也是欧洲国家电动汽车市场需求不够旺盛的重要原因之一。

1.1.3 国内电动汽车发展现状

国内电动汽车的研究始于20世纪60年代，但当时的研究开发都是零散和小规模，投入也很少。

自1980年开始，我国正式开启了电动汽车的研发纪元，电动汽车先后被列为国家"八五""九五"科技攻关项目。国内一些科研院所和生产企业相继开始研究电动汽车，并取得了一系列成果。如清华大学研制的16座电动中巴车，东风汽车公司研制的电动轿车，华南理工大学研制的轻型电动客车，远望集团公司研制的电动大客车，长江动力公司研制的电动双层大客车等都达到了当时国内先进水平，但与国外同类技术相比还存在一定差距。"九五"末期开始，电动汽车被列入国家重大科技产业工程。

2001年9月30日，科学技术部组织召开了"十五"国家863计划电动汽车重大专项可行性论证会，会议研究通过了电动汽车专项可行性论证报告，标志着电动汽车专项正式启动，这对我国汽车产业发展有着重大的里程碑意义。电动汽车专项确立了"三纵三横"的研发布局，其中"三纵"是指燃料电池汽车、混合动力汽车、纯电动汽车三种整车技术，"三横"指多能源动力总成系统、驱动电机、动力电池三种关键技术。

2003年起，北京、天津、武汉、深圳等7个城市及国家电网公司先后开展了新能源汽车小规模示范运行考核，累计投入运营车辆超过500辆，运营里程超过1500万km，平均故障间隔里程达到3500km以上，出勤率达95%以上。

2006年《国家中长期科学和技术发展规划纲要（2006—2020年）》分别将"低能耗与新能源汽车"和"氢燃料电池技术"列入优先主题和前沿技术。

2007年发布实施《新能源汽车生产准入管理规则》，将电动汽车正式纳入国家汽车新产品公告管理。

2008 年北京奥运会应用了 595 辆自主研发的电动汽车，累计运行 370 多万 km，运送乘客 440 多万人次，发挥了大规模示范作用。此时，我国已经初步建立了电动汽车的法规、标准与管理体系，为电动汽车的产业化、商业化发展全面奠定了基础。

2009 年 1 月，国务院通过《汽车产业调整和振兴规划》，明确实施新能源汽车战略，推动纯电动汽车、充电式混合动力汽车及其关键零部件的产业化，提出"三年内形成 50 万辆纯电动、充电式混合动力和普通型混合动力等新能源汽车产能，新能源汽车销量占乘用车销售总量的 5% 左右"的目标。2009 年 2 月，科学技术部、财政部、国家发展改革委及工业和信息化部联合召开节能和新能源汽车示范推广试点工作会议，共同启动"十城千辆"工程，计划用 3 年左右时间，每年发展 10 个城市，每个城市推出 1000 辆新能源汽车开展示范运行，涉及公交、出租、公务、市政、邮政等领域，力争使全国新能源汽车的运营规模到 2012 年占到汽车市场份额的 10%。

2010 年 6 月，财政部、科学技术部、工业和信息化部及国家发展改革委联合出台《关于开展私人购买新能源汽车补贴试点的通知》，对上海、长春、深圳、杭州、合肥五城市私人购买插电式混合动力乘用车和纯电动乘用车给予一次性补贴，最高补贴金额分别达到 5 万元和 6 万元。

2011 年，北京市发布了大力扶持电动汽车的政策，在国家补贴最高 6 万元基础上，北京市再补贴 6 万元，并且买车不必参加摇号直接上牌。

2012 年 4 月，北京国际汽车展览会开幕前夕，我国政府发布了《节能与新能源汽车产业发展规划（2012—2020 年）》。这一规划出台意味着我国拉开了电动汽车产业化大幕，并希望到 2015 年使我国生产的乘用车油耗水平比当年降低 20%。同时，政府还出台了配套政策，即对私人用户进行补贴、因地制宜建设慢速充电桩和快速公共换电设施、加大财政金融政策支持等。

2014 年 7 月，国家发展改革委等五部委联合公布了《政府机关及公共机构购买新能源汽车实施方案》。该方案指出，2014 ~ 2016 年，中央国家机关以及纳入新能源汽车推广应用城市的政府机关和公共机构，购买的新能源汽车占当年配备更新总量的比例不低于 30%，以后逐年提高。方案还规定了各省区市其他政府机关和公共机构在其后几年内购买新能源汽车的占比下限，尤其指出 2014 年，京津冀、长三角、珠三角细微颗粒物治理任务较重区域的政府机关及公共机构购买比例不低于当年的 15%。同月，国务院办公厅发布《关于加快新能源汽车推广应用的指导意见》，要求加快充电设施建设，制定实施新能源汽车充电设施发展规划，鼓励社会资本进入充电设施建设领域，积极利用城市现有的场地和设施，推进充电设施项目建设，完善充电设施布局。

2015 年，我国新能源汽车生产 7.23 万辆，同比增长 6 倍。其中，纯电动乘用车生产 3 万辆，同比增长 7 倍，插电式混合动力乘用车生产 7509 辆，同比增长 2 倍；纯电动商用车生产 3.09 万辆，同比增长 18 倍，插电式混合动力商用车生产 3893 辆，同比增长 97%。列入《免征车辆购置税的新能源汽车车型目录》前六批的国产新能源汽车生产 6.87 万辆，占 11 月产量的 95%。但电动汽车渗透率的提升必定会对充电桩提出更多需求，根据各应用领域电动汽车对充电基础设施的配置要求，经分类测算，2015～2020 年需要新建公交车充换电站 3848 座，出租车充换电站 2462 座，环卫、物流等专用车充电站 2438 座，公务车与私家车用户专用充电桩 430 万个，城市公共充电站 2397 座，分散式公共充电桩 50 万个，城际快充站 842 座。根据国家制造强国建设战略咨询委员会发布的《中国制造 2025》重点领域技术路线图（2015 年版）中的节能与新能源汽车部分得知，节能与新能源汽车包括 3 个发展方向，分别是节能汽车、新能源汽车、智能网联汽车，表明新能源汽车在其后一段时期会作为国家重点发展领域。

2016 年 3 月发布的《2016 年政府工作报告》正式提出，"大力发展和推广以电动汽车为主的新能源汽车，加快建设城市停车场和充电设施。"同时，国务院常务会议确定进一步支持新能源汽车产业的措施，以结构优化推动绿色发展作为首项议题。国务院还提出对动力电池根据性能"以奖代补"，倡导减免公共充电站的充电服务费。当年全国两会期间，全国政协常委、国家 863 计划节能与新能源汽车重大项目总体专家组组长、清华大学教授欧阳明高表示，我国新能源汽车的产业链很完整，且拥有全世界最大的市场，销量全球第一，我国政府的支持政策和扶持力度与其他国家相比最为积极，因此发展新能源汽车产业优势突出。

2020 年《新能源汽车产业发展规划（2021—2035 年）》提出，到 2025 年新能源汽车新车销售占比 20%，以及 2035 年新能源汽车核心技术要达到国际先进水平、高度自动驾驶汽车要实现规模化应用等中远期目标。2022 年《关于进一步提升电动汽车充电基础设施服务保障能力的实施意见》的颁布，明确到"十四五"末我国能够满足超过 2000 万辆电动汽车的充电需求。在一系列产业政策驱动下，我国电动汽车保有量呈现逐年上升的发展趋势，2020 年突破 400 万辆；2021 年底新能源汽车保有量达 784 万辆，占汽车总量的 2.6%，其中，电动汽车保有量达 640 万辆，同比增长 60%；截至 2022 年底，新能源汽车保有量为 1310 万辆，占汽车总量的 4.10%，其中，电动汽车保有量达 1045 万辆，占新能源汽车总量的 79.78%。截至 2023 年底，我国新能源汽车保有量 2041 万辆，占汽车总量的 6.07%。电动汽车保有量 1552 万辆，占新能源汽车总量的 76.04%。在我国的汽车市场中，传统燃油汽车的地位逐渐被改变，纯电动汽车和插电式混合动力汽车占比稳步提升：一是国产品牌市场占有率达到 48%，呈现逐年增长的趋势；二是新能源车型的销售量大幅提升，成为国产品牌大幅增长的主力。在 2020 年及以前，传统燃油汽车占据了汽车市场 90% 以上的份额，其他动力能源的车辆基本没有立足之地，但在 2021 年传统燃油汽车占比首次发生了明显变化，从 2020 年的 94% 下降到 2021 年的 85%，纯电动汽车从 1% 增长到 12%；在 2022 年传统燃油汽车占比下降到惊人的 57%，纯电动汽车实现快速增长，同样插电式混合动力汽车在比亚迪秦 Plus DM-i、宋 Plus DM-i、唐 DM-i、汉等经典车型的推动下也实现高速增长。

经过不懈努力，我国电动汽车研发呈现良好的发展局面，各大汽车厂商也通过积极投入人力、物力研发电动汽车，取得了较好成效。

尽管我国电动汽车产业发展态势良好，但是在产业发展方面还存在一定不足，主要包括：

1）技术与国外仍然存在差距。我国电动汽车发展较国外而言，起步较晚、发展较缓，近几年我国电动汽车研发领域是以孤军奋战、各自为政的模式开展，一定程度上造成了社会资源的浪费，且不利于攻克共性关键技术。

2）汽车研发重点方向不明确。有的观点认为传统燃料汽车与电动汽车应当同步研发，坚持两条腿走路；有的观点则认为应该把主要精力和资金放在电动汽车研发上，这在一定程度上造成了目标不统一、重点不明确。

3）发展电动汽车的配套设施仍有待进一步完善，尽管我国现有的充电设施网络已经成为全球最大的新能源汽车充电网络，但既有充电设施对于发展迅猛的新能源汽车增长趋势而言依然滞后。大规模电动汽车充电基础配套设施仍然需要全局统筹与系统规划。

4）环保效益尚不明显。众所周知，电能不是一次能源，我国电源结构以火电为主，当前电动汽车所用的能源实质上很大比例仍然来自煤电，因此使用过程中的电能消耗也会产生温室气体排放，造成资源危机，这就违背了电动汽车的理念——零排放、无污染、低能耗。所以，在大规模应用可再生能源之前，电动汽车的环保效益并不明显。

1.2 电动汽车充电设施发展现状

尽管电动汽车产业发展迅速，但就全球范围而言，充电设施的配置仍然缺失巨大。因此，理清充电设施实际情况，结合电动汽车充电需求情况，进而制定科学合理的充电设施规划方案，是保证产业持续、健康发展的一项长期的基础性工作。

1.2.1 电动汽车充电设施总体现状

在金融危机的冲击下，新能源汽车产业更成为了推动汽车产业复苏、刺激经济增长的重要引擎。其中，电动汽车以其独特的优势和应用前景，成为新能源汽车领域的明星产品。然而，要想实现电动汽车的全球普及，除了技术上的突破和标准的统一外，充电设施等基础设施的建设也至关重要。当前，全球范围内正在大力推进电动汽车充电设施的建设工作，以满足日益增长的充电需求。

根据最新数据显示，充电桩接口的数量在短短几年间实现了迅猛增长。从 2010年的 2 万个充电桩接口，到 2014 年的 82 万个，再到 2023 年的 859.6 万个，这一数字的增长速度令人瞩目。其中，公用充电接口的比例在近年来稳定在总量的 13% 左右，其数量也在逐年攀升。公用充电基础设施的增长率更是高达 71%，显示出其在新能源汽车产业链中的重要地位。国际能源署预计到 2035 年，全球公共充电点数量将增加到近 2500 万个。目前，充电设施主要集中在城市地区，但未来需要在城市以外的乡镇及高速公路建设更多的充电桩，以便更多的人能够方便地使用电动汽车。

我国是全球公共充电设施最多的国家，2023 年占全球 70% 的份额。欧洲和美国也在积极推动充电设施的建设，预计到 2035 年，欧洲将拥有 270 万个公共充电点，美国将拥有 170 万个公共充电点。

此外，全球电动汽车的保有量也在快速增长。与充电设施的增长相呼应，电动汽车的保有量在 2023 年增长了 55%，这一数字的增长也反映出消费者对新能源汽车的接受度和认可度正在不断提高。在充电设施方面，慢速充电桩和快速充电桩的增长率也呈现出相似的态势。2023 年，慢速充电桩增长了 40%，而快速充电桩则增长了 55%。公用充电接口的平均增长数据更是显示，慢速充电和快速充电在过去 5 年间每年增长超过一倍，这一速度远超传统汽车产业。

特别值得一提的是，我国在全球新能源汽车产业中扮演着举足轻重的角色。经过近 30 年的努力，特别是过去 10 多年国家对汽车生产和消费政策的调整，使我国汽车产业实现了爆发式增长。2015 年，我国的快速充电桩数量占据全球快速充电接口总量的 44%。但随着电动汽车保有量的不断增加，截至 2019 年 8 月，公共充电桩保有数量 45.6 万台，私人充电桩数量 52.4 万台。从数量上看，我国仍保持充电设施建设运营第一的地位。国内充电桩的建设和运营集中在特来电、国家电网、星星充电、普天新能源等企业，这四家企业市场占比约为 86%。截至 2023 年 12 月，我国的快速充电桩占全球的 85% 以上，慢速充电桩约占 60%。我国的电动汽车销售份额已超过全球的 35%，提前实现了 2025 年的政策目标，因此，我国正将重点转向充电基础设施的发展，目标是到 2030 年实现城市和高速公路的全覆盖，并扩大农村覆盖范围。

总的来说，新能源汽车替代传统燃油汽车的趋势已是大势所趋。随着充电设施的不断完善和技术的进步，电动汽车等新能源汽车将在未来占据更重要的地位。同时，我国作为全球新能源汽车产业的重要参与者，必将为全球汽车产业注入新的活力。

在国际上，美国、日本、欧洲等各国政府都先后推出了相应的支持政策及税收优惠。

2017 年，多国政府、组织发布了燃油汽车禁售时间表，或将此提上研究日程，并加大了对充电设施的支持力度。在美国，截至目前，安装电动汽车充电桩的个人及企业均享受 30% 税收减免。在亚洲，日本继续实施对充电设施企业按成本的 25% 标准补贴政策，给予最高 10 万日元标准充电站和 50 万日元的快速充电站补贴。2017 年初，德国政府出台了 2017 ～ 2020 年拨款 3 亿欧元支持充电基础设施发展的补贴政策；2019 年 9 月，德国政府出台"气候保护计划 2030"，根据该计划，为进一步推动新能源汽车发展，德国政府计划到 2030 年时修建 100 万个充电桩，并要求所有加油站安装充电桩。英国政府宣布将以伦敦、米尔顿凯恩斯、布里斯托尔和诺丁汉等城市作为试点，建设快速充电设施。2023 年底，欧盟就替代燃料基础设施法规（AFIR）的文本达成一致，该法规将要求在欧盟主要交通走廊每 6km 设置一个公共快速充电桩。这将确保为每辆注册的纯电动汽车提供 1.3kW 的公共充电桩，为每辆注册的插电式混合动力汽车提供 0.8kW 的公共充电桩。欧洲计划将其在公共轻型电动车充电器的存量从 2023 年的约 73 万个增加到 2035 年的约 270 万个。国际能源署报告估计大约 80% 的欧洲公共充电设施，即 2035 年约有 230 万个充电器位于欧盟。

综上所述，全球各国在电动汽车充电设施建设方面均取得了显著进展。政策支持、财政补贴和市场化运作等手段共同推动了充电设施的发展。未来，随着电动汽车市场的不断扩大和技术进步，充电设施的数量和质量将继续提升，为电动汽车的普及和可持续发展提供有力支撑。

1.2.2　国外电动汽车充电设施发展现状

1. 美国

美国的电动汽车充电设施发展十分迅速。2011 年 1 月，美国充电站的数量仅为 1972 座，到 2012 年 1 月，已经增长到 6310 座，而到 2013 年 3 月，美国已建成 5678 座公共充电站、16256 座公共充电桩，其中 3990 座位于加利福尼亚州，1417 座位于得克萨斯州，1141 座位于华盛顿州。近几年随着特斯拉（Tesla）的销售和丰田普锐斯（Prius）的销量剧增，充电设施的增长速度更为迅猛。

整体上，由于美国国土辽阔且各州自主性较强，因此各州关于电动汽车及其充电设施规划有所不同，其中加利福尼亚州对于充电桩的建设支持力度最大，由"美好空间项目"公司与加利福尼亚州北部的旧金山、奥克兰以及圣何塞等城市的政府联手建设，于 2012 年在上述城市范围内的所有居民区、商厦、停车场和政府大楼里安装充电桩，以方便电动汽车驾驶者随时为汽车充电。该项目还在上述地区兴建了电池更换站，以方便长途驾车者随时更换电池，项目投资达 10 亿美元。此外，美国第一太阳能公司（SolarCity）在加利福尼亚州 101 高速公路上建造了 5 个充电站。每个充电站能够提供 240V、70A 的快速充电服务，可在 3.5h 内为特斯拉纯电动汽车充满电，由于充电技术与电池管理技术的进步，充电时间已大为压缩。

由于全球最大的电动汽车公司特斯拉位于美国的加利福尼亚州，特斯拉在美国的充电设施建设势头迅猛。截至 2013 年底，特斯拉已经在美国境内建设了 71 座超级充电站，横跨美国东西海岸，特斯拉电动汽车可以从洛杉矶经过新墨西哥州、南达科他州、威斯康星州一路跑到纽约。

到 2014 年 6 月，美国已累计卖出 22.7 万辆电动汽车，这很大程度上取决于美国政府对充电建设的重视程度。ChargePoint 是美国最大的电动汽车充电服务商之一，所建充电桩数量约占全美的 40%。此外，市民还可以手机下载 App 寻找附近的空余充电桩，甚至还可购买充电桩。

美国充电基础设施主要分布在东部和西部的沿海地区，截至 2015 年底，美国全国公共的充电桩大约 31674 个。为了便于使用充电基础设施，充电设施运营商和汽车制造商等多家公司通过网络、车载终端和智能手机应用等多种形式为用户提供充电站的位置、数量、可用性和运营商等详细信息。

在 2016 ~ 2023 年，美国在充电设施方面出台了一系列政策，并且充电设施数量也呈现出显著的增长。2019 年 8 月，美国建成的充电站数量达到 25843 个，充电桩共有 76953 个。

政策方面，美国能源部在 2016 年释放了高达 45 亿美元的贷款担保，用于支持创新型电动汽车充电设施的商业规模部署。此外，美国交通部沿长途公路开通快速充电走廊，要求地方政府提交走廊建设规划及符合要求的供应商名单等。

到了 2021 年，为了加快国内新能源汽车充电基础设施的建设和升级，美国政府在《电动汽车充电行动计划概要》中宣布拨款 50 亿美元支持各州构建充电网络系统，并规划新建 50 万个充电桩。此举预期将对美国公共充电桩数量的增长产生显著推动作用。2022 年，美国颁布了新的政策，将规划 75 亿美元预算，目标是在 2030 年之前在全美范围内新建至少 50 万个公共充电桩。同时，在 2022 年增加了约 6300 个快速充电桩，使其总量达到 2.8 万个左右。

而在 2023 年，美国政府进一步发布了最新版充电桩相关规定，要求获得资助的充电桩必须在美国建造，所有钢 / 铁质充电器外壳的组装与制造也必须在美国进行，并且至少 55% 的充电桩成本需要来自美国零部件。

总的来说，2016 ~ 2023 年期间，美国在充电设施方面既加强了政策支持，也实现了充电设施的快速增长。这些政策和数据的增长反映了美国对电动汽车和充电设施的重视，以及推动电动汽车发展的决心。

2. 日本

2009 年底，日本拥有 100 多座充电站，其中 60% 集中在东京地区。

2010 年 2 月，日本成立 CHAdeMO 协会，加速推进充电设施相关参数和接口的标准化。日本政府为普及电动汽车，计划在其后 3 年内将充电站增加到 1000 座以上，使东京地区充电设施更为普及，楼宇路旁随处可见。邻近东京的神奈川县计划在其后 5 年推广应用 3000 辆电动汽车，并提供 150 座配套的快速充电站。日本政府对该项目积极支持并选择城市开展试点示范。该项目涉及在付费停车场、超市以及餐饮连锁店安装电源插座供用户免费使用。

截至 2013 年 7 月，日本共建成 4700 多座电动汽车充电站，其中快速充电站 1700 座，常规充电站超过 3000 座。由于充电设施数量不能满足电动汽车发展需求，丰田、日产、本田和三菱四家车企共同签署协议，将增建 4000 座快速充电站和 8000 座常规充电站，满足电动汽车充电需求。

截至 2015 年底，日本公共充电桩保有量约为 22000 个，其中快速直流充电桩 5990 个，普通交流充电桩 16120 个，提前 5 年完成了《日本下一代汽车战略 2010》中提出的 2020 年建设 5000 个快速直流充电桩的目标。

截至 2017 年，日本安装了 7414 个快速充电桩，成功达成了当时的目标。此外，日本还总共安装了 28150 个公共充电桩和约 16 万个家用充电桩。

截至 2020 年 3 月，日本共有 18270 个充电桩向公众开放。这些充电桩的数量虽然相对较多，但与加油站数量相比仍然较少，仅为全国加油站数量的 60%。此外，日本有 18 个地区在 70km 高速公路范围内没有充电设施，而有 60 个地区在主要道路的 40km 范围内也没有充电桩。这表明日本在充电设施的布局和覆盖方面仍需加强。

截至 2021 年 3 月底，日本国内的充电桩数量为 29214 个，约占加油站数量的 60%。尽管充电桩数量在增长，但与加油站相比，其比例仍然偏低。

2023 年，日本政府计划采取措施普及几分钟就能为小型纯电动汽车（EV）充完电的大功率充电桩。为了推进这一目标，计划在 2023 年大幅放宽与大功率设备的安装和操作相关的限制，使其能够采取与低功率充电桩同等的措施，以提高使用的便捷性。此外，日本政府还要求设置在高速公路的快速充电桩输出功率要达到 90kW 以上，其他区域为 50kW 以上，以确保充电效率。

根据最新的数据，日本全国的充电桩数量近 3 万个。虽然具体的充电量和使用频率等数据可能因地区和使用情况而异，但整体而言，随着电动汽车的普及和充电设施的完善，日本的充电数据量也在逐步增长。

此外，日本政府还通过提供补贴和优惠政策来鼓励民众安装充电桩。例如，将要求两年后落成的新建住宅必须设有充电桩，并将 2023 年度旧屋住宅安装充电桩的补助金额上限提高至 2 倍以上，补助对象主要涵盖东京都内的住宅，数量预计达 4 万至 5 万户。

3. 英国

2017 年，英国在充电设施方面发布了一系列政策，并积累了相应的充电数据。英国政府加大了对充电设施建设的支持力度。这包括为充电站提供补贴，推动在公共场所、商业区和居民区安装充电设施。此外，政府还通过立法和政策指导，鼓励电动汽车的使用，以促进可持续交通的发展。近年来英国充电设施的数量有了显著增长，特别是在超市等公共场所，充电桩数量越来越多，为电动汽车车主提供了更方便的充电服务。据统计，从 2017 年 10 月到 2019 年底，英国各大超市安装了 542 个电动汽车充电桩，使充电桩总数达到 1115 个。这表明充电设施正在迅速普及，以满足不断增长的电动汽车市场需求。

截至 2018 年 2 月 24 日，英国在 5291 个不同的地点共建设了 15109 个公共充电桩，其中有 2948 个超快充电桩。这些充电桩为电动汽车用户提供了更加便利的充电服务。

2020 年，英国政府发布了《电动汽车基础设施战略》，提出了雄心勃勃的目标：到 2030 年将电动汽车充电站的数量增加 10 倍，达到 30 万个。此外，英国还计划到 2035 年在英格兰地区高速公路上安装超过 6000 个超快充电桩，以满足电动汽车日益增长的充电需求。英国政府还通过补贴、税收优惠和地区激励等措施，促进充电基础设施网络的建设。截至 2020 年 1 月，英国电动汽车共有 10616 个充电地点。

2021 年，英国政府发布了《2021 年电动汽车（智能充电桩）法规》，强制要求在英国销售或安装的私人电动汽车（EV）充电桩必须具备智能功能，并满足最低的设备要求。这一法规旨在推动充电设施的智能化发展，提高充电效率和安全性。英国彼时大约有 5 万个充电桩，分布在街道、购物中心、高速服务区和加油站等其他场所。这些充电桩为电动汽车用户提供了更加便利的充电服务。然而，与电动汽车数量的快速增长相比，充电设施的建设速度仍然滞后。

2023 年，英国政府提出了一项重要政策，要求所有功率超过 8kW 的充电点，包括慢速、快速和超快速充电点，必须在 2024 年 11 月之前集成非接触式支付终端。这意味着用户可以使用无接触方式支付充电费用，提高了支付的便捷性。此外，英国政府还计划实现支付漫游集成，要求运营商至少开放一个第三方漫游平台，并允许用户通过漫游平台支付。这些政策旨在提高充电设施的互操作性和支付便利性。截至 2023 年底，英国共有超过 100 万辆新能源汽车在路上行驶，其中约有 70% 是纯电动汽车，30% 是插电式混合动力汽车。充电桩作为新能源汽车的重要配套设施，其数量也在持续增长。伦敦作为英国的重要城市，其充电设施建设尤为突出。截至 2023 年底，伦敦共有约 2 万个公共充电桩，为新能源汽车提供了便捷的充电服务。

4. 法国

法国是世界上推广应用纯电动汽车最成功的国家之一，有 40 年的电动汽车推广经验，同时巴黎也是最早将清洁能源汽车引入公交系统的城市，市区有大量纯电动公交车参与公共交通运营。法国电力企业在许多城市建设了大量的电动汽车充电站，此外，电动汽车用户也可以选择安装家用充电桩。截至 2008 年，法国全境有 1 万多辆各类电动汽车、200 座公共充电站，电动汽车示范应用集中在市政、邮政、公交、电力、环卫等公用事业部门。

2016 年，法国在充电设施方面发布了一系列政策，ADVENIR 计划为充电基础设施提供资金支持，以推动其发展。此外，法国政府还提供了税收减免措施，鼓励居民购买和安装充电桩。对于公寓的共同所有者，法国政府还提供了高达 50% 的补贴金，用于集体充电系统设施的购买和安装成本。这些政策旨在降低充电设施的建设成本，提高其普及率，从而推动电动汽车的发展。2016 年，法国是欧洲充电桩数量最多的国家，达到了 7766 个点，共计 33423 个充电桩。这些充电桩主要分布在城市及其周边地区，为电动汽车用户提供了较为便捷的充电服务。

2022 年，法国在充电设施方面取得了显著进展，并实施了一系列政策，充电设施数量有了大幅度增长。法国政府持续致力于推动电动汽车的普及，加大对充电设施建设和优化的支持力度。通过财政补贴、税收优惠等手段，鼓励企业和居民安装充电设施，促进电动汽车的使用。同时，法国政府还加强了充电设施标准和规范的制定，确保充电设施的安全性和可靠性，为电动汽车用户提供更好的充电体验。据统计，法国充电点数量在 2022 年第二季度已经突破 100 万个，相较于 2021 年同期增加了 61%。这一增长不仅体现了法国在充电设施建设方面的积极努力，也反映了电动汽车市场的快速发展和用户对充电设施需求的增加。

5. 德国

2010 年德国宣布成立"电动汽车国家平台"，分为驱动技术组、电池技术组、基础设施建设组等 7 个工作组，将电动汽车充电设施纳入国家发展规划。德国自 2011年 5 月启动"电动汽车展示项目"以来，除政府部门出资外，相关企业也积极参与资金配套，从而共同推动了充换电设施标准化的建设。

《德国国家电动汽车计划》提出：电动汽车应加快市场化步伐，特别是短途交通领域，德国政府提出了具有挑战性的目标，即 2020 年在德国境内实现 100 万辆电动汽车，2030 年达到 500 万辆，2050 年城市交通基本不用化石燃料。为顺利实现上述目标，德国电动汽车国家平台在 2020 年充电设施发展路线评估中提出，私人领域、半公共领域、公共领域分别建设 102.2 万、10.3 万、7000 个交流充电桩，在半公共区域建设 7100 个快速直流充电桩的目标。

截至 2015 年底，德国公共充电桩保有量约为 5571 个，其中快速直流充电桩 784个，普通交流充电桩 4787 个。由于德国充电基础设施的建设速度明显慢于电动汽车的发展速度，因此德国政府加大了充电基础设施的扶持力度，规划投入 3 亿欧元用于新建充电基础设施。

2019 年，德国拥有的充电站数量有了显著增长。据统计，当时德国拥有充电站20650 座，而在 2018 年同期，这一数字仅为 13500 座，增幅超过 50%。在所有充电站中，12% 为快速充电站。这些充电设施的建设为电动汽车的普及提供了有力支持，也为德国电动汽车行业的发展奠定了坚实基础。

2019 年，德国政府发布了《电动基础设施总体规划》，设定了到 2030 年建成 100 万个公共充电桩的目标。这一规划为德国充电设施的建设提供了明确的指导方向。此外，德国政府还针对不同功率和电压的公共充电桩制定了不同级别的补贴政策，以鼓励更多充电设施的建设。

2021 年，德国交通和数字基础设施部决定投资 5 亿欧元用于电动汽车公共充电设施的建设。这一投资计划旨在新建 50000 个充电站，其中包括 20000 个快速充电站。此外，德国还启动了充电网络的招标，旨在构建由交通和数字基础设施部选定的 1000 个快速充电区域内的数千个快速充电站，以满足中远距离交通的充电需求。

2023 年，德国在充电设施方面继续加强政策支持和投入，并取得了一些重要进展。在政策层面，德国政府为私人充电桩提供了新的补贴政策，即 KFW442 补贴。该政策旨在鼓励电动汽车使用自发自用、环境友好的光伏发电来充电。补贴包括购买新的功率至少 11kW 的充电桩、购买新的峰值功率至少 5kW$_p$ 的光伏系统以及购买新的容量至少 5kWh 的储能系统。此外，安装工作和控制整体设备的能源管理系统（EMS）也包括在内。然而，申请补贴需满足一些前提条件，例如购买全新的充电桩、光伏系统和储能电池，且申请人需拥有一辆电动汽车。在充电数据方面，德国在 2023 年也取得了显著增长。据德国网络局公布的数据，2023 年上半年德国电动汽车公共充电桩数量增加了 13302 个，全国可公开访问的充电容量总计达到 3.37GW。自 2018 年初以来，德国公共充电桩的数量增加了近 9 倍，其中仅 2022 年就增加了 23500 个。此外，德国政府计划到 2030 年实现将 100 万个公共充电桩投入运营，这意味着从 2023 年起，德国平均每年需要新增超过 13.1 万个充电桩。

6. 以色列

2008 年 1 月 21 日，雷诺 - 日产联盟携手美国 Project Better Place 公司（PBP 公司）与以色列政府签署谅解备忘录，决定在其后三年开展合作，共同推动纯电动汽车的市场应用。根据合作协议，以色列政府负责制定针对消费者的税收优惠政策，雷诺 - 日产联盟负责电动汽车的供应，而 PBP 公司负责建设以色列境内的充电站基础设施。PBP 公司计划在三年内建设大规模的充电设施网络；同时，电动汽车还将配备可以实时显示电池剩余电量和充电站位置的车载计算机系统。PBP 公司计划推广新的商业模式，该模式将汽车和电池产权剥离开来，即顾客不拥有电池，只租赁电池。此外，PBP 公司计划建立遍布以色列境内的充电网络和换电服务网络，让顾客可以很方便地快速充电，或者在换电站更换电池。以色列的充电站基础设施模式可以概括为"政府特许、公司运作、电池归公司所有、租换便捷"。

2021 年，以色列政府延续了之前对充电设施建设的支持态度，并进一步加大了政策扶持力度。例如，以色列政府提供了更多的财政补贴和税收优惠，以鼓励企业和个人投资充电设施建设。此外，以色列政府还加强了与私营部门的合作，推动充电设施的市场化运作。2021 年以色列的充电设施数量有了显著增长。据统计，截至 2021 年 12 月底，以色列全国约有 190 处电动汽车充电基础设施向公众开放。这一数字相比之前有了显著提升，表明以色列在充电设施建设方面取得了积极的进展。

7. 荷兰

基于对环境可持续发展的部分承诺，2013 年荷兰政府启动了一项计划，其后三年在荷兰境内建立 200 个充电站，达到平均每 50km 一座充电站的密度。

2016 年，荷兰政府提供了一系列激励措施，以鼓励私营公司投资充电基础设施的建设。例如，私营公司在充电设施建设方面可以获得 35% 的成本减免，并且可以申请享受 75% 建设成本的税收补贴。

2018 年，荷兰政府为充电设施建设提供了重要支持。其中，欧盟委员会计划向荷兰提供 3300 万欧元的国家援助资金，用于安装电动汽车充电设施。该项目名为"荷兰绿色计划"，旨在全面建设电动汽车基础设施，推动电动汽车成为可行的替代交通工具。在这一项目的推动下，地方政府可以从几个备选方案中选择最适合当地社区的充电设施，并获得相应的补贴。此外，项目建设由地方政府、中央政府和民间资本共同投资，充电设施运营商将通过竞标方式选择。

2021 年，荷兰政府致力于推动充电设施的开放和共享。例如，荷兰特斯拉已正式将充电站开放给其他电动汽车制造商，这意味着任何品牌的电动汽车都可以利用特斯拉的充电站进行充电。这一政策不仅提高了充电设施的利用率，也促进了电动汽车市场的竞争和发展。此外，荷兰还加强了对充电设施建设的财政补贴和税收优惠，以鼓励更多的企业和个人参与充电设施的建设和运营。荷兰的充电设施数量持续增长。据统计，荷兰的充电设施密度和数量在欧洲处于领先地位。这些充电设施分布广泛，覆盖了城市、乡村和主要交通路线，为电动汽车车主提供了便捷的充电服务。此外，荷兰的充电设施也在技术上实现了升级和改造，提高了充电效率和安全性。

1.2.3 国内电动汽车充电设施发展现状

2006 年，比亚迪在上海的研发中心建成了国内第一座电动汽车充电站。

2007 年，杭州供电公司启动纯电动电力服务车、电力工程车的示范运行，累计投入车辆 15 辆，建设充电站 4 座、公务车充电桩 2 个。

2008 年，为满足北京奥运会期间电动公交车充电需求，北京市建成了国内第一座集中式电动汽车充电站（北土城充电站）。

2009 年，为迎接上海世博会，由国家电网上海市电力公司投资建设的国内首座电动汽车充电站——漕溪电动汽车充电站通过验收，成为国内第一座具有商业运营功能的电动汽车充电站，此后，国内便开始了大规模的充电站建设。漕溪电动汽车充电站占地面积 400m²，包括 4 个临街路边充电车位在内的 9 个充电车位，采用先进的计量、计费和管理方式，用户可使用电力 IC 卡充电。

2010 年，由南京供电公司设计、建设的南京首座电动汽车充电站——迈皋桥充电站投运，首批由江苏省电力公司提供的 3 辆电动公交车在南京公交旅游 1 号线示范运营。国家电网公司为了积极配合国家新能源汽车发展计划（"十城千辆"计划），树立良好的企业社会形象，积极引导和推进电动汽车充电设施建设，制定了当年全国建设75 座充电站、6209 个充电桩的目标。

除了国家电网公司和南方电网公司开始建设充电设施外，传统能源供应企业中海油、中石油也积极参与推进充电设施的建设，纷纷与各地政府合作，在现有加油站内增加电动汽车充电设施（"油改电"）。同时，国内知名电动汽车生产企业也积极投入到充电设施的建设中，比亚迪在上海建成并开始运营其首个电动汽车充电站，该充电站内有 4 台充电柜，采用数字显示和触摸屏智能控制充电，同时充电柜具备充电刷卡、收费打印等功能。

截至 2012 年底，国家电网公司累计建成投运充换电站 251 座、交流充电桩 13283个，有力地支撑了试点城市的电动汽车产业发展。

2014 年，电动汽车普及率迅猛增长，由于充电需求的增加，电动汽车充电站的数量也随之提升，截至 2014 年 12 月，国内共建成充电站 723 座、充电桩 2.8 万个。

2015 年 9 月，国内公共充电桩超过 4 万个。2015 年 11 月，国家发展改革委、国家能源局、工业和信息化部及住房和城乡建设部联合印发了《电动汽车充电基础设施发展指南（2015—2020 年）》，计划到 2020 年建成集中充换电站 1.2 万座，分散充电桩 480 万个，满足全国 500 万辆电动汽车的充电需求。

2016 年 1 月，财政部、科学技术部、工业和信息化部、国家发展改革委、国家能源局联合印发的《关于"十三五"新能源汽车充电设施奖励政策及加强新能源汽车推广应用的通知》显示，"十三五"期间国家计划的财政补贴高达 250 亿元，约占项目总投资额的 30%。截至 2016 年 7 月，我国新能源汽车销量超过 17 万辆，若按照 1:1的标配比例来计算，充电桩数量严重不足，未来增长空间巨大。截至 2016 年 12 月，公共类充电设施建设、运营数量接近 15 万个，相比 2015 年末的 4.9 万个净增 2 倍以上，我国充电基础设施公共类充电设施保有量位居全球第一。

截至 2017 年底，全国充电桩数量达 45 万个，公共充电设施已基本完成新国标升级，公共充电桩约为 21 万个，同比增长了 51%。其中，交流桩 8.6 万个、直流桩 6.1万个、交直流一体桩 6.6 万个。2017 年 1～12 月，月均新增公共类充电桩 6054 个，2017 年 12 月同比增长 51.4%。充电基础设施产业已形成国有、民营、混合所有制并存的格局。充电桩的建设和运营仍保持较高的集中度，特来电、国家电网、星星充电、普天新能源等四大运营商的市场占比约为 86%。

2018 年 2 月国家能源局的工作指导意见计划年内建成充电桩 60 万个，其中公共充电桩 10 万个，私人充电桩 50 万个。2018 年，充电基础设施新增 33.1 万台，相比 2017 年增长 36.8%，新能源增量车桩比近 3∶1（2018 年纯电动汽车销售 98.4 万辆），公共类充电基础设施稳步增长。截至 2018 年底，全国充电基础设施累计数量为 77.7 万台，同比增速为 74.2%。分省份来看，公共充电基础设施建设区域较为集中。北京、上海、广东等加速发展地区建设的公共充电基础设施占比达 76.5%；示范推广地区和积极促进地区共占 23.5%。同样的，公共充电基础设施充电电量集中度较高。全国充电电量主要集中在广东、陕西、江苏、北京、四川、湖北、山东、浙江、福建、湖南、上海、河南、山西等省份，电量流向主要以公交车为主，乘用车占比同样较高，环卫物流车、出租车等其他类型车辆占比较小。

2019 年国家发展改革委、国家能源局、工业和信息化部及财政部联合发布了《关于〈提升新能源汽车充电保障能力行动计划〉的通知》，并在 2019 年 3 月发布的《关于进一步完善新能源汽车推广应用财政补贴政策的通知》以及 2019 年 6 月发布的《推动重点消费品更新升级 畅通资源循环利用实施方案（2019—2020 年）》中均提到要完善充电设施建设，支持新能源汽车配套设施的发展。2019 年，充电基础设施增量为 41.1 万台，同比增长 18.1%，新能源增量车桩比约为 2.9∶1，公共类充电基础设施稳定增长。截至 2019 年 12 月，全国充电基础设施累计数量为 121.9 万台，同比增加 50.8%，新能源汽车累计销量达 420 万辆，车桩比达到 3.4∶1。

2020 年 3 月，在政府工作报告中，充电桩被纳入"新基建"七大领域之一，同时伴随新能源汽车渗透率加速向上，充电桩迎来新的高速发展阶段。同年国务院发布《新能源汽车产业发展规划（2021—2035 年）》，明确提出"十四五"目标，形成适度超前、布局均衡、智能高效的充电基础设施体系，能够满足超过 2000 万辆电动汽车充电需求。自此，充电桩行业迎来"新基建期"。

2022～2023 年，地方政府密集出台充电基础设施建设相关政策。其中，浙江计划 2023～2025 年全省累计建成充电桩 230 万个以上，其中乡村地区不少于 90 万个，以实现公共充电设施在县级和乡级的全面覆盖，并规定新建居住区固定车位必须全部配备充电设施或预留安装条件。类似地，深圳市也提出了在三年内建设 300 个新能源汽车超级充电站的目标，以匹配加油站的数量，致力于构建"超充之城"。此外，多地政府还出台了充电设施建设补贴政策，以鼓励和推广电动汽车的充换电设施建设。具体来说，常州、上海、无锡、北京、南京、成都、重庆、福建和广西等地均提供了不同程度的补贴，涵盖了交流充电桩和直流充电桩的建设，以及电动汽车的充电量，旨在通过这些激励措施，加快新能源汽车充电设施的布局和优化，进一步促进新能源汽车的普及和应用。

2023 年 6 月 19 日，国务院办公厅印发《关于进一步构建高质量充电基础设施体系的指导意见》，提出到 2030 年基本建成覆盖广泛、规模适度、结构合理、功能完善的高质量充电基础设施体系。此前的 5 月 17 日，国家发展改革委和国家能源局联合发布了《关于加快推进充电基础设施建设 更好支持新能源汽车下乡和乡村振兴的实施意见》，支持地方政府结合实际开展县乡公共充电网络规划，加快实现适宜使用新能源汽车的地区充电站"县县全覆盖"、充电桩"乡乡全覆盖"。截至 2023 年底，我国充电基础设施累计达 859.6 万台，同比增加 65%。我国已建成世界上数量最多、辐射面积最大、服务车辆最全的充电基础设施体系。2023 年，我国充电基础设施新增 338.6 万台，同比增长 30.6%；新能源汽车国内销量 829.2 万辆，同比增长 33.5%，桩车增量比为 1∶2.4，基本满足了新能源汽车快速发展需求。

1.3 电动汽车充电设施规划问题研究现状

随着电动汽车产业与充电设施的迅速发展，关于充电设施规划的问题研究也逐渐成为电气工程、控制科学与工程、交通运输工程、运筹学、系统工程等领域的研究热点。相关研究主要集中在以下几个方面。

1.3.1 电动汽车充电对电网的影响

电动汽车的普及程度、车型、充电时间、充电方式以及充电特性的不同会给电网带来不同的影响。本章从电动汽车充电对电网造成的负荷、经济、调频、调度策略的影响角度出发，梳理了国内外关于电动汽车接入电网的研究现状及电动汽车充电对电网的影响的一些代表性研究。

1. 对电网负荷的影响

电动汽车的推广对电网的安全性、可靠性提出了更高要求。为阐明电动汽车充电对电网的影响，高炳蔚等人对电动汽车充电负荷进行了特性分析，根据电动汽车的行驶特性建立了电动汽车充电负荷的最优预测模型，并运用蒙特卡洛法求解充电负荷曲线，得出大规模电动汽车的无序充电会对电网负荷造成严重的负面影响。张君等人针对无序充电、有序充电、双向有序充放电三种模式，分析了各自对电网日负荷曲线的影响，在所建模型中考虑了电动汽车充放电对电池寿命的影响因素，通过运用粒子群算法求解模型，验证了通过合理控制电动汽车充放电可以改善电网高峰负荷、平滑负荷曲线的目的。Yang 等人利用蒙特卡洛法分别构建了电动汽车用户行为模型、传统充电模型和快速充电模型，其对电动汽车入网数量与日负荷曲线的影响分析表明，动态定价机制和 V2G 机制可以有效引导电动汽车参与削峰、优化电网的日负荷曲线。王晓涵等人运用蒙特卡洛法对电动汽车的充放电行为及 V2G 的建模研究表明，在不受控充电、受控充电、受控充放电三种模式下，V2G 模式可有效减小电网的峰谷差。

2. 对电网经济性的影响

为满足日益规模化的电动汽车充电需求，杨方等人从经济建设、经济运行和社会经济性三个角度出发，提出了综合评估电动汽车规模化充电对电网经济性影响的指标体系与计算方法，分析了有序充电和无序充电模式对电网经济性的影响。

3. 对调度系统的影响

陈一凡等人研究表明，采用 V2G 技术对电动汽车进行充放电调度将成为电网中一种新型的调控手段，以此消除电动汽车充电对电网产生的不利影响，此外，陈一凡等人还介绍了基于 V2G 技术的电动汽车充电负荷计算方法及可能的充电调度策略。

4. 对电网调频的影响

胡宜平等人将电动汽车充电负荷因素纳入电动汽车充电负荷的建模过程，从居民负荷峰值、电压、网损率的角度探讨了电动汽车充电对电网的影响，并深入分析了电动汽车充电对电网调频的影响。张文杰等人以电动汽车为分布式储能单元对电网的调频影响进行了分析，在对 V2G 充放电行为进行研究的基础上提出了一种有序引导大规模电动汽车接入电网的充放电行为管理方法，并将其作为分布式电源向电网提供电压频率和幅值的调节，进而根据需求向电网提供或消纳电能，从而保证电网电压和频率的稳定。

1.3.2 电动汽车充电设施仿真建模

1. 现代仿真建模方法

仿真建模方法已经成为分析、研究各种复杂系统的重要工具，它广泛用于工程领域和非工程领域。现代仿真建模主要包括三类方法：离散事件建模、基于智能体建模和系统动力学建模。

（1）离散事件建模

离散事件建模支持中层和偏下层的抽象层级。离散事件建模的思路是将需建模的系统视为一个过程，即一系列对实体的操作。离散事件建模的主要操作包括各类时间延迟、资源服务、支路选择、分离和组合等。实体对资源进行竞争，并导致时间延迟，因此在所有的离散事件建模中都具有供实体排队的队列。离散事件模型可以具象为一个过程流图，其中的各个模块表示各种操作（即将整个过程分割成许多小的步骤）。

（2）基于智能体建模

基于智能体建模适用于中抽象层级，既可以实现较低抽象层级的物理对象细节建模，也可以实现公司和政府等较高抽象层级的建模。

基于智能体的建模提供给建模者另一种观察系统的方式：许多情况下，用户无法知道系统的行为、关键变量以及附属内容，甚至无法观察过程流，而仅仅了解一些系统对象的个体行为。此时，可以通过建立对象（智能体）和定义其行为来进行建模。该方法既可以连接各个智能体，使其互动，也可以将其放置在特定的具有动态性的环境中。系统的全局表现可以通过大量（甚至达到数百万个）并发的独立行为得以涌现。

（3）系统动力学建模

系统动力学建模适合较高的抽象层级，其在决策建模中已经得到了广泛应用。系统动力学是研究动态系统的常用方法，主要用于长期的、策略性的模型，它假设了较高的抽象层级，代表了人、产品、事件和其他以数量表现的离散事物。

2. 基于 AnyLogic 的电动汽车充电设施规划与运营仿真建模

AnyLogic 凭借在离散系统、系统动力学、多智能体和混合系统领域的广泛建模、仿真应用，在物流、供应链、制造生产业、行人交通仿真、行人疏散、城市规划建筑设计、城市发展及生态环境、经济学、业务流程、应急管理、GIS 信息、疾病扩散等方面有着出色的表现。针对电动汽车充电设施规划的课题研究，AnyLogic 相对于以往的公式模型，具有更高的智能体系，提高了小车行驶的随机性模拟，更加贴合实际，从而避免了信息损失，进一步可以开展对小车行为的统计，更利于选取优化指标。韩鹏等人利用多智能体建模方法构建微网负荷、电动汽车及发蓄电装置模型；利用离散事件建模方法构建换电站模型；利用系统动力学建模方法构建微网母线功率模型。AnyLogic 仿真结果表明，所建模型能够较好地反映电动汽车与微网的联合运行过程，对实现微网安全性、可靠性和高效性运行具有重要作用。李士书从排队论的角度出发，对电动汽车电池从生产到二次回收期间全过程进行了分析，并基于离散事件的相关理论，应用 AnyLogic 仿真平台建立了基于排队论的电动汽车电池消耗量仿真模型，在仿真过程中，对模型中的相关参数（电动汽车寿命、电池寿命、返修率）进行不同的设定和灵敏度分析，结果表明，电池的寿命对电池消耗量的影响最大，消耗量会随着电池寿命的增加而快速减少。许鑫等人研究发现，车辆路径问题是物流研究领域的热点问题，合理的车辆路径规划可以降低物流配送成本，提升客户服务质量，通过建立基于 AnyLogic 仿真软件平台的仿真模型，随机动态变化仿真运行参数，对实际的配送过程进行模拟，对车辆路径问题涉及的各种关键因素进行分析，对实际的物流配送具有一定的参考价值。胡宇宸基于演化博弈方法，通过 AnyLogic 平台建立综合实时仿真图像与理论数据分析的多智能体电动汽车补贴政策仿真模型，并以北京二环以内区域为例，对实际电动汽车补贴政策实施情况进行仿真评估。郑士尧针对电动汽车的购买补贴问题，建立了基于系统动力学的电动汽车购买补贴模型，针对电动汽车充电问题，通过 AnyLogic 平台建立了基于行人动力学的电动汽车分时电价补贴政策仿真模型，并以北京二环以内区域为例，对实际电动汽车补贴政策实施情况进行分析评估。

3. 电动汽车充电运行的行为建模研究

高赐威等人对电动汽车充电行为进行研究，建立了适用于微网的电动汽车充电行为仿真系统，利用 Swarm 仿真平台模拟基于多代理系统的电动汽车充电行为，将电动汽车和充电设备作为两类具有适应性的主体，建立了包含交通网络、电力网络的双层网络仿真系统。张永旺等人应用 MySQL 和 Java 平台建立了一种基于分层架构的大规模电动汽车有序充电仿真平台，该平台根据各种仿真算法的数据需求对电动汽车的分层架构和充放电行为进行建模，描述了大规模、大范围电动汽车充电负荷的时空分布。

1.3.3 电动汽车充电设施规划的优化模型与求解方法

关于电动汽车充电设施建模与规划的相关研究在过去 20 年，尤其是过去 10 年间得到迅猛发展，引起了广泛关注，相关研究情况详见第 2 章介绍。

1.3.4 基于 V2G 架构的电动汽车充电设施与配电网协同优化

V2G 是电动汽车充电设施完善的进一步应用。从电网角度看，具有"源""荷"双属性的 V2G 技术不仅对电网调度、电能质量、负荷平衡、配电网经济运行以及电网调频有着深远影响，还可以促进可再生能源的大力发展和就近消纳，而可再生能源的大力推广则是实现低碳环保的重要举措；从用户侧看，合理的充放电策略可以为用户带来收益，有利于电动汽车渗透率的提升。李惠玲等人为了更好地说明电动汽车充电对配电网的影响，以某市一条 10kV 供电线路为对象，分析了该线路在各种电动汽车渗透率（此处电动汽车渗透率为电动汽车充电负荷与线路最大负荷的比值）下用户的随机充电行为对配电网的影响，结果表明，当电动汽车渗透率较高时，车主的无控制充电行为将会对电网造成巨大的压力，因此提出了在满足电动汽车充电需求的情况下，根据短期负荷趋势，对各时段可充电功率进行优化，以达到平稳负荷、降低电能损耗和提高电压质量的目标。孙晓明探讨了影响电动汽车充电负荷的因素，并利用蒙特卡洛法计算充电负荷，搭建了北京某地区配电网结构图，并在此基础上研究了不同渗透率下节点电压偏移情况、变压器和线路负荷率情况；在满足用户需求的前提下，通过控制负荷曲线的方差最小和峰谷差最小，使得充电负荷尽可能在谷期充电，达到"填谷"作用的基于电网侧与用户侧双向的充电目标。

江凯等人以协调配电公司和分布式电源投资商（包括 V2G）两者的利益为出发点，引入 V2G 和 DG 的发电环境效益作为协调因子，从减少配电成本和投资费用的角度出发，采用计及 V2G 和 DG 的配电网随机潮流计算方法进行问题求解，并对结果进行约束条件的检验。艾圣芳等人从减少配电网中变电站、馈线及电动汽车充电站的年投资费用、年维护折旧费用、综合年运行费用以及贷款利息等额年金之和（年费用）的角度出发，建立了配电网规划优化模型，并运用序优化理论对模型进行最优求解。

1.3.5　电动汽车充电设施规划指标设计

经过20多年的自主创新，我国电动汽车行业迅猛发展，充电桩的部署有力推动了电动汽车普及，在技术产业满足需求的同时，政府出台相关支持政策来促进电动汽车的普及与充电设施的建设，将充电运营、设备生产带到充电桩产业链上。对于充电设施规划方面的研究主要集中在以下几个方面：充电站对电网的影响，充电站的造价、服务半径分析，充电站的充电模式和运行效率。

1. 电动汽车充电设施对电网的影响指标

Yang 等人指出大型电动汽车进入电网将增加日负荷曲线的峰谷差异。动态定价机制和 V2G 机制可以有效引导电动汽车参与调峰，优化日常负荷曲线。王彪等人为利用实时电价实现电动汽车理性充电，建立以电动汽车运营收益最大化为目标、以电动汽车动力电池充放容量及电动汽车行程需求为约束的数学模型，使系统在峰荷附近反向放电，从而起到削峰填谷的作用。张文杰的研究旨在有序引导大规模电动汽车接入电网的充放电行为，并将其作为分布式电源向电网提供电压频率和幅值调节服务，根据电网的需求向电网提供或者消耗电力，从而保证电网电压和频率的稳定。

2. 电动汽车充电设施的造价、服务半径相关指标

艾圣芳提出了包含电动汽车充电站的辐射状配电网规划模型，建立了以无功补偿装置投资和网损之和年费最小的无功补偿装置优化配置模型，最后运用遗传算法对模型进行求解。陈连福在研究电动出租汽车运营和充电特性以及分析电动出租汽车运营数据的基础上，建立了电动出租汽车充电站的服务半径数学模型、电动出租汽车充电需求分布的数学模型、基于 M/G/K 排队模型的电动出租汽车充电站设施优化配置模型、电动出租汽车充电站规划布局模型，并通过改进粒子群算法对规划布局模型进行求解。

3. 电动汽车充电设施的充电模式及运行效率指标

张君对无序充电、有序充电、双向有序充放电三种模式对电网日负荷曲线的影响进行分析，同时在考虑电动汽车充放电对电池寿命影响的基础上建立了电动汽车充放

电模型，运用粒子群算法对该模型进行求解，显著改善了电网高峰负荷，使负荷曲线更加平滑。Dong 等人对电动出租车的充电站位置进行了两步优化，利用服务区域中的最优位置模型来计算充电站的最佳位置，以最大限度地提高运营效率和方便收费，并采用改进的 K 均值聚类算法来对模型进行优化，从而使运营效率提高，降低了计费服务的平均距离。

然而，我国的充电基础设施依然存在很多制约条件，诸如车桩标准不统一、兼容性差、支付渠道运营单一化、充电桩质量差异大、建设成本高、私人充电桩安装难度大等，种种原因使我国的充电桩市场依然没有一个完善的体系，因此充电设施的发展直接影响新能源汽车的发展，加快充电设施的建设并提升运营水平已成为亟待解决的重要问题。

第 1 篇
电动汽车充电设施规划建模与优化

第2章 电动汽车充电设施规划建模与求解方法概述

电动汽车充电设施规划涉及范围非常广泛，包括城市公共区域快速充电站、公共停车场慢速充电桩，以及企事业单位、居民小区的充电桩规划等。广义的充电设施规划包括规划前期的需求预测、用地勘测、配电资源协调与规划、设备选型等一系列内容，但本书研究范围仅涉及充电站/桩选址、定容问题，即充电站规划在哪里，以及各充电站规划的充电机/桩数量等。本章主要内容包括电动汽车充电设施规划建模的整体思路，基于0-1整数规划的混合规划建模，以及以进化算法为代表的现代启发式智能优化算法。

2.1 电动汽车充放电设施规划模型

近年来，在全球倡导发展绿色能源的大势下，电动汽车的普及率急剧上升，这种趋势对充电设施提出了更多的需求。充电桩、充电站、换电站具有不同的服务特点，且不同的充电设备，其补给速度、建设成本、运行成本往往不同，再加上应用场合的不同，往往给充电设施的布局带来颇多限制，因此对电动汽车充电设施的规划布局开展研究具有重要的意义。此外，电动汽车与充电桩两者相辅相成的关系为充电设施布局带来了更多的动力，充电设施的完善也有利于加快电动汽车的产业发展。

本节对考虑不同实际因素下的数学模型进行划分与总结，从经济性、用户便捷性、电网稳定性、环保性四个角度展开论述。

2.1.1 电动汽车充放电设施经济型模型分析

充电站成本主要分为三大部分：基础设施成本、配电设施成本、运营成本。其中充电站基础设施成本主要由充电机、电池维护设备、安全监控设备、土地购置等费用构成；配电设施成本主要考虑配电过程中的线路损耗成本；运营成本主要考虑站内设备消耗费用。在实际应用中，考虑总成本额度规划可以在取得经济效益的基础上实现充电站的合理规划，避免了充电服务与经济效益的"背道而驰"。

1. 考虑充电站成本的规划模型

艾学勇在分析了换电服务的成本构成基础上，建立了电动汽车换电服务调度规划模型，并运用动态规划方法对模型进行求解，从而获得最优规划方案。Chen 等人为实现投资成本的最小化，从充电线路角度出发，建立了基于道路网络平衡流量分布的用户均衡模型，并采用 CPLEX 对模型进行分析，从而确定最优的充电线路部署方案。高赐威等对区域各类型电动汽车充电需求进行研究，在综合考虑集中型充电站建设初期购置设备费用和运行期间购买电能费用的基础上，建立以充电站年均建设与运行费用最小化为目标函数、考虑每天充电量需求为约束的非线性混合整数规划模型，数值算例仿真验证了模型的有效性，相关分析表明，充电需求和充电电价设置对集中型充电站的容量规划影响巨大。葛少云等提出了一种基于全社会成本最小化的充电站规划布局规划模型，在考虑路网结构的基础上提出了充电站选址定容的优化方法。He 等人提出了一种以社会总成本最小化、计及资源规划模型与分配公共充电站优化模型的组合分配模型，通过主动计算法求解，从而获得最大化与耦合网络相关联的社会福利。He 等人提出了以电动汽车充电站最低综合成本为目标，考虑施工运营成本和收费成本等因素的电动汽车充电站规划模型。根据电动汽车充电站规划特点，提出了一种新型多人口混合遗传算法，利用多组合概念进行协同演进搜索，仿真结果表明城市充电站规划实例的有效性。贾龙等人研究了电动汽车在高速公路网中的充电需求分布，采用两阶段法确定充电站规划方案，考虑充电站距高速公路出入口的距离和续驶里程确定候选站址；考虑充电需求，最小化建站成本、接入电网成本和运维成本，确定最优建站位置和容量。刘自发等人以最小化充电站初始建设成本和运行成本为目标，考虑了土地、变压器等建设成本及包含供电损耗、人员工资等的运行成本，建立了一个综合、全面的电动汽车充电站选址定容新模型，并采用量子粒子群算法对模型进行求解。Lin 等人介绍了负荷密度法，以确定计划区域的电动汽车充电站最佳容量，并采用层次分析法（AHP）获得权重系数，以最小化固定投资成本、运营成本和维护成本为目标函数，在考虑车网互动（V2G）的影响下（即电动汽车被视为同时兼具源、荷二重属性的对象），建立了配电网规划模型，并采用序数优化方法对模型进行求解。王欢林等人根据影响充电站选址的主要因素，通过构建充电站选址评价指标体系，构建了充电站选址评价模型，运用粒子群算法求解充电成本最小的优化模型，并以某地电动汽车充电站布局规划为案例，论证该研究成果的实用性和可行性。张迪等人首先针对电动汽车换电站的选址库存问题，建立了单路径和多路径换电站选址库存模型，分别采用遗传算法和模拟退火算法对模型进行求解，其次提出了用户流量不确定的电动汽车换电站选址鲁棒优化模型，以及最小化充换电设施建设成本和最大化覆盖用户数量的双目标数学规划模型，并设计了拉格朗日松弛算法求解该模型，接着研究了多等级充换电设施选址问题，构建了同时最小化充换电设施建设成本和充电时间的数学模型，最后通过实例验证了模型的有效性。

以往的充电站选址模型都假设充电站的建设费用与其所含充电桩的数量呈线性关系。董洁霜等人进一步贴合实际，考虑了充电站建站费用与充电桩数量的非线性关系，建立了建站费用与充电桩数量的关系模型；并在此基础上，以总建站费用最小为目标，建立了充电站选址模型，采用 LINGO 软件中的分支界定法进行求解，结果表明所建立的充电站选址模型能较为准确地反映建站费用与充电桩数量关系对充电站位置及规模的影响。

2. 考虑充电站收益成本模型

程宏波等人以充电站建成后最大社会收益为目标函数，建立了计及低碳收益的充电站选址规划模型，从法律政策、技术改革、市场环境 3 个方面分析了影响社会收益的因素，对建立的考虑社会收益的电动汽车充电站选址规划模型，采用微分进化算法对其进行求解。Guang 等人考虑了电动汽车的交通特性和服务半径内的客观实际旅行行为过程，利用马尔可夫模型预测电动汽车的交通流量需求，提出了计及实时运输费用的车站实现经营净收入最大化的规划模型，使用免疫优化算法进行优化，仿真结果验证了模型方法的有效性。He 等人考虑到驾驶人的自发调整和旅行、充电决策的相互作用以及电池的不同初始状态和驾驶人对能量消耗不确定性的冒险态度，以最大限度发挥社会福利为目标函数，提出了一个确定公共充电站位置和类型的规划模型，并通过先迭代、后运用遗传算法的双级优化策略对模型进行求解，为公共充电基础设施的部署提供合理的规划方案。Biao 等人应用层次分析法建立了功能区域和服务窗口的评估模型，采用层次分析法对评估模型进行求解；所求得的解使整个能源供应网络得到了合理有序的控制，取得了良好的社会效益。宋志成等人针对电动汽车充电站位置和规模问题，建立了一个考虑建设成本、运行成本、充电成本和电动汽车数量分布，以收益最大化为目标的多等级充电站选址模型，利用微分进化算法的全局寻优能力，确定出充电站最大收益的建址位置和建造等级。

3. 计及充电桩运营成本与用户成本模型

Chen 等人在考虑建站经济性的基础上，建立了以充电站投资成本、用户交通成本最小化为目标函数，考虑充电容量、覆盖面等为约束的优化模型，提出了一种改进遗传算法对模型进行优化求解，结果验证了定位方法的有效性和实用性。冯超等人建立了以充电站建设运营成本和充电者充电成本共同成本最小化的电动汽车充电站综合成本为目标的规划模型，针对电动汽车充电站规划特点，提出了一种新的多种群混合遗传算法（MPHGA），将标准遗传算法（SGA）与交替定位分配（ALA）算法相结合，针对充电站规划问题开展多种群并进行协同进化搜索。葛少云等人在配电网的容量约束条件下，建立了以用户在充电路程中的损耗成本和充电站线路投资成本之和最小化为目标的数学模型，开展充电站址和接入位置的选择，并利用排队论原理进行充电站的容量优化配置；以全社会成本最小化为目标来遴选最优充电站规划方案。陈静鹏等人以电动汽车群体空驶成本最小化为目标进行充电站选址，以充电站的周最大充电负荷为基准确定建设容量，并采用蒙特卡洛法对模型进行求解，选取建设成本最小和充电桩利用率最大的规划方案，兼顾了运营商和电动汽车用户的利益。Arslan 等人建立了以电力和汽油之间现有成本最小化为目标函数的数学模型，运用 Benders 分解算法对规划模型进行求解。李菁等人建立了以充电站的建设成本、运营成本和输电损耗为基础，道路交通流量为约束条件，充电站年均综合成本最小化为目标，充分考虑区域地理条件的综合优化模型；采用混合差分蜂群算法优化区域内充电站的空间布局。Jia 等人提出了电动汽车充电站选址规划的优化过程，定义了一个名为"车时"的变量来表示充电需求；利用图形理论提取道路网络结构，并以最大限度地减少充电站和消费者的整体成本为目标构建了具有不同约束的混合整数二次规划模型，并通过商业优化软件 CPLEX 求解。张国亮等人通过分析电动汽车用户分布的特性，建立了使充电站初始建设成本及用户充电总成本最小化的多等级充电站选址模型，并运用改进的禁忌搜索算法求解该模型；仿真算例表明，该算法具有很好的站址寻优能力及收敛性能。

2.1.2　考虑充电距离的电动汽车充电站规划模型

褚玉婧等人针对电动汽车充电站选址问题，提出了基于时间满意逐渐覆盖的电动汽车充电站选址模型，并运用蝙蝠算法求解，算例仿真验证了该模型及算法在电动汽车充电站选址决策中的有效性。Dong X 等人开发了基于起点 - 目的地（OD）分析的空间和时间模型，基于共享最近邻（SNN）聚类算法，开发了定位模型，用于获取电动汽车充电站及其服务电动汽车集群的特定位置，并提出了基于排队理论的容量确定模型来配置每个电动汽车充电站的容量。Guo 等人采用多准则决策（MCDM）方法来考虑电动汽车充电站选址的一些主观且重要的准则，将模糊 TOP-SIS 方法应用于电动汽车充电站站点的选择，为现场选择提供了新的研究视角，并扩展了模糊 TOPSIS 方法的应用领域。郭春林等人提出了基于能量等效负荷预测法的充电设施模型，通过能量等效方式进行负荷预测，再进行定址定容，采用净现值方法评估经济性，采用平均充电距离评估用户便利性，最终得到可用的规划方案。

2.1.3　考虑服务能力的电动汽车充电站规划模型

从用户角度出发，考虑其充电的便捷性，可将充电站配置到具有高可见性、高车流量的场所，为实现高效智能化服务奠定基础。

Bodet 等人研究了高速公路长途电力交通中的电动汽车充电容量管理，在考虑技术特征、电池容量、用户特性基础上，建立了智能动态充电分配模型，并采用动态分配法对模型进行求解，提高了每个位置相同充电站部署基础设施的利用率。高赐威等人针对换电站的规划问题，综合考虑了电动汽车用户的行驶时间和排队等待时间，建立了换电站的选址定容模型，提出了基于凸低估算法与线性启发式算法的改进算法对模型进行求解，通过方案比较验证了模型的有效性，并从更换电池需求和排队等待时间两方面对模型进行了灵敏度分析。Eisel 等人认为电动汽车市场渗透率较低的最重要原因之一是充电基础设施不足，为了将充电站分配到具有高可见性的适当场所，从而减少这些担忧，他们将客户偏好融入设施位置规划模型，基于用户偏好开发了分配电动汽车充电站安装的位置规划模型。李正恩等人在分析了城市交通特点的基础上，利用相关的调查分析结果，得出了城市小汽车用户的出行规律，进而推断电动汽车用户的充电及用车行为；然后针对充电桩的选址问题，提出了一种最大覆盖模型，即在充电桩数量有限的情况下覆盖最多的电动汽车充电需求点。

王露等人建立了考虑用户需求、投资成本、土地区位、紧急充电里程限制、实际路况及服务网络可靠性等多种因素的快速充电设施布局选址优化模型，提出了基于改进遗传算法的求解步骤，并在实例研究中完成了模型及算法验证。赵书强等人提出电动汽车充电站选址的最优数学模型，基于城市道路信息，得出充电站最优位置分布，采用 Voronoi 图划分每个充电站所服务的负荷区，根据每个充电站所服务的充电负荷设计其容量，并通过算例分析验证了规划方法的有效性和实用性。

2.1.4 考虑充电需求的电动汽车充电站规划模型

周文峰等人通过将电动汽车充电站选址问题转化为赋权网络图的最大覆盖问题，构建了基于多种信息的赋权网络图，建立了以最大化满足用户需求为目标的充电站选址整数非线性规划模型，设计了求解模型的启发式算法，并通过算例验证了模型方法的有效性。廖斌杰等人首先通过对传统汽车和电动汽车运营数据和出行数据进行统计分析，得到了不同类型电动汽车的行为特征和充电行为模式；再结合电动汽车保有量预测结果，建立了基于蒙特卡洛模拟的电动汽车充电负荷预测模型；从电动汽车渗透率、大功率桩充电比例、优化充电策略三方面对电动汽车的充电负荷特征及充电负荷对电网的影响进行了敏感性分析；在此基础上，建立了基于空间充电需求系数的充电设施布点定容模型；最后，基于电动汽车停泊数量的时空分布特性，提出了一种配电网消纳电动汽车能力的评估。针对配电网负荷分布不均匀的情况，刘笠等人提出了一种自适应权重 Voronoi 图模型进行配电网供电分区；分析了蒙特卡洛模拟法在电动汽车充电需求预测方面的适应性；根据电动汽车类型的特点将电动汽车的充电行为分为充电桩常规充电和充换电站集中充电，构建了电动汽车充电需求的预测模型，并利用该模型计算和分析了电动汽车充电需求的时空分布特点。Shahraki 等人提出了一种基于车辆行驶模式，以捕获公共充电需求为目的的优化模型，并通过该模型选择公共充电站的位置，最大限度地提高电动车辆行驶的距离（VMT）；鉴于此优化模型是混合整数非线性规划（MINLP）模型，因此研究者将 MINLP 模型转换为混合整数线性规划（MILP）模型后使用 CPLEX 对 MILP 模型进行求解。

2.1.5　考虑碳排放的电动汽车充电站规划模型

伴随着化石能源枯竭及全球变暖趋势，具备低碳、节能、环保等优势的电动汽车受到了各国关注，对充电站进行合理布局直接影响了用户使用的便捷性，并可进一步影响电动汽车的推广；不合理的充电站址规划则在消耗电能的同时带来更多的碳排放，对环境产生消极的影响，因此，在选址时考虑碳排放情况可以提高选址的实用价值。

陈光等人以充电站建设运行成本、用户充电耗费时间和驶向充电站引起的碳排放为综合优化目标，建立了计及碳排放的电动汽车充电站多目标选址定容规划模型，采用基于需求点栅格化和 Voronoi 图求解的计算方法对模型进行求解，并通过案例分析验证了该规划模型和求解方法的有效性，为电动汽车充电站的选址定容提供了新思路。

2.1.6　考虑电网安全性的电动汽车充电站规划模型

充电桩的建设不仅会对电网负荷产生影响，还会进一步影响电能质量、配电网网损等安全性指标。因此，考虑电网的安全运行是充电设施正常使用的前提，也是不同电网公司进行充电站规划时的首要考虑因素。

郭艳东等人基于计算几何进行需求分配，考虑用户便利性、配电网约束及配电网影响指标提出了充电站选址规划模型，并采用分支定界法对模型进行求解。胡国伟等人建立了以满足电网安全性为约束条件、实现电网网损和充电站基建成本最小化为优化目标的规划模型，并利用电力系统分析综合程序 PSASP 平台及其提供的用户程序接口（UPI）对该模型布局规划进行求解分析。

Wang 等人提出了一种多目标电动汽车充电站规划方法，可以在确保充电服务的同时降低配电系统的功率损耗和电压偏差，该研究提出了一种基于有限的电池容量的电动汽车流的位置模型，采用数据包络分析方法获得最优解，并利用成熟的交叉熵方法求解该规划问题。Phonrattanasak 等人提出了以最大限度地降低总体安装成本和配电系统损耗的同时保持住宅区域的系统安全为目标，利用多目标蚁群优化（MOACO）算法对快速充电站进行选址规划的方法，并以天津开发区住宅区为例验证了该方法的可行性。

2.1.7　多目标电动汽车充电站规划模型

Cassandras 等人提出了在城市环境下分配充电站内电动汽车的优化配置和预留系

统，在每个分配决策点求解随时间变化的 MILP 问题。Wang 等人提出一个综合考虑了电动汽车可持续发展、充电站特点、充电人员特征、充电需求分布、电网和市政规划 6 个要素的电动汽车充电站布局的多目标规划模型，并根据需求优先级和现有加油站的使用情况设计了一种基于需求优先的求解算法，该研究提出了随着电动汽车及其充电站的发展对许多要素产生的影响，从而进一步促进新能源汽车的发展，仿真结果表明该方法具有一定的实用性。

王辉等人从交通网络流量的角度出发，构建了多目标最优充电站规划模型；同时分析了不同充电站运营模式的优缺点；并以充电站运营收益最大为目标构建了充电站内电动汽车有序充放电模型，采用改进的 BPSO 算法求解所建模型，结果表明有序充放电能够实现充电站运营效益的最大化。

姚伟锋等人提出了基于节点充电需求的分散式充电桩的规划策略，构建了以投资成本和系统网损之和最小、快速充电站截获的交通流量最大为目标的配电系统与电动汽车充电网络协调规划的多目标优化模型，并采用修改过交叉和变异算子的快速非支配排序遗传算法 - Ⅱ（NSGA- Ⅱ）对 54 节点配电系统和 25 节点交通网络的耦合系统进行测试分析，算例结果验证了所提出的模型与求解方法的有效性。

Yan 等人运用动态交通网络方法建立了具有时限约束的多目标优化模型，以获得充电站的最优布局和规模，提出了两阶段启发式算法来求解，并通过案例研究验证了提出的模型的有效性。

张成等人用网格法确定规划区充电站站址，提出了负荷率控制系数和充电负荷密集区等概念，并建立了充电站规划模型和充电站盈利模型；通过运用充电站负荷率、投资回收期、充电行驶里程和综合满意度 4 类评价指标对充电站的选址与整体经济性进行了评价；案例分析验证了规划方法的有效性和适应性。

2.1.8 其他规划模型

冯超等人采用 Delphi 法建立了电动汽车充电站站址综合评价指标体系，采用 GAHP 法量化了定性影响因素与不确定性灰色因素，确定了各指标的权重；在此基础上进一步确定了候选站址的合理性综合评价值，为充电站选址最优决策提供依据。高亚静等人针对城市电动汽车充电站选址特点，提出了一种两步优化选址方法：①在分析路段充电需求的基础上，利用免疫算法在规划区域大范围搜索寻优，获取候选的待建充电站路段；②对于待建路段上的候选站址，考虑地理、配电网等因素，利用模糊层次分析法对影响因素进行量化，经综合评定后最终确定充电站的最优选址。韩节等人通过收集统计廊坊市 2008 ~ 2013 年的经济数据，确定影响廊坊市电动汽车市场规模的关键因素，据此构建了充电需求和充电站数量预测模型，并根据"中心地理论"和"重心指向设施区位理论"构建廊坊充电设施选址模型；然后根据充电设施选址布局原则选择最优方案。吴春阳等人将充电设施发展划分为示范、公益和商业运营三个阶段，分析了各阶段充电设施规划的特点，提出了充电设施的规划模型，并尝试提出使用模糊数学理论求解规划模型。周洪超等人在分析传统项目选址方案评价方法的基础上，提出了运用博弈论对电动汽车充电站规划布局方案进行评价，并给出了博弈优化模型和算法，求解最优规划策略，并通过实例分析验证了该模型对提高充电站选址的定量化、科学化的有效性。

　　为了选择电动汽车的最优充电站址，李海峰等人提出了一种基于混合遗传神经网络的评价方法，利用 Delphi 法建立了充电站候选站址综合评价指标体系，采用专家评价法对其打分，将获得的数据进行标准化之后，再应用自适应遗传算法优化神经网络的连接权值，并利用三层神经网络对该指标进行评价；最后利用暂态误差方法，确定最优结果。刘锴等人在考虑出行充电决策的时空因素对电动汽车充电站布局影响的基础上，进一步考虑了多个充电站建设时序的连续性需求，通过逐步优化和比较布局方案服务水平，建立了同时考虑充电时空分布动态需求和建设时序连续性的电动汽车充电站布局优化模型。吕世斌等人应用层次分析法分析和比较了多个对宁波地区充换电站选址影响较大的因素，运用博弈论的原理建立模型，并把对宁波地区充换电站选址影响较大的因素作为博弈参与人；在确定规划选址博弈模型的策略集合、收益函数、战略空间后，将宁波中心城区电动汽车充换电站选址方案转化为线性规划问题，利用原对偶路径跟踪算法求解后得到了宁波中心城区电动汽车充换电站规划选址优先级排序。Nahtstedt 等人提出了一个两阶段规划方法对电动汽车的能源和充电设施进行配置，在规划过程的第一阶段找到可以满足交通网上电动汽车产生最大需求时的充电设施的最佳位置，第二阶段是基于第一阶段所选择的最佳位置，以最小化电动汽车驾驶人在通过道路网络时为其电动汽车充电的总等待时间为目标确定各个充电设施的容量。为了分析和评估不同电动汽车充电站位置方案的性能，Shi 等人采用了以人口、商业、住房和交通基础设施为基础的预置 AnyLogic 城市动力学模型，模拟每小时私人电力需求，通过比较电动汽车充电站的两个建设计划，得到改进方案，算例仿真结果表明，充电站的合理布局可以防止电能浪费，满足电动汽车的充电要求。谭欣欣等人分别研究了城市内和城市间两类充电站的选址决策问题，分别构建了基于鲁棒优化的城市内和城市间电动汽车充电站选址决策模型，并设计了禁忌搜索算法求解模型；此外，针对城市间高速公路上的电动汽车选址决策问题，引入 FRLM 截流选址模型，并基于情景的鲁棒优化描述电动汽车充电需求的不确定性，引入情景集合 S 和约束参数 α，建立基于 α- 鲁棒的电动汽车充电站选址决策方法。魏玲等人建立了新能源电动汽车充电设施选址评价指标体系，通过 Mathematical 软件和 Excel 软件处理指标体系的权重，并提出了基于多层次灰色评价方法的新能源电动汽车充电设施选址评价模型，实际算例验证了该模型的有效性。

2.2 电动汽车充放电设施规划模型的优化方法

一般当目标函数较简单且为凸规划问题时，可以采用传统的单目标优化方法进行求解；但很多现实问题的规模和复杂程度往往很高，传统优化方法易出现局部最优的局限性，诸如遗传算法、粒子群算法等进化算法被广泛应用于现实问题的求解。

2.2.1 求解电动汽车充电设施规划的遗传算法

遗传算法是通过模仿生物在自然环境中的遗传与进化过程而发展起来的全局优化搜索算法。它借鉴了进化论与遗传学说，从本质上讲，是一种并行、高效、全局搜索方法。遗传算法可以有效地求解 NP（Non-deterministic Polynomial，非确定性多项式）问题以及非线性、多峰函数优化和多目标优化问题。它使用群体搜索方法，先将群体设定为优化问题的一组可行解，再通过对当前群体进行选择、交叉与变异等一系列操作来生成新一代种群，并逐步使种群进化到包含近似最优解的状态。由于充电设施的规划问题所考虑的现实因素很多，加大了问题的复杂度，因此运用遗传算法可以有效解决该类问题。

1. 遗传算法流程

典型的遗传算法步骤如下：

1）设置进化代数计数器 $g=0$，根据实际情况设置最大进化代数 G，随机生成 NP（群体规模）个个体作为初始种群 P（0）。

2）根据目标函数，计算群体 P（t）中每个个体的适应度。

3）根据个体的适应度，按照一定的方法或规则，选择一些优良的个体遗传到下一代。常用的方法或规则有：轮盘赌、锦标赛以及精英保留。

4）对群体中被选中的成对个体，以某一概率交换它们之间的部分信息，产生新的个体。

5）对群体中被选中的某个个体，以某一概率改变它的一个或一段信息，产生新的个体。

6）根据目标函数，计算新一代群体 P（$t+1$）的适应度。

7）若 $g > G$，则将最后一代群体中适应度最大的个体作为最优解输出，并终止计算；若 $g \leqslant G$，则 $g = g+1$，并转回步骤 3。

2. 遗传算法的改进策略

标准遗传算法虽然拥有强大的全局最优解搜索能力、信息处理的并行性、鲁棒性好以及操作简明等优点，但是大量研究表明，标准遗传算法存在局部搜索能力差以及

"早熟"等缺陷，不能保证算法收敛性。

现在有许多文献针对遗传算法的缺陷，提出了各种改进策略，并取得了不错的成效，它们主要集中在编码机制、选择策略、交叉策略、变异策略、参数设计这几个方面。此外，遗传算法可以方便地与其他优化算法相结合，提高搜索效率和求解质量。

2.2.2　求解电动汽车充电设施规划的粒子群优化算法

粒子群优化算法来源于对鸟群捕食行为的研究：一群鸟在区域中随机搜索食物，所有鸟知道自己离食物多远，对于每只鸟来说最简单有效的策略就是搜寻目前离食物最近的鸟的周围区域。粒子群优化算法就是利用这样的模型并将之应用于解决优化问题。粒子群优化算法是一种并行的迭代优化算法，种群先初始化为一组随机解，通过迭代搜寻目标函数最优值。它适合在动态、多目标优化环境中寻优，与传统算法相比，具有较快的计算速度和更好的全局搜索能力。相关算法已经在充电设施规划问题中取得成功应用。

1. 粒子群优化算法基础

假设在一个 N 维空间中，有 M 个粒子组成一个种群。

其中，第 i 个粒子的位置可以表示为 X_i。

第 i 个粒子的速度可以表示为 V_i^k。

第 i 个粒子目前搜索到的最优位置称为个体极值，可以表示为 p_{best}。

整个种群目前搜索到的最优位置称为全局极值，可以表示为 g_{best}。

找到这 2 个极值后，粒子根据下式更新自己的位置与速度：

$$V_i^{k+1} = wV_i^k + c_1 r_1 (p_{best} - X_i) + c_2 r_2 (g_{best} - X_i) \qquad (2\text{-}1)$$

$$X_i^{k+1} = X_i^k + V_i^{k+1} \qquad (2\text{-}2)$$

式中，w 是惯性权重；c_1 与 c_2 是学习因子；r_1 与 r_2 是 0～1 之间的随机系数。

2. 粒子群优化算法流程

典型的粒子群优化算法步骤如下：

1）初始化粒子群。设置整个种群的群体规模，每个粒子的速度与位置。

2）计算每个粒子的适应度。

3）对每个粒子，将其当前适应度与其经过的最好位置的适应度作比较，若当前位置的适应度较好，则将当前的位置设为 p_{best}；否则，不做更新。

4）对每个粒子，将其当前适应度与整个种群的最好位置的适应度作比较，若当前位置的适应度较好，则将当前的位置设为 g_{best}；否则，不做更新。

5）根据式（2-1）、式（2-2）更新粒子的速度与位置。

6）判断算法终止条件是否满足，若满足，则结束算法并将结果输出；若不满足，则转回步骤 2）。

3. 粒子群优化算法的改进

粒子群算法的改进主要集中在算法的关键参数设置方面。以惯性权重 w 为例，当 w 较大时，全局寻优能力强，局部寻优能力弱；当 w 较小时，全局寻优能力弱，局部寻优能力强。目前粒子群算法最常用的便是 w 随着迭代次数增加而递减的策略：在迭代开始时，w 较大，全局寻优能力强；而在迭代的后期，w 减小，局部寻优能力增强，更有利于粒子群算法收敛并找到最优解。

此外，为了防止粒子的速度太快而越过最优区域，常常利用 V_{max} 对粒子的当前速度进行限制，V_{max} 一般由用户自己定义。

2.2.3 求解电动汽车充电设施规划的多目标优化算法

人们在求解现实世界优化问题时，常常不仅追求单一目标的最优性，而且往往需要同时对多个相互冲突的目标进行优化和权衡，因此这些问题的最优解不是单个解，而是一组基于 Pareto 最优性概念的非劣解集。传统最优化方法在求解这类问题时主要采用数学规划的求解算法，如多目标加权法、ε- 约束法等。自 20 世纪 80 年代中期开始，以多目标遗传算法为代表的多目标进化算法开始展现出对该类问题的强大求解能力。解决多目标的优化问题能更有效地推动解决电动汽车充电设施规划的实际问题。因此，开展多目标进化算法及其应用研究，具有重要的理论和现实意义。

2.2.4 求解电动汽车充电设施规划的其他优化算法

现有文献中关于电动汽车充电设施规划的其他优化算法见表 2-1。

表 2-1 相关优化算法及参考文献

方法	参考文献编号
Benders 分解算法	[14]
层次分析法	[152]
蒙特卡洛法	[36]
微分进化算法	[45]
种群算法	[47]
聚类算法	[107]、[108]、[138]、[194]

（续）

方法	参考文献编号
禁忌搜索法	[118]
排队论	[143]
免疫算法	[160]、[282]
TOPSIS 法	[162]
CPLEX 法	[178]、[201]、[207]、[259]、[261]、[337]
主动集算法	[184]
萤火虫算法	[196]
多目标自由搜索算法	[237]
蚁群算法	[264]、[305]
差分进化算法	[330]

第3章 电动汽车充放电设施规划原则与考虑因素

电动汽车充电设施规划涉及范围非常广泛，包括城市公共区域快速充电站、公共停车场慢速充电桩，以及企事业单位、居民小区的充电桩规划等。广义的充电设施规划包括规划前期的需求预测、用地勘测、配电资源协调与规划、设备选型等一系列内容，但本书研究范围仅涉及充电站/桩选址、定容问题，即充电站规划在哪里，以及各充电站规划的充电机/桩数量等。本章主要内容包括电动汽车充电设施规划建模的整体思路，基于0-1整数规划的混合规划建模，以及求解该问题的启发式优化算法（主要以进化算法为例）。

3.1 电动汽车充电设施规划的基本原则

电动汽车可以大幅度提高能源的利用效率，特别是以电能、氢能燃料电池为动力的新一代电动汽车将部分解决化石燃料替代问题，为此，各国尾气排放法规日趋严格，促进汽车向清洁化方向发展。电动汽车不仅可以提高能源利用效率，减少污染和温室气体排放量，借助削峰填谷平移负荷曲线，还可以通过与间歇性可再生能源发电的协同作用提高电力系统运行的安全性和经济性。

充电桩及电池更换站等基础设施，是发展电动汽车所必需的重要配套设施，在充电设施刚刚起步、完备的充电网络尚未形成的情况下，迅速建立一批公用充电站，可以产生示范效应和带动效应，加速电动汽车的推广普及。因此，在开展电动汽车研发和制造的同时，必须前瞻性地考虑电动汽车相关配套设施的建设，只有系统化地构建电动汽车相关配套设施，才能为电动汽车市场扩张提供强有力的支撑。

"需求"和"可行性"是决定区域电动汽车充电站建设与否最重要的两个因素。需求主要受区域电动汽车产生的交通流量、充电站候选站址与各个主干道综合距离的影响；而可行性则由候选站址地理位置、交通、环保、区域配电能力以及该地区的总体规划和路网规划等因素综合决定。在做充电站的规划时，应充分考虑以下几点原则：

1）充电站分布与充电需求分布尽可能一致。

2）充电站分布与交通流量分布尽可能一致。

3）充电站的布局应考虑区域输配电网现状与供电能力限制。

4）充电站的规划应满足城市总体规划和路网规划要求。

5）充电站的服务半径应满足要求。

6）充电站的规划应超前考虑未来电动汽车的发展趋势。

现有的电动汽车充电设施规划原则主要有：

1）车站一体。充电设施建设应形成网络，保证车辆在行驶范围内能及时快速找到充电站对车辆充电。车站一体还体现在对于不同应用领域的电动汽车应根据其使用方式和使用范围的不同建设与之相配套的充电设施，以满足各类用户的不同需求。

2）充电站分布与电动汽车交通密度、充电需求分布尽可能一致，主要根据以往汽车市场规模数据对未来汽车市场规模进行预测。常用的预测方法有回归预测方法、蒙特卡洛模拟方法、扩散理论等，充电站的需求预测方法需与专家经验法、弹性系数法、类比法等多种方案进行综合判定，以使预测结果更贴近实际情况。

3）符合充电站服务半径的要求。由于各交通区域的交通密度不一样，反映充电站网点密度的服务半径也各不相同。动力电池的续驶能力是影响充电站服务半径的另一重要因素。

4）符合城市总体规划和路网规划要求。充电站布局是对不同区域的充电站需求条件分析后得出的结论，但是充电站具体选址定点还须考虑其实施的可行性。充电设施的规划应与城市总体规划和路网规划相协调。充电设施是城市整体的组成部分，其规划在满足自身建设利益的同时，必须服从城市规划的总体安排。

5）适应不同的运行模式。在不同运行模式下，电动汽车对其续驶能力和充电时间要求也不同，从而影响充电方式和电能消耗，充电站建设方式也随之受到影响。根据用户类型的划分，电动汽车可分为示范区用车、集团车队、公交车、物流车、出租车、环卫车及社会车辆等几类。

6）符合环境与安全规定。充电设施的规划应符合环境保护和防火安全的要求，充电设施不应靠近有爆炸或火灾危险等潜在危险的地方，也要避开地势低洼和可能积水的场所，并充分利用就近的供电、交通、消防、给排水及防洪等公用设施。

7）符合短期与长期统一的原则。充电设施规划既要充分考虑现阶段的发展需要，又要满足电动汽车长远发展趋势需求。在进行充电设施规划时，要充分考虑电动汽车的发展阶段，充电设施的数量与规模不能过于超前，否则会造成资源的闲置和浪费；同时，随着电动汽车的迅速普及，在进行电动汽车充电设施规划时应充分考虑电动汽车的推广与充电设施建设的相互影响作用，规划应具有前瞻性和全局性，充电设施应留有一定潜力，能够满足未来数年内电动汽车的发展需求。

3.2 影响充电站布局的因素

总结国内外电动汽车充电站相关文献，影响电动汽车充电站布局的主要因素有以下几点：

1）区域电动汽车数量。电动汽车充电量的总体需求与区域电动汽车数量成正比，只有区域电动汽车数量达到一定规模之后，电动汽车充电站才可能实现经济大规模布局。

2）电动汽车用户类型。不同的用户类型对电动汽车的续驶能力和充电时间要求各不相同，从而影响着充电方式和电能消耗速度，充电站建设方式和功率需求也会受到直接影响。

3）电动汽车充电方式。目前常用的电动汽车充电方式有常规充电、快速充电和快速换电三种。依据充电方式不同，电动汽车充电设施可以分为充电桩、充电站、换电站三种类型。不同的充电设施所能提供的充电能力、工程造价、运维成本等各不相同。

4）动力电池特性。不同种类动力电池具有不同的充电特性。充电电流越大、充电电压越高，单车充电功率需求越大，导致充电站容量需求越大。

5）充电时间。运行于不同模式下的电动汽车对充电时间提出了不同的要求，需要不同的充电方式来满足。在充电时间要求不高的情况下可采用慢充，如私家车；而出租车之类的电动汽车则需采用快充或者换电模式。

6）充电环境。动力电池充电效率受充电场所的环境条件影响，尤其是受环境温度的影响较大。在常温下，电池充电接收能力较强，随着环境温度的降低，其充电接收能力逐渐降低。因此，建设充电站时应尽可能保证其环境温度有利于电池充电要求。

3.3 电动汽车充电负荷估算

电动汽车能量供给设施是电动汽车应用和推广的基石，在拓展电动汽车市场需求的同时，建立和完善高效的充换电网络，是发展电动汽车的重要助力。国家电网公司2011年工作会议上提出建立跨区域全覆盖智能充换电服务网络，电池采用以"换电为主、插充为辅、集中充电、统一配送"为基本的能量补充模式。在此背景下，研究以换电为主、充换电结合的充换电设施优化布局成为国内电动汽车产业发展的重要课题。

目前常用的供能模式有常规充电、快速充电和更换电池三种，相应的基础供能设施有充电桩、配送站、充换电站和集中充电站。其中，充电桩为电动汽车车载充电机提供 AC 220V/380V 充电接口，直接安装在已有停车场对电动汽车进行常规充电，不需要重新规划建设地；配送站只能实现换电方式，用户不能在配送站充电；充换电站既为电动汽车提供换电服务也提供电动汽车的常规充电服务，电池的充电、维护和保养均在站内完成，一般不与其他充电设施业务关联；集中充电站主要服务于配送站，完成对其电池统一充电、保养和维修，不直接服务用户。

3.3.1　常用充电方式

1. 常规充电方式

该方式依据电池充电过程的 *U-I* 特性曲线，利用传统的恒电压或恒电流方式，通过模拟电池固有的 *U-I* 特性来实现充电，避免了过充和欠充现象。不仅如此，它的充电电流接近日常使用的电流，是一种成熟技术，无需电流转换装置，有效节省了充电机的设备购置费用。一般用于车载充电机和各种充电桩，用时范围为 8 ~ 10h。对电池而言，该方式的损耗最小、最可靠；对充电装置而言，无需添加额外的电能转换装置。

2. 快速充电方式

该充电方式是指短时间内利用 1~3C 的大电流、上百千瓦以上的充电功率对电动汽车进行充电，它的耗时是常规充电方式的几十分之一，一般在 20 ~ 30min 之间。但会严重危害电池寿命，不仅如此，日常使用的电力接口不能满足该方式的要求，一般在 10kV 变电站附近建设专用电网，相应的还需配备抑制谐波的设备，以减少对电网、电池的破坏，是集中充电站常用的方式。

3. 更换电池方式

更换电池方式有如下优点：
1）电池由电网或专业租赁公司购买，消费者只需要交纳租赁费用，成本大降，激发用户购车积极性。
2）换电池有利于统一规范电池标准以及实现电池生产、管理、运输、维护等过程的规模效益。
3）电池更换既能保证电能迅速补给，又不会缩短电池寿命。电池充电站在满足用户对充电电池需求的同时，也是电网的大型负荷，条件成熟时，还可协助电网实现削峰填谷或辅助调频，提高电池利用率，增加经济效益。

3.3.2　充换电设施

1. 充电桩

该设备主要服务于配备车载充电机的电动汽车，安装于居民区、商场、公园、景点、车站等公共停车场和街道停车位，有两条插充线，能同时满足两辆车的充电需求。外形设计仿照加油计费表，实现了计时、计电度、计金额功能的统一，其实质是居民购电终端。图3-1为交流充电桩的实物图。

2. 充换电站

充换电站为用户提供了充电和换电两项服务，基本组成部分包括：供配电设备、充电装置、换电装置、控制装置、换电工作区、办公场所、营业场所等，主要功能包括：供配电、换电、充

图 3-1 交流充电桩的实物图

电、计费、通信、监控及其他拓展服务。由于其具有的换电功能还需配备足够数量的备用电池、电池更换设备系统和车辆排队场所，所以根据分工不同，充换电站被分成供配电部门、换电部门、充电部门、运营部门、监控部门和电池管理物流部门等6个部门。

1）供配电部门主要负责调度充换电站内所有设备的用电情况，包括：照明、充电桩和充电机、换电设备、监控设备、计费设备等的用电；内部设备包括：变配电设备、有源滤波无功补偿设备和监控系统。

2）换电部门主要负责调度进站换电的电动汽车并快速高效地为其换电，主要任务有：有序排队、有序换电并检查用户的电池情况，特别当电池有损坏时，正确判断责任方，避免不必要的麻烦。

3）充电部门负责对更换后的电池进行充电。

4）运营部门的主要职责包括：充换电站的日常管理及为客户提供其他咨询和服务。

5）监控部门主要负责充换电站的安全用电和电池充电时站内的电能质量监控。

6）电池管理物流部门主要负责分配站内重新充电的电池、处理电池的一般问题、维护和保养电池，是充换电站正常工作的"物资部"和"后勤部"。

综上所述，充换电站的设计思路如图3-2所示，根据国家电网公司发布的《电动汽车充电设施典型设计》，充换电站被暂分为大、中、

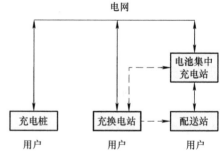

图 3-2 充换电站的设计思路

小型三种，从规模和设备构成方面，各种充换电站的配置见表3-1。

表 3-1　不同规模充换电站区别

	大型	中型	小型
占地 /m²	1700 ~ 2000	约 1000	50 ~ 100
充电机	2 台大型：DC 500V/400A 4 台中型：DC 500V/200A 2 台小型：DC 350V/100A 4 台交流充电机	4 台中型：DC 500V/200A 2 台小型：DC 350V/100A 4 台交流充电机	1 ~ 2 台小型：DC 350V/100A 2 ~ 3 台交流充电机
配电系统	10kV 双路常供，单母线接线；配变：干式非晶合金变压器；0.4kV 侧：单母线分段接线，两段母线之间设分段联络柜	10kV 单路常供，单母线接线；配变：干式非晶合金变压器；0.4kV 侧：双路进线（一母一备）单母线分段接线	0.4kV 供电
其他	有源滤波无功补偿设备；计量计费系统；监控系统；配电系统、充电机监控和安防监控系统	有源滤波无功补偿设备；计量计费系统；监控系统；配电系统、充电机监控和安防监控系统	计量计费系统；选配充电机监控系统；选配安防监控系统

3. 配送站

为响应国家电网公司"换电为主"的政策方针，配送站应运而生，配送站实质是简化版的充换电站，即仅提供换电服务。这样从投资费用的角度讲，首先节省了设备和人力投资，其次，换电服务流程和在加油站加油流程近似一致，实现了"即换即走"过程，不需要像充电站那样配备大型停车场，大大减少了用地投资。图 3-3 和图 3-4 分别为北京奥运会和上海世博会期间投入使用的充电站外观图和内部图，是后来充换电站和配送站设计的重要参考。

图 3-3　北京奥运会期间的充电站

图 3-4　上海世博会期间的充电站

4.集中充电站

该设施的服务对象是充换电站和配送站，完成换电方式更换下的电池统一充电工作，并实现电池维护、修理等相关服务，而不接受个体用户发出的充电或者换电请求。所以，集中充电站是城市电网的大型负荷，它的接入会对电网造成不容忽视的影响，最好依托变电站建设，以满足电力需求；同时，应尽量建设在城市服务区附近，以满足物流的需求。

通过分析充电桩、配送站、充换电站和集中充电站的特点及工作条件可知，充换电网络工作的基本模型如图 3-5 所示。

其中，充电桩作为最普通的电力负荷，直接从电力线路取电，向用户提供常规充电服务。充换电站既能满足用户常规充电的需求，还可以实现快速更换电池服务，当充换电站规

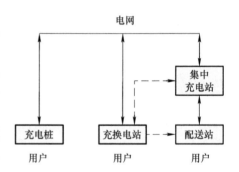

图 3-5　充换电网络的基本工作模式

模足够大时，在站内完成对缺电电池的充电工作，节省去集中充电站带来的物流、人员和意外等费用。如果说充换电站是大型超市，那么配送站就是便利店，占地小、服务快捷，但是不能对换下的电池完成自主充电。从电力视角考虑，集中充电站更像分布式电源，既消耗电能，在用电高峰期还能为电网提供电能，协助电网实现"削峰填谷"的功能。

由于充换电设施规划属于前瞻性研究，严格定义负荷的充电和换电比例需要综合分析电动汽车的行驶特性、用户的充换电意愿、电池特性等因素。

3.4　电动汽车行驶特性分析

按车辆的用途，我国电动汽车可以划分为公交车、出租车、私家车、公务车、邮政车和环卫车等类型。不同用途的电动汽车，其行驶里程、时间、使用频率等都不相同，并非所有车辆都适用常规充电方式，假如所有车辆都采用换电方式补充能量，则会出现：首先，流通的电池数目将会是巨大的，这种巨大的先期投资会成为阻碍电动汽车产业发展的制约因素；其次，电池的归属问题也很难解决，除去试点单位，短期内个体用户很难消费高价的电池，不利于电动汽车的推广。此时，要合理地确定电动汽车和充换电设施的对应匹配关系，建立不同类型车辆的充换电负荷计算模型，具体包括：什么用途的电动汽车最适合什么形式的充换电模式，不同模式下不同类型车辆的比例关系，充电桩、配送站和充换电站服务的电动汽车数量。最后，通过相关调研统计数据，分析各种电动汽车的行驶特性，确定对应匹配的能量供应方式。

1. 公交车

公交车是一种遵循固定路线、固定班次时刻表、单次运行启停次数多、有严格限速要求的耗油或耗电量大的大型机动车。因此，由于公交车的运行一般严格遵守公交公司制定的时刻表，路线固定、发车时间固定，通过调研可以较为精确地预估公交车的充电需求。此外，公交车的工作时间一般为 5：30～23：30，始发车的发车时间为 5：30～6：00，末班车的发车时间为 23：00～23：30;发车规律为平均 7～8min 一辆。但是，考虑到居民出行的早高峰（6：30～9：00）、晚高峰（16：30～18：30），公交站会增加发车频率，增至 3～5min 一辆。公交车的日行驶平均里程为 140～200km，若按最长运行时间（5：30～23：30）计算，每天最多运行 18h，假设单次行驶平均速度为 30km/h，单次平均里程为 45km，则单次平均运行时间为 1.5h，计入中间停车时间 1h 一趟和到站后 15min 的休息时间，单次总用时 2.75h，所以每车一天最多运行 6 次，总长最多为 270km。

目前示范运营的电动公交车额定里程为 200km，若将电池老化、车辆磨损等情况考虑进去，一天一次的供能方式肯定无法满足公交车日常运营需求，必须多次为公交车补充供能。同时，由于公交车在工作过程中，只能利用停车休息时间补充电能，并且休息时间平均不超过 20min，所以使用常规或者快速充电，均无法满足公交车的补电需求，因此通常会在公交站的起始点建设换电服务点。

2. 出租车

出租车在功能上和公交车类似，均是工作时间内不间断地载客。一般每辆出租车由两名驾驶人轮流驾驶，除了吃饭和换班时间，假定所有出租车一直在空载和有客两个状态之间切换状态，除非乘客有需要，很难在一个地点长时间停留。所以，出租车的运营低谷一般只会出现在 11：30～13：30 的午饭时间和 22：30～23：00 的换班时间以及凌晨 2：00～5：00 的休息时间。根据对燃油出租车的调查，出租车的日均行驶里程为 350～450km，以比亚迪 E6 为例，其额定行驶里程为 150km，为了安全起见，一次充电无法满足出租车的载客需求。在换班和休息时间，采用换电方式对电动出租车补充能量是最符合实际情况的。

3. 公务车

公务车是指为执行公务专门为政府机关和事业单位配备的车辆，一般具有固定集中泊车场所且运行时间在白天，可充分利用固定泊车场与晚上停运时段，根据使用规模建立充电站或直接采用充电桩提供充电服务。公务车处理的事务一般比较重要，最好不要出现中间没电或者临时充电的情形，一天补充一次能量也是最科学的。同时，这些车辆的隶属单位都有停车场，方便直接安装充电桩充电。

虽然公务员执行公务的时间是随机的，大部分时间公务车是空闲的，但是公务车每次使用时，都是非常重要的工作，必须保证电量充足，即每天补充能量一次。目前大部分公务车夜间都会停在机关或单位的指定停车场，可以在停车场直接新添充电桩，利用晚上下班后到第二天早上上班前的时间充电。

4. 私家车

私家车主要用于车主上下班以及休闲娱乐等场景，因此，私家车的出行规律和人们的正常生活规律（主要是外出时间规律）相似。首先，上下班时间是私家车的使用高峰，即 7：00～9：00、16：00～19：00；其次，傍晚一般是居民的娱乐休闲时间，相应的 20：00～21：00 会形成一个返家的小高峰期。但也有部分私家车由于要进行长途行驶或有突发状况需要应对，会有与正常外出规律不同的出行状况。还有部分私家车的出行目的地是随机的，每天的行驶里程也是随机的，相应的充电地点主要包括单位办公停车场、居民停车场、商场超市停车场等。私家车在办公以及居民停车场停放时间较长，能够对其进行常规或者慢速充电，充电时间为到达上班地点之后至下班时间，以及下班回家后至次日早晨上班之前，因此私家车的充电主要由充电桩完成。但也有部分私家车出行较为频繁或者出行目的地是随机的，这种类型的私家车每天的行驶里程也是随机的，当电池所剩电量不能满足行驶里程时需要及时补充电量，即到附近的配送站或者充换电站补充电能，这时其充电时间和充电地点都是随机的。

用户意愿是影响私家车充换电负荷最重要的因素，通过对私家车主的调研获知，用户的充换电习惯可以分为 4 种：结束一天运行后回家充电、电量不足时寻找供能设备、随机在停靠点充电（如商场、公园等的停车场）和工作时间在单位停车场充电，其分布比例如图 3-6 所示。除了充换电习惯，用户意愿还包括电池剩余电量对用户是否立即充电的影响。例如，结束一天运行后，为保证第二天的正常运行，有些车主必须补充能量；有些车主从电池寿命的角度考虑，会坚持把电量用至剩余量小于 5% 以后再充电，不同剩余电量下用户补充能量的比例如图 3-7 所示。

图 3-6　基于用户意愿的充电分布比例　　　图 3-7　不同剩余电量下电动汽车充换电比例

由此可见，私家车的充换电特性与行驶特性并不完全一致，更多是受到车主个人习惯的影响。相反，私家车由于出行时间大多比较固定，而电池的使用又相对节省，加之可以利用充电桩进行充电，因此并非所有私家车都选择上下班时间等交通高峰期进行充电。在高峰期进行充电的私家车多为行驶中电量突然不足的车辆，但这种情况在充电桩充裕时又较少发生。因此，私家车行驶中充换电的比例整体较低。

5. 邮政车、环卫车

邮政车、环卫车等特种车辆承担着固定的使命，其电力需求也可通过较为固定的模式进行预测，用电需求在空间分布上具有一定的确定性。邮政车、环卫车有固定运营路线，每天需要完成固定的工作任务，必须保证电池剩余电量可以完成剩余的行驶里程，所以每天补充一次能量是最合理的。

综合上述 6 种类型车辆的行驶规律，不同类型电动汽车的出行特性见表 3-2。

表 3-2　不同类型电动汽车的出行特性

汽车类型	行驶时间	高峰期	行驶规律
公交车	5：30～23：00	6：30～9：00 16：30～18：30	时间、路线固定 高峰期发车频率高
出租车	全天	6：30～9：00 16：30～20：30	时间、路线随机 午餐、换班时间较少
私家车	全天	6：30～9：00 16：30～18：30 20：00～21：00	路程较短，路线固定 工作时间少，多空闲
公务车	工作时间	无	空闲时间长
邮政车	10：00～11：00 16：00～17：00	10：00～11：00 16：00～17：00	每天两次 路线固定
环卫车	6：00～18：00	6：00～7：00 15：00～16：00	时间分散 路线固定

3.5 电动汽车与充换电设施的模式匹配

根据对不同电动汽车行驶特性的分析，并结合充换电设施的工作特点，可以得到不同类型电动汽车对应匹配的充换电方式，见表3-3。

表3-3 电动汽车与充换电设施的最优匹配模式

汽车类型	模式	设施
公交车	换电	配送站、充换电站
出租车	换电	配送站、充换电站
私家车	充电为主，换电相辅	充电桩、配送站、充换电站
公务车	充电为主，换电相辅	充电桩、配送站、充换电站
邮政车	充电为主，换电相辅	配送站、充换电站
环卫车	充电为主，换电相辅	配送站、充换电站

3.6 电动汽车充换电负荷模型

根据上一节提出的电动汽车与充电设施的最优匹配模式，出租车和公交车均采用更换电池的方式补充能量，其中出租车的行驶路线比较随机，对配送站或者充换电站的选择也是随机的。当电池电量不足时，驾驶人一般会根据GPS导航或者经验选择离自己最近的站址去补充能量。而对于公交车，它的运行轨迹是固定的，在公交车的始发站、终点站及沿途应该有配送站或者充换电站提供服务。所以，出租车、公交车电池是换电负荷的重要组成部分。

私家车和公务车虽然以常规充电为主，但是行驶里程过长、用户出行之前忘记充电、用户意愿变化等情况是不可避免的，并且所占的比例也很难忽略，所以在计算私家车、公务车的充换电负荷时，首先应该计算充电负荷和换电负荷各自所占比例。

环卫车和邮政车属于电力特种车，驾驶人不仅要负责完成每天的工作，还要负责车辆的维护、保养、电池充电等，这是他们工作的一部分，所以，环卫车和邮政车电池几乎全部属于充电负荷。为了避免意外情况发生，假设一定的裕量值来表示换电电池才是科学、合理的。

3.6.1 估算模型假设

初始估算模型采用如下假设：

1）通常电池每天自然放电大约1%，而且电池不停地充放电对寿命影响很大，所以电池本身有保护电路，不让电池不间歇地充电。现在电池电量高于80%左右是不充电的。假设电池的额定行驶里程是150km，考虑到保护电路和用户从电量不足地点到配送站、充换电站的过程中损耗的电量，这里计电池的额定行驶里程是 120km。

2）快速充电可以使蓄电池在 1～5h 内达到或接近完全充电状态的充电方式，常用于蓄电池需要在较短时间内恢复完全充电状态的充电情况。但是，快速充电对蓄电池的性能和寿命有损，经常使用快速充电会加速电池的老化，缩短电池的使用寿命，导致电池极板翘曲变形、酸液浓度增大等后果。所以在平时使用的过程中并不提倡快速充电方式，仅在充换电站中建设适当数量的充电桩来满足用户快速充电的需求。

3.6.2　充换电负荷频率及比例模型

1. 电动汽车充换电频率模型

记第 i 种电动汽车的年平均行驶里程为 $\overline{S_i}$（单位：km/ 年），SOC（剩余电量和电池总量的比例）=100%，电池满电时的续航里程为 s_i（单位：km/ 年），此时电动汽车的年平均充电 / 换电（能量补充）次数为

$$n_i = \frac{\overline{S_i}}{s_i} \qquad (3\text{-}1)$$

式中，$i=1,2,3,4,5,6$ 分别表示出租车、公交车、私家车、公务车、邮政车和环卫车。

那么，第 i 种电动汽车的能量补充频率为

$$f_i = \frac{n_i}{365} \qquad (3\text{-}2)$$

假设规划区在规划年第 i 种电动汽车的数量为 N_i，那么每天进行充换电服务的第 i 种车辆的数量为

$$N_{e_i} = N_i f_i \qquad (3\text{-}3)$$

2. 私家车和公务车充换电比例

相比公交车和出租车固定的功能特性，私家车和公务车用户在选择能量供给方式时更加自由。但是，根据调查，在小区充电桩能够满足需求时，95% 的用户更倾向于选择常规充电方式，所以考虑充换电负荷比例时，用户的主观因素影响忽略不计，只考虑客观条件下用户选择换电的比例。当 SOC 小于或者等于 20% 时，电动汽车会发出警报，提醒用户电池电量不足，那么我们可以认为行驶中电动汽车电池 SOC 小于或者等于 20% 的概率，就相当于用户采用换电方式的概率。

私家车和公务车在日常使用中存在以下特点：

1）停运时间远远大于使用时间，私家车的使用时间主要分布在上下班的 1h 以内，最远路程一般也不会超过一座城市的南北或东西最远距离；公务车虽然没有固定的使用时间，但从其定义分析，一般一天出行 1~2 次。

2）对于私家车，出发点一般是住宅小区，中间可能绕过其他目的地，最终又回到出发点，结束一天的行程。对于公务车，出发点则是单位，中间经过某时段的出行目的地，最终也会回到出发点，结束一天的行程。

若把车辆的一次出行过程称为一次活动，那么可以把车辆一天的活动连成活动链，并用图形表示，建立车辆的活动模型。居民日常的活动链如图 3-8 所示，活动链中的椭圆表示停驻点，主要包括主要目的地和中途停驻点。在一个活动链中存在一个激发该次活动的最重要的目的地，我们把这个目的地叫作主要目的地，它主要是指必不可少的、生存性行为的目的地，如家庭、学校和工作单位等。

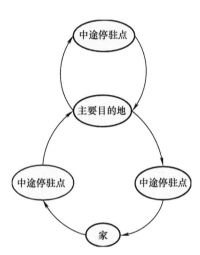

图 3-8 居民日常活动的一般规律

如何定义主要目的地，可以从以下三个方面考虑：

1）和起始点之间的距离。

2）是否是居民日常出行频率最高的目的地。

3）是否是过程耗时最长的目的地。

在实际生活中，私家车和公务车的出行几乎都是有目的的行为，出行始发地和目的地的距离直接影响着本次出行的耗电量。

美国家用车辆调查报告显示，电动汽车的行驶里程 d 近似服从对数正态分布：

$$f_1(d) = \frac{1}{d\sqrt{2\pi\sigma^2}}e^{-\frac{(\ln d - \mu)^2}{2\sigma^2}}, \ d \geq 0 \tag{3-4}$$

式中，μ 和 σ 分别表示平均值和标准差，通过对当地电动汽车行驶状况的分析，可对参数做估计求解，由此可得，其概率密度曲线总体如图 3-9 所示。

表 3-4 是摘自 2015 年电动车时代网上有关数据，从中可以看出，当时市场上的电动汽车在性能上的差异及各自的优缺点。根据充电技术的发展，假设用于计算的车辆额定续驶里程为 120km，那么 SOC 小于或等于 20% 的私家车和公务车所占比例即为私家车和公务车的换电概率。

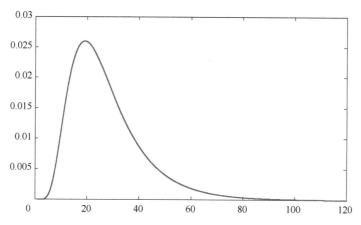

图 3-9　私家车日行驶里程概率分布密度拟合曲线

表 3-4　几种新能源汽车的参数说明

公司	车型	电机类型	功率 /kW	电池种类	纯电续航里程 /km	最高车速 /(km/h)	0 ~ 100km/h 加速时间 /s
特斯拉	Model Y	永磁/同步	220	磷酸铁锂	554	217	5.9
比亚迪	海豚	永磁/同步	70	磷酸铁锂	302	150	10.9
比亚迪	元 PLUS	永磁/同步	150	磷酸铁锂	430	160	7.3
五菱宏光	MINIEV	永磁/同步	20	磷酸铁锂	170	100	/
埃安	Y	永磁/同步	100	磷酸铁锂	310	130	/
比亚迪	海鸥	永磁/同步	55	磷酸铁锂	305	130	/
埃安	S	永磁/同步	150	磷酸铁锂	510	163	7.5
特斯拉	Model 3	永磁/同步	194	磷酸铁锂	606	200	6.1
五菱宏光	缤果	永磁/同步	30	磷酸铁锂	203	100	/
长安	Lumin	永磁/同步	35	磷酸铁锂	205	101	/

3.6.3　充换电负荷计算模型

1. 充电负荷计算模型

采用离散抽样的方法，计算 24h 内充电负荷的变化过程，采样间隔为 1min。将不同类型电动汽车的充电负荷相叠加，即为 24h 内总充电负荷的变化过程。第 t 分钟的充电负荷可用下式表示：

$$L_t = \sum_{i=1}^{N} \alpha N_{e_i} \qquad (3\text{-}5)$$

式中，L_t 表示第 t 分钟充电负荷的总数；N 表示每天进行充换电服务的电动汽车总量；α 表示不同类型电动汽车选择充电方式的概率；N_{e_i} 表示每天进行充换电服务的第 i 种车辆的数量。

2. 换电负荷计算模型

在计算换电负荷时，由于用户换电的时间更随机，可以发生在一天中的任何时刻，也就意味着负荷分布是分散的，如果采用负荷累加计算，不可避免地会造成资源的浪费和闲置，更有效的方法是通过用户换电负荷曲线，得到一天中负荷最大时刻的换电负荷数量，以此为依据，建设适当数量的配送站和充换电站。

具体思路如下：以天为单位，以 30min 为采样间隔，将一天分成 48 个时段，总换电负荷曲线是所有车辆在此刻换电曲线的叠加，每个时刻的换电负荷是所有在此刻换电车辆总和。第 t 个时刻的换电负荷如下：

$$H_t = \sum_{i=1}^{n} (1 - \alpha_i) N_{e_{i,t}} \qquad (3\text{-}6)$$

式中，H_t 表示 t 时刻总充电功率；n 表示电动汽车总量；$N_{e_{i,t}}$ 表示第 i 辆车第 t 时刻的充电功率。

3.7 本章小结

本章分别从充电、换电设备类型与服务场站角度，介绍了充电桩、配送站、充换电站和集中充电站等电动汽车补能设施；同时，从电动汽车使用用途角度出发，分别介绍了出租车、公交车、私家车、公务车、邮政车和环卫车等车辆行驶规律与用电、补电规律。主要工作包括：

1）本章分析了各种充换电设施的特性、设计思路和适用范围；同时讨论了 6 种车辆的出行规律、行驶时间分布、高峰期和行驶路线规律。基于此分析得到电动汽车和充换电设施之间对应的匹配模式。

2）通过考虑电动汽车年 - 日行驶里程关系，建立不同类型电动汽车充换电频率模型，通过抽样和叠加，得到一天中不同时刻充电和换电的负荷定量模型，为后续章节提供合理的模型支持。

第4章 基于SPEA-Ⅱ算法的多目标电动汽车充电设施规划

由于电动汽车的环境效益，交通部门电气化逐渐成为全球趋势。不断上涨的燃油价格和化石燃料资源的不确定性，为电动汽车在未来几十年内的发展提供了可能性。电动汽车充电站是发展电动汽车的必要基础设施，确定合理的电动汽车充电站位置和容量是电动汽车充电设施重要的规划内容。综合考虑电动汽车充电站规划的各种因素，基于经济性、充电站的利用率和充电用户的便利性三方面指标，本章建立了一个多目标数学模型，以实现更为合理的充电站布局。为了验证模型的有效性，利用设计的 SPEA-Ⅱ算法分析某城市的规划算例。结果表明，所提出的模型可以有效获得充电设施规划的非劣解集，验证了提出方法的可行性与有效性。

4.1 理想充电站规划模型的基本假设

理想充电站规划模型通常采用以下基本假设：

1）充电站的候选站址均考虑了需求分布，并符合充电站建设的环境和安全条件。

2）每个需求点处的需求量与该小区域内有充电需求的电动汽车总数量正相关，并用以表示每天需要进行充电的车辆数。

3）在某固定的时间段内，每个需求点处的用户只能到同一特定充电站进行充电。

4）在充电站配置允许范围内，需求点到充电站的分配按照就近原则进行分配。

4.2 理想电动汽车充电设施的多目标规划模型

4.2.1 问题现状

随着传统化石能源日趋紧张、全球环境日益恶化，各国均将目光投向新能源的开发与应用，电动汽车作为新兴的能源交通工具越来越受到重视。电动汽车充电站作为电动汽车的能量来源，是电动汽车产业推广的必要前提。因此完善高效的能源供给网络是发展电动汽车的重要基础支撑系统，也是电动汽车商业化、产业化的重要过程。

只有充电站选址、定容正确合理才能为电动汽车用户充电提供便利，同时提高充电站运营的经济效益。充电站选址的合理与否，对基建投资，充电站的质量，运行的安全性、经济性起着关键作用；而充电站定容的合理与否，对充电设施利用效率至关重要。

世界各主要发达国家均在电动汽车充电设施建设方面取得了长足进展。对于我国，在科学技术部、国家发展改革委、财政部、工业和信息化部等国家多部委"十城千辆"联合项目的支持下，国家电网、中石化、中海油、南方电网、中石油等大型央企纷纷发挥自身优势，先后在多个城市建设了规模化的电动汽车充换电站。虽然我国在电动汽车产业及其充电设施基础配套产业方面已取得了相当瞩目的成就，但已建成的各类充换电站大多以电动公交车、电动环卫车、政府部门试点用车为主，充电网络的服务能力和服务水平仍然难以满足民用私家车的充电需求。因此，要想促进我国电动汽车产业发展，必须优先发展电动汽车充电站服务网络，不仅要迅速增加充电站（桩）的数量，而且要尽快提升充电站的运营服务水平，给电动汽车用户提供最大限度的便利性和满意度，以吸引普通民众自发地为产业发展做出贡献。

尽管目前我国多个城市已启动或建成了一些充电基础设施，但充电站的建设规划布局方法与理论仍有欠缺。如何建立一个简单又快速、成本低的能量供应网络是一个新的复杂规划问题。电动汽车充电设施的规划不同于变电站、加油站等服务终端的规划，具有鲜明的特点，规划同时必须解决充电需求的预测及分布、候选站址的确定、对现有电网的影响、管理运营模式以及全生命周期污染物排放的预测评价等相关问题。众多研究机构和研究人员从宏观和微观方面进行了大量的研究工作，力争为电动汽车充电设施的建设提供理论依据。

宏观方面主要是对充电站的规划布局原则、全生命周期污染物排放及政府扶持策略等方面的研究。姚明等人针对电动汽车充电设施布局与电动汽车用户需求平衡性问题，提出了一种基于多源数据的电动汽车充电设施布局优化方法；Zeng Xueqi 等人针对电动汽车的行驶里程各不相同，通常需要在长途旅行中多次充电，解决了城际公路网络中一种新的最佳充电站位置问题；Michaelides Efstathios E 等人使用热力学分析来确定电动汽车推进的主要能源需求，并应用碳氢化合物和道路车辆电力推进之间的能量/能量权衡；Ibrahim Tumay Gulbahar 等人提出了一种决策模型来确定电动汽车充电站在高速公路沿线的最佳位置；Le Thanh Tiep 等人通过研究自我认同是否对新兴市场越南千禧一代的电动汽车购买取向和行为产生影响来响应电动汽车这一交通运输的重要替代品；Carlos Mateo 等人分析了插电式电动汽车（PEV）对配电网的影响，参考网络模型（RNM）用于对网格进行建模，并针对多种场景进行敏感度分析。

微观方面主要对充电设施的选址、定容模型及算法求解等进行研究，如李婷婷等人提出一种基于多目标粒子群算法的用户充电选择控制策略，通过对电动汽车充电负荷的分析预测，建立以系统总负荷方差和调度成本最小为目标函数的多目标优化模型；Rene Ebunle Akupan 等人提出使用混合遗传算法和粒子群优化（GA-PSO）将插电式电动汽车充电站（PEVCS）优化分配到分布式发电（DG）的配电网中，并在选定的公交车上进行；李子等人以汉中市电动汽车充电基础设施规划为研究对象，采用层次分析法预测了汉中市电动汽车保有量、年充电量和需新建充电站数量，并根据泰森多边图对充电站进行了合理规划；孙亮等人针对电动汽车的充电需求，考虑路径的交通流量，以最大交通流量俘获、最小配电系统网络损耗和最小节点电压偏移为目标，构建了一个多目标决策模型对电动汽车充电站进行规划；侯慧等人针对电动汽车的大量推广，提出一种城区电动汽车充电站布局规划方法；Betancourt-Torcat Alberto 等人提出了一种电动汽车的电源供应链网络模型；马丽叶等人针对分布式电源和电动汽车渗透率的不断增加，构建了分布式发电和电动汽车充电站的双层协调规划模型，采用改进粒子群和内点法相结合的混合搜索算法求解；郭栋等人提出一种精准配送与设施布局优化结合的应急充电方案，以满足电动汽车应急充电需求、偏远地区零散充电需求以及短时便捷补电需求，与充电站相协调形成优化的电动汽车充电网络；Wang Tao 等人提出了一种在高速公路上存在联网和自动驾驶车辆的情况下无线充电车道的动态反转策略。

现有的规划方法大多从单一目标出发考虑优化问题，追求充电站经济性最优，对影响充电设施系统的各种因素缺乏全面考虑，缺少对定性和定量因素的综合处理方法。本章建立了同时考虑经济性、充电站利用率、用户充电便利性三个指标的多目标充电设施规划模型，并采用 SPEA-Ⅱ 算法进行优化求解。

4.2.2　优化目标

1. 经济性指标

为体现充电设施整体规划方案的全生命周期内充电站和用户共同的经济成本总和，本章模型的经济性主要包括充电站年投资运行费用和用户充电年费用，数学表达式为

$$\min F = \min(F_1 + F_2) \tag{4-1}$$

（1）充电站年投资运行费用

年投资运行费用包括年固定投资和年运行费用。固定投资主要是充电机、配电变压器及其他辅助设备、征地、辅道建设等初期建设安装费用。运行费用主要是充电站日常运行维护和工作人员工资等费用。

充电机的数量体现了充电站规模，是充电站固定投资的决定要素。充电机越多，则需要服务的车辆越多，占地面积越大，相应的土地购置和其他的辅助设备的固定投资越大，同时管理人员越多，运行维护费用越大。因此，固定投资和运行费用都是充电机数量的函数。年投资运行费用可表示为

$$F_1 = \sum_{j \in J} C_j \left[T(N_j) \frac{r_0 (1+r_0)^{n_{\text{year}}}}{(1+r_0)^{n_{\text{year}}} - 1} + Y(N_j) \right] \quad (4\text{-}2)$$

式中，J 为建设充电站的候选站集合；C_j 为 0-1 变量，若在候选站 j 处建立充电站，则 C_j 为 1，否则为 0；N_j 为候选站 j 的充电机数量；$T(N_j)$ 为候选站 j 的固定投资费用函数；$Y(N_j)$ 为候选站 j 的年运行费用；r_0 为贴现率；n_{year} 为充电站的折旧年限。

（2）用户充电年费用

用户充电费用主要有：①充电过程中的电力消耗、电池损耗折合费用和因充电占用时间而造成的经济效益等间接费用，这些费用主要由充电需求点到充电站的距离决定；②用户在充电时的电费。用户充电年费用可表示为

$$F_2 = 365 \left[\omega \sum_{j \in J} \sum_{i \in I} X_{ij} n_i \lambda d_{ij} + \kappa \sum_{i \in I} n_i \right] \quad (4\text{-}3)$$

式中，I 为充电需求点集合；ω 为充电途中单位距离的充电成本；X_{ij} 为 0-1 变量，若需求点 i 到候选站 j 处接受服务，则 X_{ij} 为 1，否则为 0；n_i 为需求点 i 处每天需要快充的车辆数；λ 为城市道路非直线系数；d_{ij} 为需求点 i 到候选站 j 的空间直线距离；κ 为现阶段一辆电动汽车快速充电的平均电价。

2. 充电机平均利用率指标

充电站内充电机的规模过大，会造成资源的闲置，而充电机的规模过小，将不能满足用户的需求，使得排队等待充电时间过长，影响用户的出行。因此保证充电站内充电机的利用率是考察充电站定容的关键指标。

充电站并不是每时每刻都处于繁忙状态，会出现一定的空置期（例如，用户充电时间多在白天时段，而晚上充电机多处于空置状态）。为说明该问题，定义如下符号：

1）η——用户到达率，即电动汽车到充电站的平均到达率，每小时到达充电站 j 的电动汽车的数量按下式计算：

$$\eta_j = \frac{K \sum_{i \in I} X_{ij} n_i}{T} \quad (4\text{-}4)$$

式中，K 为非空置期服务的车辆数占全天服务车辆数的比例；T 为非空置期的时长。

2）μ——平均服务率（或充电机的平均充电能力），即平均每小时一台充电机能够服务的车辆数。

因此，充电机平均利用率指标可表示为

$$\min \psi = \left| \frac{1}{M} \sum_{j \in J} \frac{\eta_j}{N_j \mu} - 1 \right| \quad (4\text{-}5)$$

式中，M 为待建充电站的数量。

3. 用户充电便利性指标

充电站的建设是以方便服务用户为宗旨，因此充电便利性是充电站选址优劣的一项重要指标。本章用户充电便利性以各用户到相应充电站的平均距离来表征，用户充电便利性可表示为

$$\min \sigma = \frac{\sum\limits_{j\in J}\sum\limits_{i\in I} X_{ij}d_{ij}n_i}{\sum\limits_{i\in I} n_i} \tag{4-6}$$

4.2.3　约束条件

1. 变量约束

同一充电需求点的用户只能到同一个充电站充电：

$$\sum_j X_{ij} = 1, \quad \forall i \in I \tag{4-7}$$

只有在候选站建立了充电站时，才能提供充电服务：

$$X_{ij} \leqslant C_j, \quad \forall i \in I, j \in J \tag{4-8}$$

0-1 变量：

$$C_j \in \{0,1\}, \quad \forall j \in J \tag{4-9}$$

$$X_{ij} \in \{0,1\}, \quad \forall i \in I, j \in J \tag{4-10}$$

2. 充电站充电机配置不等式约束

$$N_{\min} \leqslant N_j \leqslant N_{\max}, \quad j \in J \tag{4-11}$$

式中，$N_{\min}$ 和 $N_{\max}$ 分别为单个充电站配置的最少和最多的充电机数量限制。

3. 充电站之间距离的不等式约束

为避免充电站布局过于密集，站间距离约束为

$$\lambda D_{jj'} \geqslant D_{\min}, \quad j, j' \in J; j \neq j' \tag{4-12}$$

式中，$D_{jj'}$ 为充电站 j 和 j' 之间的距离；D_{min} 为充电站之间最小的距离。

4. 充电需求点到充电站距离的不等式约束

为避免电动汽车用户长距离行驶充电，充电需求点到充电站距离约束为

$$X_{ij}d_{ij} \leqslant d_{max}, \quad \forall i \in I, j \in J \tag{4-13}$$

式中，d_{max} 是用户为充电行驶的最大距离。

4.3 求解理想充电站规划模型的 SPEA-Ⅱ算法

求解多目标优化问题时，与加权系数法等传统算法相比，多目标遗传算法因其简单通用，鲁棒性好，具有并行处理机制和全局优化等优点，被广泛应用于多目标优化问题的求解。SPEA-Ⅱ算法是在 SPEA 算法基础上改进得到的一种公认的高性能算法。

4.3.1 SPEA-Ⅱ算法原理

SPEA 算法全称为强度帕累托进化算法（Strength Pareto Evolutionary Algorithm, SPEA），由瑞士学者 Zitzler 等人于 1999 年提出，之后于 2001 年改进提出了 SPEA-Ⅱ算法。

SPEA-Ⅱ改进了 SPEA 中适应度的分配机制，引入了一个最小邻域密度估计机制来对搜索过程做更精确的引导，提高了种群的多样性，保存了 Pareto 最优前沿的边缘个体。参数设置少，收敛速度快，搜索能力强，求得的 Pareto 最优解分布均匀。当目标函数较多时，仍能使解的收敛向着 Pareto 最优前沿的方向靠近。

4.3.2 基本算法流程

SPEA-Ⅱ算法流程如下：

Step 0：产生初始种群 P_0 和空的外部伴随群体 A_0，令 $t = 0$。

Step 1：计算种群 P_t 和外部伴随群体 A_t 内个体的适应度值。

Step 2：确定 $A_{t+1} = \{x^i | x^i \in P_t \cup A_t 非劣\}$，如果 A_{t+1} 规模超过 $\overline{N}$，则裁剪 A_{t+1}；如果 A_{t+1} 规模小于 $\overline{N}$，则将 P_t 和 A_t 中的受支配解加入到 A_{t+1} 中，直到它的规模等于 $\overline{N}$。

Step 3：如果 $t > T$，则输出外部伴随群体 A_{t+1} 并停止搜索。

Step 4：对外部伴随群体 A_{t+1} 采用含替代的二元锦标赛方法选择个体进入交配池。

Step 5：对交配池和种群 P_{t+1} 实施交叉和变异操作，$t = t + 1$，转到 Step 2。

SPEA-Ⅱ的算法流程图如图 4-1 所示。

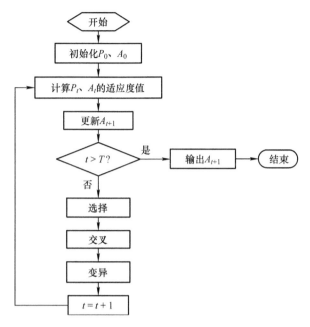

图 4-1　SPEA-Ⅱ算法流程图

4.3.3　基于 SPEA-Ⅱ 算法的改进设计

上述模型中共有两个决策变量：候选站 j 处是否建站的 C_j、候选站 j 处的建站规模 N_j，另外还有一个中间变量：需求点 i 到候选站 j 处是否接受服务的 X_{ij}。针对电动汽车充电站选址定容问题的特殊性，给出了 SPEA-Ⅱ 算法的具体实现方法。

1. 染色体编码

染色体采用两层结构的编码方式，具体的编码结构如图 4-2 所示。

第一层针对候选站是否建立充电站进行编码。本章是从候选站中选出固定数量的待建站，采用二进制编码。根据

$$C_j = \begin{cases} 0, & \text{在候选站 } j \text{ 处建立充电站} \\ 1, & \text{在候选站 } j \text{ 处不建充电站} \end{cases}$$

则第一层的编码长度为候选站的数量 J，编码中元素为 1 代表建立充电站，且 1 的个数为 M（即要建设的充电站数量）；其他元素为 0 代表不建立充电站。举例说明，从 10 个候选站中选出 5 个待建站，一个可行解如图 4-3 所示，该可行解表示在 1、4、5、7、10 处建立充电站。

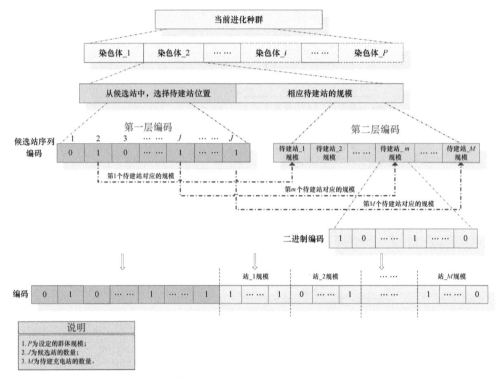

图 4-2　编码结构示意图

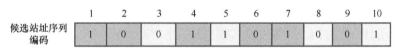

图 4-3　第一层编码的可行解举例

第一层编码确定了充电站的建设位置，第二层则针对待建站的规模进行编码。如图 4-2 中点画线箭头所示，第二层编码依次对应第一层编码中元素为 1（即待建站）的建设规模。由于 N_j 为整数变量，对待建站规模进行编码时，仍然采用二进制编码。

2. 遗传操作

（1）选择策略

最常用和最基本的选择算子是比例选择算子，是指个体被选中并遗传到下一代群体中的概率与该个体的适应度大小成正比，执行比例选择的手段是轮盘赌策略。本章的选择算子采用轮盘赌策略，其基本思想是个体被选中的概率取决于个体的相对适应度。

（2）交叉算子设计

为有效解决本章设计编码交叉后的新解合法性和有效性，本章交叉算子设计思想为：首先进行第一层编码的交叉，再进行第二层编码的交叉。第二层依次对各待建站的规模进行交叉操作，实现每个待建站规模均有获得交叉操作的机会。采用单点交叉法，分层次进行交叉，操作流程如图 4-4 所示。

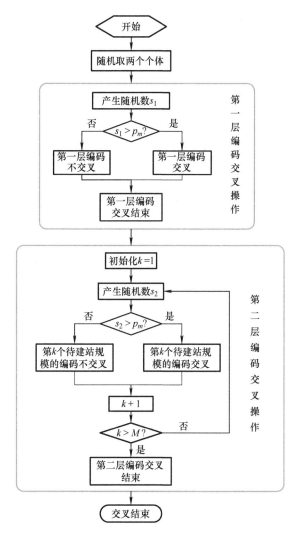

图 4-4　多层次编码交叉操作流程图

（3）变异算子设计

具体步骤如图 4-5 所示，首先要满足变异条件，若满足则染色体变异；不满足则保持不变。若满足变异条件，再次决定是第一层编码进行变异还是第二层编码进行变异。若是第二层编码进行变异，还要决定对哪个待建站的建站规模进行变异。

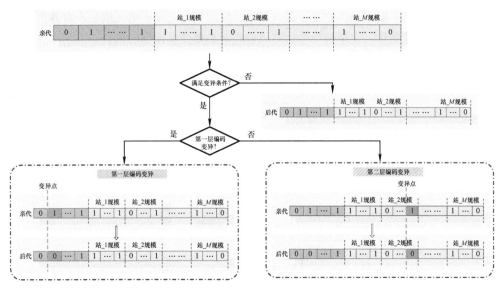

图 4-5 多层次编码变异操作示意图

3. 适应度评价

根据式（4-1）、式（4-5）、式（4-6），计算出种群和外部伴随群体中的个体 i 相应的三个指标值，并赋予 i 一个强度值 $S(i)$，表示该个体支配的解的数量。

$$S(i) = \left| \left\{ j \middle| x^j \in P_t + A_t, \ x^i \succ x^j \right\} \right| \qquad (4\text{-}14)$$

在 $S(i)$ 的基础上，个体 i 的原始适应度值 $R(i)$ 等于支配该个体的所有个体的强度值之和，即

$$R(i) = \sum_{x^j \in P_t + A_t, x^j \succ x^i} S(j) \qquad (4\text{-}15)$$

与 SPEA 不同，计算 $R(i)$ 时，种群和外部伴随群体中的个体都考虑在内，而且原始适应值越小，说明支配该个体的解越少，$R(i) = 0$ 表示个体 i 为非劣解。

SPEA-Ⅱ采用 k 近邻方法来计算个体 i 的密度值 $D(i)$。

$$D(i) = \frac{1}{\sigma_i^k + 2} \qquad (4\text{-}16)$$

式中，σ_i^k 为个体 i 与第 k 个近邻个体在目标空间上的距离，$k = \sqrt{N + \overline{N}}$。

最终，个体 i 的适应度值 $F(i)$ 为原始适应度值与密度值之和：

$$F(i) = R(i) + D(i) \qquad (4\text{-}17)$$

4.4　算例分析

4.4.1　算例描述

为了验证本章所提出模型和算法的有效性，对我国某城市的充电站选址定容问题进行实例分析。该市的开发区面积为 $10.5km^2$，分成 40 个功能区，主要是住宅、商业、办公等，将其大致划分为 40 个电动汽车充电需求点。结合调研实践，从满足建站要求的 20 个充电站候选点中进行选点，目的是从 20 个候选点中选择 8 个进行充电站建设。各充电需求点处电动汽车的数量与该地区的繁华程度、居民的收入水平等有关，根据调研情况，统计出各需求点的充电需求量。表 4-1、表 4-2 分别给出需求点的位置、需求量及候选点的位置等数据，平面位置分布图如图 4-6 所示。

表 4-1　需求点位置及对应的需求量

序号	X	Y	需求量 / 辆	序号	X	Y	需求量 / 辆
1	11.70	8.60	37	21	11.00	3.80	44
2	5.70	5.30	48	22	5.50	8.50	51
3	1.70	12.00	37	23	12.00	11.30	42
4	2.10	1.50	42	24	5.70	1.30	37
5	2.40	6.70	49	25	6.90	8.90	43
6	12.20	9.30	54	26	6.78	9.70	38
7	12.00	2.00	38	27	7.60	5.60	35
8	6.30	3.30	46	28	10.90	6.40	46
9	6.60	11.80	54	29	2.40	8.00	44
10	7.70	2.10	50	30	10.50	6.90	40
11	12.60	9.40	35	31	1.00	10.30	38
12	11.80	4.30	55	32	7.50	1.00	41
13	10.70	7.10	55	33	2.20	4.80	50
14	12.60	2.30	52	34	1.80	10.80	40
15	3.20	8.00	49	35	6.70	7.20	47
16	3.60	7.80	47	36	10.30	8.10	52
17	6.30	8.80	49	37	12.20	2.50	53
18	4.50	9.40	49	38	4.40	3.90	39
19	3.70	4.70	42	39	6.90	6.70	40
20	2.80	8.90	39	40	10.80	1.10	49

表 4-2 候选点的位置

序号	X	Y	序号	X	Y
1	11.40	12.20	11	9.00	2.50
2	11.30	4.70	12	6.30	4.70
3	12.90	7.90	13	7.60	6.80
4	6.10	3.00	14	4.50	5.50
5	2.30	3.70	15	4.90	9.80
6	10.70	9.60	16	12.30	1.60
7	2.50	8.80	17	2.70	11.80
8	1.50	3.30	18	6.80	12.40
9	8.40	10.90	19	4.10	2.20
10	7.80	4.60	20	10.10	6.90

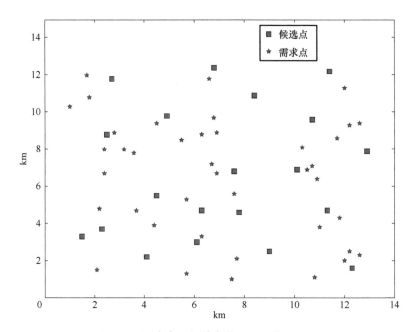

图 4-6 需求点及候选点的位置分布平面图

4.4.2 模型参数设定

充电站固定投资可以用充电机数量 N_j 的二项式模型表示为

$$T(N_j) = W + qN_j + eN_j^2 \qquad (4\text{-}18)$$

式中，W 为固定投资，包括建筑、辅道建设等，设定 W 为 100 万元；q 为站内与充电机单价有关的投资，令 q 为 5 万元 / 台；e 为与充电机数量有关的等效投资系数，包括征地费用、配套设施等，令 e 为 2 万元 / 台^2。

年运行费用 $Y(N_j)$ 取固定投资成本的 10%；充电站的折旧年限 n_{year} 为 20 年；贴现率 r_0 为 0.08；城市道路非直线系数 λ 为 1.2；非空置期服务的车辆数占全天服务车辆数的比例 K 为 0.9；非空置期的时长 T 为 16h；快充或超充时，电动汽车在 15 ~ 20min 就能使电池储电量达到 80% ~ 90%，在此假设充电机的平均服务时间是 15min，即充电机的平均服务率 μ 为 4 辆 /h；待建充电站的数量 N_{CH} 为 8。

充电站配置的最多和最少的充电机 N_{max}、N_{min} 分别为 40 台、2 台；充电站之间最小的距离 D_{min} 为 0.5km；用户为充电行驶的最大距离 d_{max} 为 2km。

4.4.3　优化参数设定

根据前文所述建立多目标优化模型并采用 Python 2.6 编写算法程序。经试算，SPEA-Ⅱ算法的运行参数设置为：最大迭代次数为 150，内部、外部种群规模分别为 200、20，交叉概率为 0.6，变异概率为 0.08。

4.4.4　结果分析

对算例独立运行 30 次，最终得到关于充电站经济性、充电机利用率和用户充电便利性的 Pareto 前沿如图 4-7 所示，同时得到从各方位进行观测的 Pareto 前沿如图 4-8 所示，其中蓝色的星点为迭代 20 代的前沿解，红色星点为最后一代的前沿解。

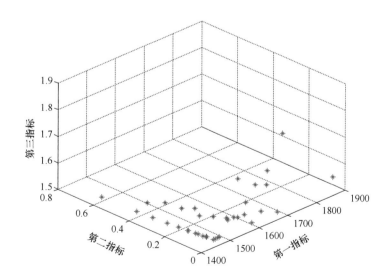

图 4-7　充电站选址定容多目标问题的 Pareto 前沿

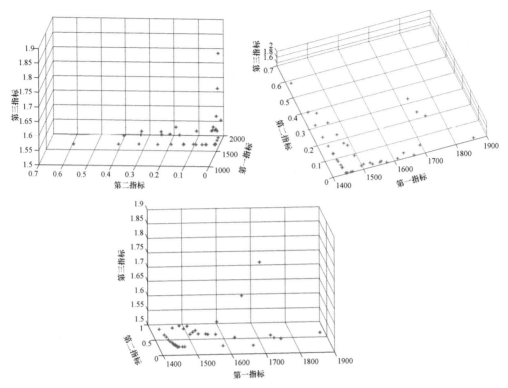

图 4-8 不同方位观测的多目标 Pareto 前沿

作为对比，再次给出基于经济性和平均利用率（即第一指标和第二指标）双目标优化的结果，图4-9为其获得的Pareto前沿。其中，蓝色的星点为迭代20代的前沿解，绿色的星点为迭代30代的前沿解，红色的为最后一代的前沿解。

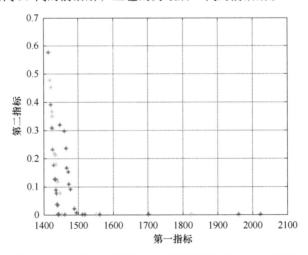

图 4-9 充电站选址定容双目标优化问题的 Pareto 前沿

本章的 Pareto 外部伴随群体规模设为 20，所以前沿个数为 20，故电动汽车充电站选址定容的多目标、双目标优化方案均有 20 个，在此仅选取其中四个展示，见表 4-3。其中方案 1 为双目标优化方案；方案 2~ 方案 4 为多目标优化方案。

表 4-3　优化结果对照

项目	方案 1	方案 2	方案 3	方案 4
站址及相应规模（待建站的编号及相应充电机的数量）	[4，4]	[4，3]	[4，2]	[1，3]
	[5，3]	[5，3]	[5，2]	[2，3]
	[6，3]	[6，3]	[6，2]	[6，2]
	[7，4]	[7，4]	[7，2]	[9，5]
	[13，2]	[13，3]	[13，2]	[10，2]
	[15，3]	[15，3]	[15，2]	[11，11]
	[16，3]	[16，3]	[16，2]	[12，3]
	[20，3]	[20，3]	[20，2]	[17，3]
指标 1：经济性指标 / 万元	1443.99779	1443.19038	1415.13293	2030.38499
指标 2：充电机的平均利用率指标	0.00039	0.00210	0.57852	0.000009
指标 3：用户充电的便利性指标 /km		1.52922	1.52922	2.37986

从表 4-3 可以看出，双目标优化方案 1 在指标 1 和指标 2 上均能获得较好的结果，却忽略了指标 3 的效果；方案 2 在三个指标上均属于折中的解；方案 3 在指标 1 上能取得相当好的结果，但是要牺牲指标 2 为代价；方案 4 能在指标 2 上取得最好的效果，但是要牺牲指标 1 和指标 3 才能达到此效果。

决策者可根据充电站的总体策略（经济性优先，还是充电机利用率或用户充电便利性优先，即决策者的偏好），在所得的非劣解中选择最后的折中解或最优解。TOPSIS 法是根据有限个评价对象与理想化目标的接近程度进行排序的方法，是在现有对象中进行相对优劣的评价，在多目标决策分析中是一种非常有效的方法，其基本解决策略是，首先建立初始化决策矩阵，再基于规范化后的初始矩阵，找出优先方案中的最优方案和最劣方案，然后分别计算各评价对象与最优方案和最劣方案的距离，获得各评价方案的相对接近程度，最后进行排序，并以此作为评价方案优劣的依据。依据 TOPSIS 法，在此将指标 1、2、3 的权重系数分别设定为 0.7、0.2、0.1，将优化得到的多目标非劣解进行排序，最终得到最优方案为方案 2，如图 4-10 所示。

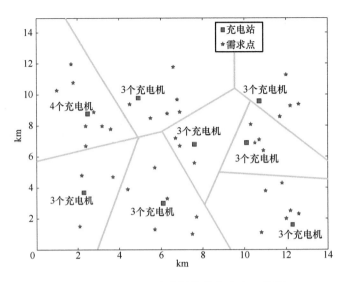

图 4-10　TOPSIS 法选择的优化方案一览图

4.5　本章小结

　　本章不仅考虑了充电站的建设、维护等经济性成本，同时将充电站内充电机的利用率和用户充电便利性作为影响充电站规划布局的定量因素，建立了一个降低经济性总成本、提高充电机等资源利用率和提升用户满意度为目标的多目标规划数学模型，这三个目标体现了充电站规划建设的核心问题。进而采用 SPEA-Ⅱ 求解该模型，得到非劣解集，决策者可依据实际需要和偏好选择出折中解或最满意的 Pareto 优化解。最后利用 TOPSIS 法，对非劣解进行评估，从而得到最优规划方案。本章提出的模型比单纯考虑经济性指标更全面、更具现实意义。SPEA-Ⅱ 不用预先设定权重系数，具有较强的灵活性和实用性。此外，建立电动汽车用户和充电站的仿真平台，来模拟实际运行情况，对本章所求的优化方案进行仿真验证，以此遴选出具有最好运行效果的优化解。

第 5 章　基于 SPEA-Ⅱ算法的多目标电动汽车充电设施重规划

　　电动汽车充电站是发展电动汽车必要的基础配套设施。本章充分考虑影响充电站规划布局的经济性、充电站平均利用率和用户充电便利性三方面因素，建立了基于多目标的电动汽车充电站二次选址规划模型（即重规划模型），并设计优化算法求解该模型。采用本章所提出的优化模型和算法对深圳市实际算例进行仿真求解，结果表明本章方法可以有效性地为电动汽车充电站的进一步建设提供参考依据。

5.1　研究现状

　　电动汽车不但可以大幅度提高燃料的利用效率，改善生存环境，还可以通过与间歇性可再生能源发电的协同来提高电力系统运行的安全性和经济性。

　　如何建立简单有效、成本可控的电动汽车能源供给网络是一类新的复杂规划问题。相关研究主要包括：针对电动汽车充电设施布局与电动汽车用户需求平衡问题，提出了一种基于多源数据的电动汽车充电设施布局优化方法；结合长沙市充电基础设施规划和长株潭充电基础设施互联互通规划实例，探讨了规划体系、原则、思路及对策，提出了规划体系需新增城市群互联互通规划，规划内容需新增电网供电能力校核；考虑聚类、覆盖用户需求、为用户设置临时充电位置、调度充电和调度电动汽车充电等角度，开发了一种混合整数线性规划（MILP）模型，以实现电动汽车充电站运营商利润最大化；提出了一种精准配送与设施布局优化结合的应急充电方案，以满足电动汽车应急充电需求、偏远地区零散充电需求以及短时便捷补电需求，与充电站相协调形成优化的电动汽车充电网络；采用参数法将双目标优化问题转换为一系列具有不同对应系数的目标函数线性组合的单目标优化问题，从而保证了原问题帕累托解集的完整性，并利用分支定界法来求解算法框架中的单目标优化问题；提出了一种考虑电动汽车充电需求时空分布特性的充电站规划方法；对可用充电站进行了拓扑调查，基于电网支持、模块化、功率密度和其他因素讨论了各种充电站拓扑结构的性能；构建了以集中充电站的年费用最小为目标函数，以日换电需求和充电站规模为约束的数学模型，采用细菌群体趋药性（Bacterial Colony Chemotaxis，BCC）算法求解该模型。还有相关文献分别论述了国内外电动汽车充电设施发展的状况，并对充电设施建设、运营等进行了比较和评价。

现有的文献大部分针对电动汽车充电站的首次建设规划研究，本章基于城市现有充电网络布局，考虑多方面因素，建立多目标电动汽车充电站的二次选址规划模型。针对建立的模型，采用 SPEA-II 算法进行求解，并通过一个实际算例验证了该选址模型和算法的可行性和有效性。

5.2 基于现有充电设施的电动汽车充电站重规划模型

充电站是向各类电动汽车用户提供快速、有效的充电服务。充电站内充电机的配置既要满足用户的充电需求，又要避免资源的闲置和浪费，本章以充电站平均利用率作为充电站规划的一个优化目标，以期达到充电站配置的合理性。而充电的便利程度将直接影响消费者对电动汽车的购买意愿，因此用户充电的便利性也是充电站规划需要考虑的重要方面。本章通过构建经济性、充电设备平均利用率、用户充电便利性三个指标，建立一个多目标整体规划模型，实现三个指标的均衡，提高规划方案的科学性和高效性。

电动汽车充电网络在选择建站位置时，除征地成本、周边环境、配电网外，还须考虑其他诸多因素。在城市基本充电设施基础之上，对充电站下阶段选址规划时，若优先考虑扩充已建的充电站，则可以减少建站的征地成本、配电网的建设等一系列费用，不管是对综合经济成本还是城市规划而言，均具有较大的优势。因此，若原有充电站具有扩充能力，则优先选择对现存充电站增容，其次选择新建站址。电动汽车充电站的二次规划优化问题的数学描述如下。

本章的重规划模型中充电站的候选站分为两类：已建充电站和新建充电站。若选择新的充电站址，依据 4.1 节，按照建立新站的方法进行各指标值计算；若选择在已有充电站扩充容量，则建站成本应去除建站的征地成本、变压器、辅道建设等一系列基础配套的固定费用。基于第 4 章提出的经济性、充电设备平均利用率、用户充电便利性三个指标的多目标规划模型，本章建立的多目标电动汽车充电站二次选址规划模型目标函数为

$$\min(f_1, f_2, f_3)$$

$$= \min \begin{cases} f_1 = \sum_{j \in J} C_j \left[[T(N_j) - E_j R] \frac{r_0(1+r_0)^{n_{year}}}{(1+r_0)^{n_{year}} - 1} + Y(N_j) \right] + 365 \left[\omega \sum_{j \in J} \sum_{i \in I} X_{ij} n_i \lambda d_{ij} + \kappa \sum_{i \in I} n_i \right] \\ f_2 = \left| \frac{1}{M} \sum_{j \in J} \frac{\eta_j}{N_j \mu} - 1 \right| \\ f_3 = \frac{\sum_{j \in J} \sum_{i \in I} X_{ij} d_{ij} n_i}{\sum_{i \in I} n_i} \end{cases}$$

$$(5-1)$$

$$\text{s.t.} \quad C_j \in \{0,1\}, \quad \forall j \in J \tag{5-2}$$

$$X_{ij} \in \{0,1\}, \quad \forall i \in I, j \in J \tag{5-3}$$

$$E_j \in \{0,1\}, \quad \forall j \in J \tag{5-4}$$

$$\sum_j C_j = M \tag{5-5}$$

$$\sum_j E_j = P_e \tag{5-6}$$

$$X_{ij} \leqslant C_j, \quad \forall i \in I, j \in J \tag{5-7}$$

上述模型中，式（5-1）中的 f_1 为经济性指标，包括充电站年投资运行费用和用户年充电费用，而充电站年投资运行费用包括年固定投资和年运行成本，用户年充电费用包括充电途中电力消耗、充电占用时间造成的间接费用和用户在充电时的电费；f_2 为充电机平均利用率指标；f_3 为用户充电便利性指标，以电动汽车用户到相应充电站的平均距离来表征；式（5-2）~ 式（5-4）为 0-1 变量约束；式（5-5）表示待建充电站的数量为 M；式（5-6）表示规划区现有充电站的数量为 P_e；式（5-7）表示只有在候选点 j 处建立充电站，才能为用户提供服务。

其中，模型符号定义为：J 为充电站的候选站集合；C_j 为 0-1 变量，若在候选站 j 处建立充电站，则 C_j 为 1，否则为 0；N_j 为候选站 j 的充电机数量；$T(N_j)$ 为候选站 j 的固定投资费用函数，二项式表示为 $T(N_j) = W + qN_j + eN_j^2$，式中，$W$ 为充电站固定投资成本，q 为与充电机单价相关的投资，e 为与充电机数量有关的等效投资系数（包括征地费用、配套设施等）；E_j 为 0-1 变量，若候选站 j 处为已有的充电站，则 E_j 为 1，否则为 0；R 为已有充电站基础之上扩大容量，应减去的固定基础费用；$Y(N_j)$ 为候选站 j 的年运行费用，设定为固定投资成本的 10%；r_0 为贴现率；n_{year} 为充电站的折旧年限；I 为充电需求点集合；ω 为充电途中单位距离的充电成本；X_{ij} 为 0-1 变量，若需求点 i 到候选站 j 处接受服务，则 X_{ij} 为 1，否则为 0；n_i 为需求点 i 处每天需要快充的车辆数；λ 为城市道路非直线系数；d_{ij} 为需求点 i 到候选站 j 的空间直线距离；κ 为现阶段一辆电动汽车快速充电的平均电价；M 为待建充电站的数量；μ 为平均服务率（或充电机的平均充电能力），即平均每小时一台充电机能够服务的车辆数；η 为用户到达率，即电动汽车到充电站的平均到达，每小时到达充电站 j 的电动车数量按下式计算（其中，K 为非空置期服务的车辆数占全天服务车辆数的比例；T 为非空置期的时长）：

$$\eta_j = \frac{K \sum_{i \in I} X_{ij} n_i}{T} \tag{5-8}$$

5.3 基于 SPEA-Ⅱ 算法的电动汽车充电站二次选址规划求解

解决多目标优化问题，与加权系数法等传统算法相比，多目标遗传算法因其简单通用、鲁棒性好、具有并行处理机制和全局优化等优点被广泛应用于多目标优化问题的求解。SPEA-Ⅱ 算法是在 SPEA 算法基础上改进得到的一种公认的高性能算法。SPEA-Ⅱ 算法参数设置少，收敛速度快，搜索能力强，求得的 Pareto 最优解分布均匀，当目标函数较多时，仍能使解的收敛向着 Pareto 最优前沿的方向。

5.3.1 SPEA-Ⅱ 算法流程

SPEA-Ⅱ 算法流程请参考 4.3.2 节。

5.3.2 算法性能评价

进化算法由于其固有的并行性，在单次仿真运行中具有找到多个 Pareto 最优解的潜力。然而，在较多复杂的应用中，进化算法产生非劣解较困难，更不用说整个非劣解集。最大限度地减小由此产生的非劣解前沿与 Pareto 优化前沿的距离，是多目标优化的目标之一。本章将所得的非劣解前沿与 Pareto 最优解前沿之间的距离作为评价算法性能的准则，按照式（5-8）进行距离的计算。

给出 Pareto 最优解前沿集合 X_p、非劣解集 $A \subseteq X_p$ 和距离范数 $\|\cdot\|$，引入下列函数来评估相关决策空间的质量，函数给出到 Pareto 最优解集的距离为

$$M(A) = \frac{1}{|A|} \sum_{a \in A} \min \left\{ \|a - x\| \mid x \in X_p \right\} \qquad (5\text{-}9)$$

5.4 算例分析

5.4.1 算例描述

深圳市是我国首批节能与新能源汽车示范推广及私人购买新能源汽车补贴双试点城市之一，2014 年之前，深圳市已建立各类快速充电站 70 余座。本章算例以 2015 年为起始时间，选取位于深圳市中心滨河大道以北的福田区进行充电站的二次选址规划研究，规划区的面积约 70km^2。

本章充电站的候选站来源于两类：①规划区内进行容量扩充的已有充电站；②规

划区内具备建站要求的新站。

规划区内已建成的充电站有 11 座，将其加入到候选站总库中。选取白石路旁的华侨城湿地为坐标原点，得到规划区内已建充电站的地理分布图，如图 5-1 所示。

图 5-1 规划区内已建充电站的地理分布图

由于城区内学校、商场、广场、公园用地比较宽裕，相对于其他地方更具备建站的用地需要。因此，对规划区内具备建站能力的学校、商场、公园等进行实地考察，最终确定将规划区内 11 所学校（红岭中学高中部、深圳高级中学春田路、海利达国际幼儿园、景秀中学、彩田学校中学部、沪教院福田实验学校、莲花中学海田路、莲花中学、深圳市第一职业技术学校、深圳外国语学校、深圳红岭中学）、6 个商场（日进百货、华强广场、华炜百货、新世界百货、东海城市广场、皇庭广场）、3 个公园（景丽社区、莲花山、荔枝公园）作为新的候选站址加入到候选站总库中。

充电站二次选择规划是适应电动汽车乘用车的普及时代需求，因此出租车和私家车是电动汽车充电站二次规划的主要服务对象，所以仅对出租车和私家车进行分析。通过对主要交通聚集点的车辆到达情况进行调查，可得到出租车和私家车的布局情况。然而由于受人力、财力限制，本章假设充电需求量均匀分布，采集规划区内几个典型的点作为充电需求点。现假设规划区内欲投入 300 辆电动乘用车，充电需求点的坐标信息及需求量见表 5-1，本章所建模型中参数设定见表 5-2。

表 5-1　规划区内充电需求点及相应需求量

序号	X	Y	需求量/辆	序号	X	Y	需求量/辆
1	0.7	1.8	10	16	5.3	4.8	10
2	0.6	0.7	10	17	8.2	0.3	10
3	1.6	0.4	10	18	7.2	4.6	10
4	1.0	1.3	10	19	7.5	4.0	10
5	1.4	2.1	10	20	4.7	3.3	10
6	2.3	0.4	10	21	6.3	2.1	10
7	2.7	1.9	10	22	6.3	4.1	10
8	3.3	0.2	10	23	7.5	1.9	10
9	3.7	1.6	10	24	9.2	1.4	10
10	4.0	3.3	10	25	10.3	4.5	10
11	4.9	1.4	10	26	10.7	3.0	10
12	5.9	3.9	10	27	10.7	3.5	10
13	8.5	4.3	10	28	9.8	1.0	10
14	6.6	0.4	10	29	10.2	2.8	10
15	7.9	2.4	10	30	8.9	3.5	10

表 5-2　模型参数设置

参数	设定值	参数	设定值	参数	设定值
W	100 万元	ω	8 元/km	μ	4 辆/h
q	5 万元/台	λ	1.2	M	8
e	2 万元/台^2	κ	4 元/辆	R	200 万元
n_{year}	20	K	0.9		
r_0	0.08	T	16h		

5.4.2　算法参数设置

采用 Python 2.6 编写算法程序。经试算，SPEA-Ⅱ算法的运行参数设置为：最大迭代次数为 150，内部、外部种群规模分别为 200、10，交叉概率为 0.6，变异概率为0.08。将算例独立运行 50 次，统计分析所有的优化结果，获得该算例完整的 Pareto 前沿。然后再次独立运行算例 20 次，计算出每次运行后所得非劣解前沿与完整 Pareto前沿解的距离指标——M 指标，见表 5-3。可以发现，表中 M 指标的范围在 20 以下，即每次独立运行得到的非劣解与真实的 Pareto 优化解集的平均距离在 20 以下。与优化结果值对比，相对比例小，即每次仿真得到的非劣解接近真实 Pareto 前沿，并且相对稳定。说明设计的 SPEA-Ⅱ算法以及算法参数设置较合理，独立仿真能够得到较稳定优化解。

表 5-3　独立运行算例的 M 指标

迭代次数	1	2	3	4	5	6	7
M 指标	4.324	5.236	8.332	0.225	7.996	2.033	8.115
迭代次数	8	9	10	11	12	13	14
M 指标	14.569	3.008	8.772	0.052	0.775	16.338	0.339
迭代次数	15	16	17	18	19	20	
M 指标	8.337	13.124	5.475	13.618	7.562	0.083	

5.4.3　结果分析

对深圳市规划区算例独立运行 20 次，最终获得规划区建立充电站的布局方案。由于 Pareto 前沿个数为 10，故电动汽车充电站选址定容的多目标优化方案均有 10 个，在此仅选取其中三个典型解展示，见表 5-4。

表 5-4　规划区优化结果对照表

项目	方案 1	方案 2	方案 3
站址及相应规模（相应快速充电机的数量）	[福田交通枢纽，2]	[香蜜湖，2]	[香蜜湖，2]
	[香蜜湖，2]	[下梅林站，2]	[下梅林站，2]
	[下梅林站，2]	[购物公园，2]	[购物公园，2]
	[购物公园，2]	[上梅林站，4]	[体育场，2]
	[上梅林站，2]	[笔架山，2]	[彩田学校中学部，2]
	[笔架山，2]	[体育场，2]	[莲花中学，2]
	[银湖总站，2]	[东海城市广场，2]	[东海城市广场，2]
	[体育场，2]	[华强广场，2]	[华强广场，2]
经济性指标 / 万元	488.2526	552.2403	656.0879
充电站平均利用率（%）	0.7363	0.7363	0.7422
用户便利性指标 /km	1.0328	0.8734	0.8528

表 5-4 中，若所选站址为现有的充电站，则相应规模是指站内需增加的充电机数量；若所选站址为新站址，则相应的规模即是建站的充电机数量。通过表 5-4 的三个典型方案不难发现，对现有充电站进行扩容是充电站二次选址规划的主要方式：方案 1 全部为现有的充电站；方案 2 只有两个为新增站址（东海城市广场和华强广场）；方案 3 也仅仅增加 4 个新建站址（彩田学校中学部、莲花中学、东海城市广场、华强广场）。同时可以观察到，方案中选择新的站址越多，则经济性成本越高。以此验证了本章所提模型的有效性，即优先考虑扩充已建的充电站，在经济性方面具有较大的优势。

比对三个优化方案，方案 1 在经济性方面获得最优的结果，但是要以牺牲用户便利性指标为代价；方案 2 在三个指标上均属于折中的解；方案 3 在用户便利性指标上取得最好的效果，但是要牺牲经济性指标和充电站平均利用率指标才能达到此效果。

现给出方案 3 最终确定的二次规划结果，如图 5-2 所示，图中红色标记为进行扩充容量的已建站，紫色标记为新建站址。

图 5-2　方案 3 确定的规划结果

5.5　本章小结

本章探讨了在城市具备基本充电网络的情况下，如何进行充电站下阶段规划问题。对充电站进行二次规划布局时，优先选择扩充现有充电站容量，其次选择新建站址，以此为思路建立了基于多个目标的电动汽车充电站二次选址规划模型，并以示范城市——深圳福田区为实际算例进行仿真，验证所提模型的有效性，为电动汽车进一步发展所需的充电网络布局提供参考。

第6章 基于交通流模型的电动出租车充电设施规划

随着人口和经济规模的不断增长，使用传统能源所带来的环境问题越来越严峻。电动汽车作为一种近零排放的新型交通工具，能有效缓解化石能源危机和大气污染等问题，是协调交通、能源和环境的重要选择之一。电动汽车充电设施是电动汽车推广普及的前提，充电站选址和定容是充电站建设的关键问题。充电站选址和容量不合理将给电动汽车发展、城市交通网络布局和电动汽车用户带来不良影响。

近年来，已经有不少专家学者对电动汽车充电站选址定容问题开展了深入研究。Jia L等人在考虑充电需求和道路网络的基础上，以综合费用最小为优化目标，对充电站进行选址和定容。有学者在考虑地理因素和充电站服务半径的基础上，通过两步筛选法进行充电站选址，再以改进对偶内点法进行充电站容量优化，使得建站费用最少。A Y.S.Lam等人认为影响充电站规划的主要因素是用户侧需求，并运用贪婪算法等四种方法解决充电站选址问题，仿真比较各种方法的优点和不足。有文献以降低配电网功率损耗和电压偏移为目标，建立电动汽车捕获位置模型，运用数据包络分析法选取电动汽车充电站候选站址，通过交叉熵算法解决最终选址问题。X.Xiao等人为最大化充电设备利用率，通过预测电动汽车用户位置、模拟充电设施利用率和建设位置之间的关系，建立仿真优化模型选取安装地点并确定充电设施等级。

为了推动电动汽车普及，2009年科学技术部、财政部、国家发展改革委、工业和信息化部共同启动"十城千辆"工程，在充电设施刚刚起步、能源供给网络还未成形的情况下，借助财政补贴，快速建立了一批公共快速充电站。如今，随着电动汽车技术不断完善，电动汽车数量逐年增加，电动公交车和电动出租车等绿色公共交通车辆大量投入使用，与此同时，私家电动汽车巡航能力大幅提高，完全可以满足城市居民每日的出行需求，而夜间电价低廉，充电时间充足，私家车主将更倾向于夜间在家庭停车场进行慢充，因此已有快速充电站主要服务公共交通车辆。作为公共交通的重要组成部分，相较于电动公交车，电动出租车具有以下特点：①追求收益最大化；②无固定线路和站点；③无备用车辆；④日运营时间较长，需进行多次充电；⑤停运时间短，一般采用快充方式；⑥充电随机性强且无固定充电地点；⑦大部分时间处于空驶状态。由此可见，随着电动出租车逐步替代燃油出租车，电动出租车将是快速充电站的主要服务对象。面对这一系列变化，充电站数量和容量需要做出调整。从经济角度考虑，加建新站不仅投资巨大，而且规划和基础建设过程耗时较长，所以在扩充原有充电站容量仍能满足需求的情况下，应优先选择扩容，其次才是加建新站。另一方面，电动出租车数量呈阶段性增长，充电技术也在不断完善改进，一次性将充电站扩容到最大容量并不合理，而应该根据电动出租车充电需求来对充电站容量做出分阶段调整。

本章以电动出租车为研究对象，在求得电动出租车载客率、空驶目的地选择概率和载客目的地选择概率的基础上，模拟出租车载客、空驶和停靠行为，构建出租车运营模型，根据电动出租车保有量预测现有充电站一年中每日的最大充电负荷，并对充电站容量提出调整方案。

6.1 居民出行分布预测

作为营利性公共交通，出租车的行驶分布与人们的出行需求息息相关。通过预测小区居民以出租车方式出行的分布，才能对出租车的行驶分布进行预测。而最实用的客流分布模型当属重力模型，本章将采用单约束重力模型对小区居民以出租车方式出行的分布进行预测。

单约束重力模型为

$$q_{ij} = K \cdot P_i A_j \cdot f(R_{ij}) \tag{6-1}$$

$$\sum_j q_{ij} = P_i \tag{6-2}$$

式中，q_{ij} 为 i, j 分区之间的出行量（i 为出行区，j 为吸引区）预测值；$f(R_{ij})$ 为 i, j 分区之间的阻抗函数；R_{ij} 为 i, j 分区之间的道路阻抗，可以是时间、距离等；P_i、A_j 分别为分区 i 的出行产生量、分区 j 的吸引量。

将式（6-2）代入式（6-1）可得

$$K = \frac{1}{\sum_j A_j f(R_{ij})} \tag{6-3}$$

K 称作出行约束系数，代入到重力模型中可得

$$q_{ij} = \frac{P_i A_j f(R_{ij})}{\sum A_j f(R_{ij})} \tag{6-4}$$

6.2 出租车载客分布和载客目的地选择概率

根据出租车出行定义，载客出租车出行分布与居民以出租车方式出行分布之间存在以下关系：

$$q_{zij} = q_{ij} / s \qquad (6\text{-}5)$$

式中，q_{zij} 为载客出租车从小区 i 到小区 j 的出行总数；q_{ij} 为以出租车方式从小区 i 到小区 j 的出行总人数；s 为出租车平均有效车次载客人数。

由此可得，出租车从小区 i 载客到小区 j 的选择概率为

$$K_{ij} = \frac{q_{zij}}{\sum_{j \in N} q_{zij}} \qquad (6\text{-}6)$$

式中，q_{zij} 代表在本区内行驶。

将载客选择率 K_{ij} 依次叠加，形成载客目的地选择概率区间 K_i 为

$$
\begin{aligned}
K_i &= [K_{i1}, \quad K_{i2} + K_{i1}, \quad \cdots, \quad 1] \\
&= [KX_1, \quad KX_2, \quad \cdots, \quad KX_{n-1}, \quad 1]
\end{aligned} \qquad (6\text{-}7)
$$

6.3 出租车空驶分布

6.3.1 出租车空驶目的地选择概率

出租车是空驶率较高的客运体系，空驶出租车在选择出行目的地时，总是试图以最短出行距离（或时间）找到新乘客。在选择过程中，备选小区 j 的乘客需求量 Z_j、备选小区 j 与空驶车目前所处交通小区 i 之间所消耗的电量（用距离表示）和行驶时间是影响驾驶者决策的三个主要因素。为了研究和描述出租车空驶选择行为，构造效用函数如下：

$$U_j = \theta_0 + \theta_1 Z_j + \theta_2 T_{ij} + \theta_3 D_{ij} \qquad (6\text{-}8)$$

根据效用极大原理可得 Logit 选择概率为

$$\ln\left(\frac{P_{ij}}{1 - P_{ij}}\right) = \theta_0 + \theta_1 Z_j + \theta_2 T_{ij} + \theta_3 D_{ij} \qquad (6\text{-}9)$$

式中，U_j 为选择备选小区 j 的满意度；Z_j 为 j 区以出租车方式出行总人数；T_{ij} 为从 i 区到 j 区所需时间；D_{ij} 为 i 区与 j 区间的距离；θ_0、θ_1、θ_2、θ_3 为待定参数，可根据空驶统计数据制定；P_{ij} 为从小区 i 空驶到小区 j 的概率。

6.3.2 出租车空驶分布

假设任一小区对出租车吸引总量由两部分组成：载客出租车吸引量和对空驶出租车吸引量。同样，小区内出租车产生量也由两部分组成：载客出租车产生量和空驶出租车产生量。

设以小区 i 为起点的空驶出租车选择小区 j 为终点的概率为 P_{ij}，则对于任意一个小区 j，根据产生吸引平衡关系规律可得该小区出租车吸引量和产生量平衡关系式为

$$\sum_{i \in N} q_{zij} + \sum_{i \in N} (P_{ij} \cdot x_i) = x_j + g_j \tag{6-10}$$

式中，x_i 为小区 i 空驶出租车产生总量；x_j 为小区 j 空驶出租车产生总量；q_{zij} 为出租车从小区 i 载客到小区 j 的出租车数；P_{ij} 为出租车从小区 i 空驶到小区 j 的概率；g_j 为小区 j 载客出租车总量；N 为小区集合。

将小区出行产生量、吸引量集中于小区作用点（一般为小区形心），可分别得出载客出租车和空驶出租车区间出行距离总和为

$$D_z = \sum_{i \in N} \sum_{j \in N} q_{zij} \cdot d_{ij} \tag{6-11}$$

$$D_k = \sum_{i \in N} \sum_{j \in N} P_{ij} \cdot x_i \cdot d_{ij} \tag{6-12}$$

式中，D_z 为载客出租车区间出行距离总和；D_k 为空驶出租车区间出行距离总和；d_{ij} 为小区 i 到小区 j 之间的距离。

当对载客出租车和空驶出租车出行分布矩阵采用相同路径分配模型进行分配时，近似存在如下比例关系：

$$\frac{D_z}{D_k} = \frac{1 - KS}{KS} \tag{6-13}$$

式中，KS 为城市出租车的平均空驶率。

由式（6-10）可得一个关于 $(x_1, x_2, \cdots, x_n)$ 的 n 元线性方程组为

$$\begin{cases} x_1 - \sum_{i \in N} P_{i1} \cdot x_i = \sum_{i \in N} q_{zi1} - g_1 \\ x_2 - \sum_{i \in N} P_{i2} \cdot x_i = \sum_{i \in N} q_{zi2} - g_2 \\ \qquad\qquad \vdots \\ x_n - \sum_{i \in N} P_{in} \cdot x_i = \sum_{i \in N} q_{zin} - g_n \end{cases} \tag{6-14}$$

因为 $\sum\limits_{j\in N}P_{ij}-1=0$，$\sum\limits_{j\in N}q_{zij}-g_i=0$，所以方程组仅包含（$n-1$）个独立方程。结合式（6-11）～式（6-13）可得关于（$x_1,x_2,\cdots,x_n$）的另一个约束方程为

$$\sum_{i\in N}\left(x_i\cdot\sum_{j\in N}P_{ij}\cdot d_{ij}\right)=\frac{1-KS}{KS}\cdot\sum_{i\in N}\sum_{j\in N}q_{zij}\cdot d_{ij} \qquad (6\text{-}15)$$

联合求解线性方程组可得（$x_1,x_2,\cdots,x_n$）的唯一确定解。

则从小区 i 空驶到小区 j 的出租车数量为

$$q_{kij}=x_i\cdot P_{ij} \qquad (6\text{-}16)$$

6.4　小区载客率

结合式（6-5）和式（6-16）可得小区 i 出租车吸引量为

$$Q_i=\sum_{j\in N}(q_{kij}+q_{zij}) \qquad (6\text{-}17)$$

则小区 i 的集中载客率为

$$ZK_i'=\sum_{j\in N}q_{zij}/Q_i \qquad (6\text{-}18)$$

由于前面将小区出行产生量和吸引量集中作用于一点，而现实中车辆与乘客散乱分布在小区中，所以需求取区域乘客密度为

$$G_i=\sum_{j\in N}q_{ij}/m_i \qquad (6\text{-}19)$$

式中，m_i 为小区 i 的面积。

不同的乘客密度有不同的密度系数，并将密度系数与乘客密度近似成直线关系，具体如下：

设最大乘客密度 G_{max} 的密度系数为 0.95，最小乘客密度 G_{min} 的密度系数为 0.5，构建直线函数得

$$\mu_i=0.95-\frac{0.45(G_{max}-G_i)}{G_{max}-G_{min}} \qquad (6\text{-}20)$$

综上，可以得到每个小区的载客率为

$$ZK_i=\mu_i\cdot\sum_{j\in N}q_{zij}/Q_i \qquad (6\text{-}21)$$

6.5 出租车运营模型

基于上述工作，我们搭建出租车行驶及运行环境，模拟出租车的行驶规律，构建出租车运营模型。

6.5.1 模型假设

出租车运营模型满足如下假设：

1）每辆车开始运营电量为满电量，运营 M 小时。

2）每辆出租车都有相应的触发时间 T_b 和结束时间 $T_e\,(=T_b+60M)$。

3）时间 t 从 0 分钟开始按每分钟累计，直到所有车结束运营 $\max(T_e)$。

4）当时间 $t=T_b$ 时，出租车开始运营，当时间 $t=T_e$ 时，出租车结束运营。

5）每辆出租车信息包括：触发时间 T_b、结束时间 T_e、当前电量 L_f、当前区域 I、目标区域 R、区域状态转换时间 t_s 和剩余电量 L，并每分钟更新状态。

6）不同时段对应不同的出行需求和路况，相应地，载客率、空驶选择率和载客选择率也不同。

7）车辆选择距离最近的充电站进行充电，充电时间均为 C 分钟。

8）车辆空驶目的地仅限于相邻的区域，不进行跨区域空驶。

9）当空驶目的地为当前所在区域时，出租车停靠待客或空驶寻找客人，时间和行驶距离由所在区域确定。

10）当载客目的地为当前所在区域时，出租车在区域内行驶，行驶距离和所需时间由所在区域确定。

11）当车辆载客到目的地后电量无法支持行驶到最近的充电站时，出租车拒载，并到充电站充电。

12）当车辆空驶到目的地后电量无法支持行驶到最近的充电站时，出租车放弃空驶。

6.5.2 具体步骤

电动出租车运营模型建模步骤如下：

1）起始时间 $t=0$，车辆总数 n。

2）初始化出租车信息矩阵 $X=[T_b,\,T_e,\,I,\,LF,\,T_s,\,L,\,R]$。根据所在时段随机选取车辆起始区域 $I=[i_1,\,i_2,\,\cdots,\,i_n]^{\mathrm{T}}$，车辆触发时间 $T_b=[T_{b1},\,T_{b2},\,\cdots,\,T_{bn}]^{\mathrm{T}}$、结束时间 $T_e=[T_{e1},\,T_{e2},\,\cdots,\,T_{en}]^{\mathrm{T}}$，车辆当前电量为 $LF=[L_{f1},\,L_{f2},\,\cdots,\,L_{fn}]^{\mathrm{T}}$，区域状态转换时间 $T_s=[0,\,0,\,\cdots,\,0]^{\mathrm{T}}$，运营后剩余电量 $L=LF$，目标区域 $R=[r_1,\,r_2,\,\cdots,\,r_n]^{\mathrm{T}}=[i_1,\,i_2,\,\cdots,\,i_n]^{\mathrm{T}}$。

3）对每辆车进行判断，若 $t\in[T_{bm},\,T_{em}]$，出租车 m 运营，进入下一步。

4）若 $t\geq t_{sm}$，更新出租车 m 信息：$LF_m=L_m$，$i_m=r_m$，进入步骤 5~8。

5）根据时间 t 选取相应的路况、载客率 ZK_i、载客选择率 K_i、空驶选择率 P_i。

6）随机抽取一个 $[0,1]$ 之间的数 a，若 $a \geqslant ZK_i$，出租车空驶；若 $a < ZK_i$，出租车载客。

7）如果出租车载客，随机抽取一个 $[0,1]$ 之间的随机数 b，若 $b \in [KX_{j-1}, KX_j]$，则选取 j 区作为载客目的地，并确定区域间距离 ΔL_{imj}、从区域 i_m 到区域 j 所需行驶时间 Δt、从区域 j 到充电站的距离 ΔL_c 和从区域 i_m 到充电站所在区域 k 所需时间 Δt_c。如果 $LF_m - \Delta L_{imj} - \Delta L_c \geqslant 0$，则出租车行驶到区域 j，区域状态转换时间 $t_{sm} = t + \Delta t$，目标区域 $r_m = j$，剩余电量 $L_m = LF_m - \Delta L_{imj}$；否则出租车拒载并到充电站充电，区域状态转换时间 $t_{sm} = t + \Delta t_c + C$，目标区域 $r_m = k$，剩余电量 $L_m = L_f$。

8）如果空驶，随机抽取一个 $[0,1]$ 之间的随机数 c，若 $c \in [PP_{j-1}, PP_j]$ 选择空驶目的地 j，并确定区域间距离 ΔL_{imj}、从区域 i_m 到区域 j 所需行驶时间 Δt、从区域 j 到充电站的距离 ΔL_c 和从区域 i_m 到充电站所在区域 k 所需时间 Δt_c。如果 $LF_m - \Delta L_{imj} - \Delta L_c \geqslant 0$，则出租车空驶到区域 j，区域状态转换时间 $t_{sm} = t + \Delta t$ 时，目标区域 $r_m = j$，剩余电量为 $L_m = LF_m - \Delta L_{imj}$；否则出租车到充电站充电，区域状态转换时间 $t_{sm} = t + \Delta t_c + C$，目标区域 $r_m = k$，剩余电量 $L_m = L_f$。

9）$t = t + 1$，若 $t \leqslant \max(T_e)$，返回步骤 3，否则结束循环。

具体流程图如图 6-1 所示。

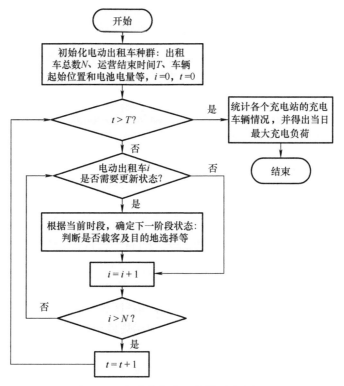

图 6-1　电动出租车运营模型流程图

6.6 算例分析

6.6.1 算例描述

　　某城市是国家四部委确定的首批节能与新能源汽车示范推广城市之一。截至算例研究时间为止，该市已示范推广电动汽车共计 4000 多辆，建立快速充电站 30 多座。本章取该城市电动汽车数量和充电站规模的十分之一进行仿真，并将其分为 10 个小区域，如图 6-2 所示。

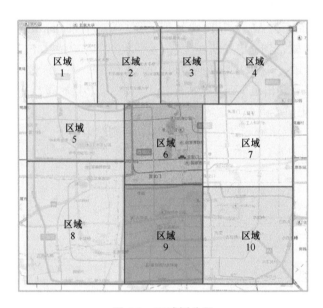

图 6-2　区域划分图

区域信息如下：

　　1）区域 2、4、5、6、7 为商业繁华区，区域 1、3 为密集住宅区，区域 8、9、10 为稀疏住宅区。

　　2）区域 1～10 的区域面积为 24km²、23km²、22km²、24km²、24km²、25km²、28km²、35km²、31km²、32km²。

　　3）每天分为两个时间段：拥堵时段（7:00～21:00）和畅通时段（0:00～7:00 和 21:00～24:00），不同时段各个区域交通需求量和各区域间的交通状况不同。

　　4）充电站建设在区域 3、5、9，充电站原始规模均为 10 台充电机，而最大都可扩充为 25 台。

　　5）出租车满电行驶 120km，充电站所在区域出租车前去充电路上平均耗时 8min。

6）在白天，人们会倾向于从住宅区和偏远区去往繁华商业区，而晚上人群会从繁华商业区返回住宅区，因此拥堵时段（白天），商业繁华区的出行人数会较多，而住宅区会相对较少；畅通时段（深夜和凌晨），繁华商业区的出行人数较少，而住宅区会相对较多。

6.6.2　统计数据收集

以区域 1 为例，收集居民出行分布和道路阻抗等基础数据。

繁忙时段和空闲时段居民以出租车方式从区域 1 去往其余区域的出行分布样本、道路阻抗、消耗电量和空驶时间分别见表 6-1 ～表 6-4。

表 6-1　居民出行分布样本 /10 人

	1	2	3	4	5	6	7	8	9	10	总计
繁忙	20	32	26	25	33	29	23	18	13	10	229
空闲	12	8	7	7	8	7	6	6	5	4	70

表 6-2　道路阻抗（行驶时间 /min）

	1	2	3	4	5	6	7	8	9	10
繁忙	14	14	22	32	22	28	45	24	57	55
空闲	8	10	17	26	10	22	33	20	41	46

表 6-3　消耗电量 /km

	1	2	3	4	5	6	7	8	9	10
繁忙	6.3	5.2	10.2	13.5	6.2	13.8	17.2	12.8	21	23.2
空闲	3.5	4.9	9.9	13.3	5.8	13.6	17	12.4	20	23

表 6-4　空驶时间 /min

	1	2	3	4	5	6	7	8	9	10
繁忙	18	14	22	32	25	28	45	24	57	55
空闲	18	14	22	32	25	8	45	24	57	55

6.6.3　参数设定

随着补贴政策的实施和电动出租车的普及，选择电动出租车方式出行的人数将会增加。以区域 1 为例，假设繁忙时段出行量和吸引量为 2000 辆次和 1830 辆次，空闲时段出行量和吸引量为 660 辆次和 720 辆次。

单约束重力模型中，阻抗函数采用 $f(R_{ij}) = \exp(-b \cdot R_{ij})$ 的形式，通过"贪婪算法"对参数 b 进行求解，繁忙时段和空闲时段 b 分别为 0.125 和 0.25。出租车平均有效车次载客人数 $s = 2.3$ 人。

以区域 1 为例，通过最小二乘法对参数 θ_0、θ_1、θ_2、θ_3 进行求解，繁忙时段分别为 -1.16、0.09、0.02 和 -0.3，空闲时段分别为 -0.39、-0.15、0.14 和 -0.39。

分别以电动出租车保有量为 300 辆、500 辆、600 辆进行一年运营的模拟仿真。

6.6.4 结果分析

本章通过 MATLAB 编程，求解区域繁忙时段和空闲时段的居民出行分布，见表 6-5，从而得到载客目的地选择概率，见表 6-6。通过求解 Logit 模型，得到空驶目的地选择概，见表 6-7，以上均以区域 1 为例。由吸引量和产生量平衡关系式得到区域载客率，见表 6-8。

表 6-5 居民出行分布 /10 人

	1	2	3	4	5	6	7	8	9	10	总计
繁忙	17	31	15	24	30	28	22.4	14	9.1	9.4	199.9
空闲	13	5.1	11	3	5	3	3.2	12	6	5	66.3

表 6-6 载客目的地选择概率（%）

	1	2	3	4	5	6	7	8	9	10
繁忙	8	15	8	12	15	14	11	7	5	5
空闲	20	8	16	5	8	4	4	17	10	8

表 6-7 空驶目的地选择概率（%）

	1	2	3	4	5	6	7	8	9	10
繁忙	31	36	0	0	33	0	0	0	0	0
空闲	42	30	0	0	28	0	0	0	0	0

表 6-8 各区载客率（%）

	1	2	3	4	5	6	7	8	9	10
繁忙	32	36	25	42	42	44	41	30	34	35
空闲	19	13	21	17	14	10	12	17	16	17

从表 6-5 和表 6-6 中可以看出，繁忙时段乘客偏向于在繁华地区区域 2、4、5、6、7 活动，而空闲时段，乘客会偏向于在住宅区活动。繁忙时段，空驶出租车会倾向于去往繁华地区，而空闲时段空驶出租车会倾向于去往住宅区。模型仿真结果与现实情

况较为吻合。

分别在电动出租车保有量为 300 辆、400 辆、500 辆、600 辆时对充电站负荷进行预测，并根据充电站负荷进行天数统计，如图 6-3 ~ 图 6-6 所示。

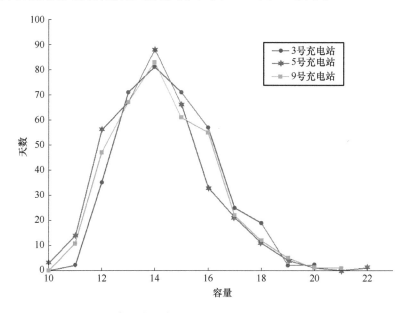

图 6-3   电动出租车保有量为 300 辆时的年负荷预测

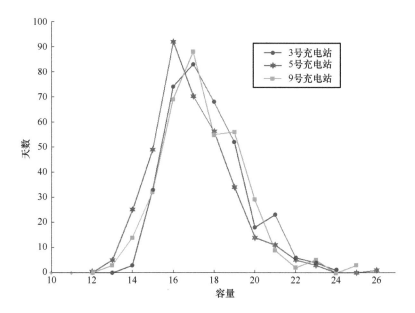

图 6-4   电动出租车保有量为 400 辆时的年负荷预测

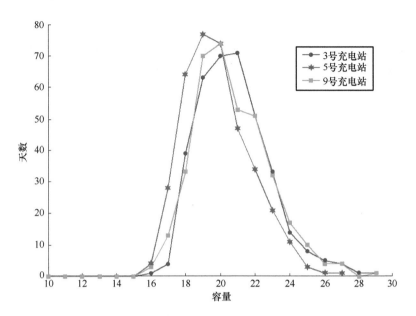

图 6-5　电动出租车保有量为 500 辆时的年负荷预测

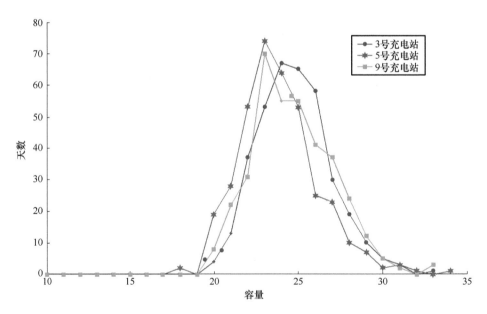

图 6-6　电动出租车保有量为 600 辆时的年负荷预测

以图 6-3 为例，当电动出租车保有量为 300 辆时，3 号充电站应扩容为 16 台充电机，5 号充电站应扩容为 15 台充电机，9 号充电站应扩容为 16 台充电机，这样才能保证一年中至少 292 天充电无需等待。具体见表 6-9。

表 6-9　充电站容量调整方案

充电站编号　　车辆数	300	400	500	600
3 号	16	19	22	26
5 号	15	18	21	25
9 号	16	19	22	27

　　由表 6-9 可以看出，当汽车保有量为 600 辆时，现有充电站容量已达到极限，需加建新站来满足需求。

6.7　本章小结

　　本章在求得电动出租车载客率、空驶目的地选择概率和载客目的地选择概率的基础上，模拟出租车载客、空驶和停靠行为，构建电动出租车运营模型，并在不同电动出租车保有量下，对现有充电站充电负荷进行预测并提出充电站容量调整方案。本章模型考虑不同时段的路况特点和城市居民的出行特点，比较贴近实际，较传统方法更加准确、全面。

第7章 基于经济性的电动汽车充电站多级选址规划模型研究

充电站的选址、等级确定受多方面因素影响：建设成本等经济性；电动汽车保有量；电动汽车充电功率；电动汽车动力电池特性等。其中，经济性对充电站的布局规划至关重要。本章以经济性为优化目标，充分考虑充电站初期建设和用户充电费用进行规划模型研究。

7.1 基于经济性的电动汽车充电站多级选址规划模型

以充电站初始建设成本及用户充电成本最小化为目标，本章建立了基于经济性目标的电动汽车充电站多级选址规划模型（Multiple Level Electric Vehicle Charging Station Location Planning Model Based on Economical Principle，MLEVCSLPMBEP），进而确立在何处、建立何种等级的充电站，以及充电站应为哪些需求点的用户提供服务。用户充电成本是指用户因充电行为而导致的成本，主要指用户到充电站行驶路途中的电力耗费及因充电而占用的工作时间成本等间接费用，这均与用户到充电站的行驶距离有关。

7.1.1 研究现状

一个崭新产业的发展，在拥有技术创新的同时，还需要相应的商业模式创新与之匹配。对于电动汽车产业，各相关利益群体对产业的发展还未达成共识。Guo Peng 等人提出一种基于动态价格补贴（DPS）的自适应激励用户的多阶段仿真 - 优化 - 一体化方法框架；Niu Zhenning 等人分别建立了两个双目标模型，以确定 V2G 充电桩的最佳尺寸，并考虑了光伏发电量、电动汽车充电需求和家庭基本负荷不确定性的充放电策略；龙虹毓等人针对山地城市电动汽车充电站的规划需求，研究了山地城市道路特性，改进了充电负荷预测与充电站规划方法；张炜桀等人针对新建建筑中不同建筑主体和老旧小区的特点及需求分别对其充电设施的建设和车位改造进行探讨和总结，并说明充电站不同运营模式的特点及适用范围；Tomás Gómez SanRomán 等人提出了一种确定能源社区活跃度的方法。

7.1.2　模型假设

我国已发布了针对电动汽车充电站建设等级的相关指导性文件（见表 7-1）。本章以该文件作为指导，实现充电站等级的确定。

表 7-1　电动汽车充电站等级定义

充电站等级	动力蓄电池存储能力 /kWh	单路配电容量 /kVA	日服务车量数	
			大、中型商用车	乘用车
1 级	≥ 6800	≥ 5000	≥ 200	≥ 500
2 级	3400 ~ 6800	3000 ~ 5000	100 ~ 200	200 ~ 500
3 级	1700 ~ 3400	1000 ~ 3000	40 ~ 100	100 ~ 200
4 级	≤ 1700	≤ 1000	≤ 40	≤ 100

另外，在建模过程中，做如下假设：

1）充电站的候选点均考虑了需求分布，并符合充电站建设的环境和安全约束。

2）每个需求点处的需求量与该区域内拥有的电动汽车总数量正相关。

3）在固定的时间段内，每个需求点处的用户只能到同一个充电站进行充电。

4）用户充电成本，即充电路途中耗费的时间、电力等成本与距离成线性正相关，在此采用欧氏距离。

7.1.3　多级选址规划模型

$$\min C = \sum_j \sum_m F_m X_{jm} + \lambda \sum_i \sum_j D_i Z_{ij} d_{ij} \tag{7-1}$$

$$\text{s.t.} \quad \sum_j Z_{ij} = 1, \quad \forall i \in I \tag{7-2}$$

$$Z_{ij} \leq X_{jm}, \quad \forall i \in I, \ j \in J, \ m \in M \tag{7-3}$$

$$\sum_i D_i Z_{ij} \leq \sum_m C_m X_{jm}, \quad \forall j \in J \tag{7-4}$$

$$\sum_m X_{jm} \leq 1, \quad \forall j \in J \tag{7-5}$$

$$\sum_j \sum_m X_{jm} = P \tag{7-6}$$

$$X_{jm} \in \{0,1\}, \quad \forall j \in J, \ m \in M \tag{7-7}$$

$$Z_{ij} \in \{0,1\}, \quad \forall i \in I, \ j \in J \tag{7-8}$$

其中，模型中的符号定义如下：

I 为充电需求点集合，$i \in I$ 指需求点。

J 为充电站的候选点集合，$j \in J$ 指候选点。

模型中的参数定义如下：

D_i 为充电需求点 i 处的需求量，即需充电的车辆数。

F_m 为等级为 m 充电站的固定初始建设成本。

λ 为用户的单位充电成本。

C_m 为 m 等级充电站的服务能力，即每天能服务的车辆数。

d_{ij} 为需求点 i 到候选点 j 的距离。

P 为待建充电站的数量。

模型中的决策变量定义如下：

$X_{jm} \in \{0,1\}$，候选点 j 处建立充电站等级为 m 时为 1；否则为 0。

$Z_{ij} \in \{0,1\}$，需求点 i 的用户到候选点 j 处进行充电服务时为 1，否则为 0。

上述模型中，式（7-1）表示最小化经济总成本，包括充电站的建站初期成本及用户充电成本；式（7-2）表示在固定时间段内，每个需求点处的用户只能到同一个充电站进行充电；式（7-3）表示只有在候选点建立了充电站，才能为用户服务；式（7-4）表示到某充电站充电的需求总量必须满足其服务能力要求；式（7-5）表示一个候选点只能选择建立一个等级的充电站；式（7-6）表示待建充电站的数量为 P；式（7-7）、式（7-8）为决策变量。

7.2 求解基于经济性的电动汽车充电站多级选址规划模型的遗传算法设计

7.2.1 遗传算法简介

遗传算法（Genetic Algorithm，GA）是 1975 年由美国密歇根大学心理学教授、电子工程学与计算机科学教授 Holland 等人共同提出的。遗传算法是模拟生物在自然环境下的遗传及进化过程而产生的一种自适应全局优化概率搜索方法。将"优胜劣汰，适者生存"的思想引入串结构，在串之间进行有组织、随机的信息交换。随着群体一代一代地更新，优秀的个体不断组合，产生出更优秀的个体。这样，良好的特征被保存下来，差的特征逐渐被淘汰，使新一代个体在总体上胜于上一代个体，群体整体表现出的性能不断提高，最终达到最优值。遗传算法在求解问题时仅须利用适应度函数的信息，不需要连续、可微等条件，因而特别适合处理高度复杂的非线性问题。

遗传算法基本操作如下：

（1）选择

从当代群体中以一定概率选择出一些比较优良的个体，将其复制到下一代群体中。个体被选中的概率与其自身的适应度值有关，一般要求适应度较高的个体有更多的机会遗传到下一代。

（2）交叉

交叉又称基因重组，是遗传算法产生新个体的主要手段。正是有了交叉操作，群体的形态才多种多样。从群体中选择两个个体，以一定概率相互交换两个个体之间的部分染色体，来产生新的优秀个体。

（3）变异

变异操作是按某一较小的概率，对个体的某一个或某一些基因座上的基因值进行改变，同样是产生新个体的一种操作。

7.2.2　遗传算法基本流程

遗传算法的基本构成要素有：染色体编码方法、适应度评价函数、遗传算子和运行参数。

染色体编码方法包括二进制法、十进制法、实数法等。一般采用固定长度的二进制符号串进行编码，其等位基因由二值符号 0、1 组成。用均匀分布的随机数来生成初始群体的每个个体基因。

当代群体中每个个体遗传到下一代机会的大小与适应度大小正相关，通常要求个体的适应度为正实数。因此对于不同类型的问题，需确立好由目标函数值到个体适应度之间的映射规则，尤其要处理好目标函数值为负数的情况。

遗传操作包括三个步骤：选择操作、交叉操作、变异操作。

运行参数是遗传算法在运行前需设定的参数，主要有群体规模、迭代次数、交叉概率和变异概率。

典型遗传算法的实现流程如下：

1）随机产生数目一定的初始种群，对每个个体进行染色体基因编码。

2）计算个体适应度，并判断是否满足输出优化结果准则，若符合，则输出当前最佳个体及对应的最优解，结束计算，否则转向步骤 3。

3）根据适应度选择进入交配池的再生个体，个体适应度越高，被选中的概率越高，而适应度低的个体有可能被淘汰。

4）按照设定的交叉概率进行交叉操作，生成新的个体。

5）按照设定的变异概率进行变异操作，生成新的个体。

6）经交叉和变异后生成新一代的种群，返回到步骤 2。

7.2.3　基于遗传算法的模型求解

基于遗传算法来求解 MLEVCSLPMBEP：首先，进行编码、随机产生初始群体，根据变量的特点，采用二进制，编码长度为 J，编码中元素 1 的个数为 P（1 表示在该处建设充电站），其余元素为 0；其次，由初始群体生成初始解集，完成需求点到待建站的分配及充电站等级的确定；再次，计算群体中各个体的适应度，进行遗传操作，实现群体的更新；最后，对新产生的群体中不满足编码要求的个体进行调整。这样依次迭代，直到满足终止条件，输出优化结果。算法流程图如图 7-1 所示。

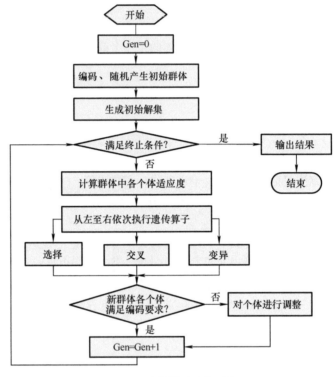

图 7-1 遗传算法求解过程

7.3 算例分析

7.3.1 算例描述

依据调研实践数据，构造算例模型用于证实本章模型及求解算法的有效性。在 50×50 的平面内随机生成 10 个充电站候选点和 30 个充电需求点，最终目标是从 10 个候选点中选择 5 个站点进行充电站建设，需求点的位置、相应需求量及候选点的位置等数据见表 7-2、表 7-3。假设每个需求点的需求量位于 [20,40] 区间内；规定充电站分为 4 个等级，并对各等级的服务能力及相应建设成本进行合理性假定，见表 7-4；

另外，假定此算例中车辆单位距离充电成本为常值 $\lambda = 1$ 元 /km $= 10^{-4}$ 万元 /km。

表 7-2　需求点位置及对应的需求量

序号	X	Y	需求量 / 辆	序号	X	Y	需求量 / 辆
1	24.74	21.52	33	16	22.81	41.90	40
2	45.68	8.01	35	17	27.11	4.62	33
3	48.36	3.34	22	18	30.11	9.14	25
4	6.34	5.79	29	19	27.44	7.81	28
5	4.70	26.61	28	20	10.11	0.42	24
6	20.87	41.78	24	21	20.05	18.98	30
7	0.46	32.24	37	22	47.17	23.70	29
8	10.79	45.46	37	23	41.00	2.87	30
9	10.37	42.53	30	24	34.83	7.36	23
10	4.02	40.93	40	25	3.17	36.14	22
11	8.13	26.99	23	26	34.79	11.06	27
12	21.86	27.01	38	27	25.66	28.79	33
13	0.10	41.83	36	28	44.63	4.63	24
14	0.99	4.92	29	29	41.09	49.70	33
15	48.37	30.98	33	30	48.65	46.14	25

表 7-3　候选点位置

序号	X	Y	序号	X	Y
1	5.00	5.00	6	43.00	8.00
2	6.00	32.00	7	42.00	25.00
3	10.00	38.00	8	45.00	40.00
4	25.00	25.00	9	18.00	42.00
5	30.00	5.00	10	32.00	15.00

表 7-4　充电站等级分类及相应建设费用

充电站等级	服务能力 / (辆 / 天)	建设费用 / 万元
1	350	650
2	250	530
3	110	400
4	70	350

7.3.2　求解与分析

1. 参数设定

本节根据 7.2.3 节设计的算法，利用 Python 编程求解，为了测试在哪种情况下遗传算法效果最佳，在交叉概率、变异概率分别设定为 0.8、0.08 的情况下，个体的搜索广度和深度（即群体规模和进化代数）对优化效果的影响情况，对两者分别选取三种典型取值方案：群体规模（NUM = 20、30、50）、进化代数（GEN = 10、20、30），构成 9 组不同的参数组合进行测试（见表 7-5）。为了避免偶然性，使结果更具有代表性，每组参数独立重复运行 30 次后进行结果的统计分析比较。

表 7-5　选取的参数组合

NUM	20	30	50	20	30	50	20	30	50
GEN	10	10	10	20	20	20	30	30	30

将设计的遗传算法应用于算例，在上述 9 种参数组合下分别运行 30 次后得到优化结果的最大值、最小值、平均值以及方差，见表 7-6。

表 7-6　9 种参数组合应用于算例的结果

参数组合	NUM = 20 GEN = 10	NUM = 30 GEN = 10	NUM = 50 GEN = 10
最大值	2410.9645	2411.023	2410.9645
最小值	2401.0099	2401.0099	2401.0099
平均值	2405.6439	2403.6766	2403.3340
方差	25.3261	19.9211	18.1746
参数组合	NUM = 20 GEN = 20	NUM = 30 GEN = 20	NUM = 50 GEN = 20
最大值	2410.9645	2410.9645	2410.9234
最小值	2401.0099	2401.0099	2401.0099
平均值	2404.9794	2403.0030	2401.6738
方差	24.4507	16.2527	6.3220
参数组合	NUM = 20 GEN = 30	NUM = 30 GEN = 30	NUM = 50 GEN = 30
最大值	2411.0383	2410.9234	2410.9234
最小值	2401.0099	2401.0099	2401.0099
平均值	2404.3488	2402.6712	2401.3404
方差	22.6927	14.0900	3.2759

由结果可知：随着种群规模扩大和进化代数增加，优化目标值越来越小，说明优化效果逐渐变好。进化代数为定值，随着种群规模扩大，优化目标平均值、方差呈越来越小的趋势；种群规模为定值，随着进化代数的增大，优化目标平均值、方差也呈越来越小的趋势。由此可见，种群规模 NUM=20、进化代数 GEN=10 时优化效果最差，在种群规模 NUM=50、进化代数 GEN=30 时优化效果较佳。

2. 结果分析

对测试算例进行仿真，得到最终结果，见表 7-7。相同初始条件下，参考文献 [22]

所得的结果见表 7-8。

表 7-7　仿真结果

最优解	{1,0,0,0,0,0,1,1,1,1}
建站位置（等级）：需求点的分配	1(3):4,5,14,20;
	7(4):15,22;
	8(4):29,30;
	9(1):6,7,8,9,10,11,12,13,16,25;
	10(1):1,2,3,17,18,19,21,23,24,26,27,28;
总成本 / 万元	2401.0099

表 7-8　参考文献 [22] 仿真结果

最优解	{0,1,0,0,1,0,1,1,1,0}
建站位置（等级）：需求点的分配	2(3):4,5,7,10,11,13,14,25;
	5(4):1,2,3,17,18,19,20,21,23,24,26,28;
	7(1):15,22;
	8(1):29,30;
	9(3):6,8,9,12,16,27;
总成本 / 万元	2410.9700

　　根据结果显示，待建的充电站位置不同，则分配给各站的需求点就不同，从而充电站的规模也就不同；对比表 7-7、表 7-8，本章采用遗传算法求解模型得出的总成本要比参考文献 [22] 中采用禁忌搜索降低大约 10 万元。该研究表明，遗传算法具有更好的寻优能力和收敛性能。

7.4　本章小结

　　本章采用结合启发式的遗传算法求解电动汽车充电站多级选址规划优化模型，并对实际算例进行仿真，研究结果验证了算法的有效性。

电动汽车充电设施系统建模与仿真技术 第3章
运行集成

第2篇
电动汽车充电设施
系统仿真建模

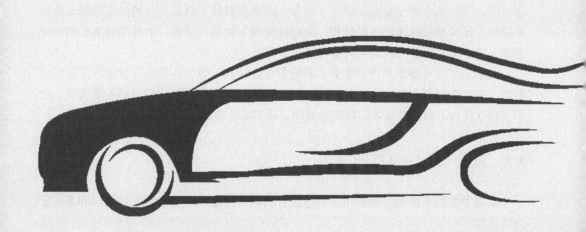

第8章 电动汽车充电设施的离散系统仿真建模

8.1 仿真建模方法的优势

仿真建模方法主要具备如下优势：

1）仿真模型可以分析和求解系统，解析计算方法和线性规划方法无法做到。

2）选择好抽象层级后，开发仿真模型比解析模型更容易，只需较少的知识就可以实现模型的可伸缩性、可扩展性和模块化。

3）仿真模型的结构自然地反映了原系统的结构。仿真模型大都采用可视化语言，从而更容易实现模型内部和其他部分的通信。

4）在仿真模型中，可以在抽象层级之上实现数值的测量和实体的追踪，并可以随时增加测量和统计分析功能。

5）运行和实时显示系统行为动画的能力，是仿真的重要优势。动画不仅用于效果展示，还用于验证和调试过程。

6）仿真模型比 Excel 电子表单更具说服力。有仿真来支持的观点比只有数字的更有优势。

低抽象层级的物理层模型，用于代表现实世界中的、具有最大化细节的实体。在这一层，我们关心物理交互、维度、速度、距离和时间。例如，一辆汽车的制动防抱死过程，足球迷从球场的撤离过程，交通灯控制下的路口交通，以及战场上士兵的交互等，这些都是需要低抽象层级模型的典型实例。

高抽象层级模型是高度抽象的，其通常考虑顾客人数、雇员统计数据等汇聚性的事物，而不考虑单个个体。这种高抽象层级建模与交互有助于我们理解各类关系，例如公司在广告上的花费是如何影响销量的，而不需模拟其中间步骤。

8.2 离散系统仿真建模概述

离散系统仿真建模主要采用三种方法：离散事件建模、基于智能体建模和系统动力学建模。

1）离散事件建模支持中层和偏下层的抽象层级。

2）基于智能体建模适合于中抽象层级的模型，既可以实现较低抽象层级的物理对象细节建模，也可以实现公司和政府等较高抽象层级的建模。

3）系统动力学建模适合较高的抽象层级，其在决策建模中已经得到了典型应用。

离散事件建模的思路是将需建模的系统视为一个过程，即一系列的对实体的操作。离散事件建模的主要操作包括各类时间延迟、资源服务、支路选择、分离和组合等。实体对资源进行竞争，并导致时间延迟，因此在所有的离散事件建模中都具有供实体排队的队列。离散事件模型可以具象为一个过程流图，其中的各个模块表示各种操作（即将整个过程分割成许多小的步骤）。

基于智能体的建模提供给建模者另一种观察系统的方式：许多情况下，用户无法知道系统的行为、关键变量以及附属内容，甚至无法观察过程流，而仅仅了解一些系统对象的个体行为。此时，可以通过建立对象（智能体）和定义其行为来进行建模。该方法既可以连接各个智能体，使其互动，也可以将其放置在特定的具有动态性的环境中。系统的全局表现从而可以通过大量（甚至达到数百万个）并发的独立行为得以涌现。

1）智能体与自动机不同。智能体无须处于离散空间（例如生命游戏中的网格）。在很多基于智能体的模型中，并没有空间这一概念。当涉及空间时，绝大多数情况下也是指连续空间，例如一个地理地图或设施平面图。

2）智能体不必是人。任何事物都可以是智能体：汽车、设备、项目、主意、组织，甚至是一次投资。在一个钢厂模型中，每一个机器都被建模为一个活动对象，而它们的交互模拟炼钢过程就是一个基于智能体的模型。

3）绝对被动的对象也可以是智能体。例如可以模拟一个供水管路网络，将管路网段设为智能体，即可研究相关的保养、替换调度、开销和损坏事件等。

4）基于智能体建模中可以有大量智能体，也可以仅有少量智能体。智能体可以都是一种类型的，也可以是不同类型的。

5）有的基于智能体的模型中智能体是不交互的。例如，在健康经济学领域所用到的饮酒、肥胖、慢性病等模型中，个体的动态仅取决于个人特性参数，在部分情况下取决于环境。

系统动力学最常用于长期的、策略性的模型，它假设了较高的抽象层级，代表了人、产品、事件和其他以数量表现的离散事物。系统动力学是研究动态系统的方法，适合于：

1）研究行为已经定义好的封闭系统。

2）研究系统的反馈循环，平衡及巩固（反馈循环是系统动力学的核心）。

3）明确了影响它们的存量和流量。存量是系统状态的积累和特征。它们是系统的记忆和不平衡的来源。模型仅处理聚集问题，存量中的项目是不可区分的。流量是系统状态变化的速率。存量通常用数量表示，例如人群、库存水平、货币或知识；流量通常用每段时间内的数量进行表示，例如每个月的客户数、每年的美元数等。

8.3 常用仿真软件

现实中的一些研究系统日益复杂并且内部关联性越来越强，考虑到真实实验模拟耗资庞大并且需承担失败的风险，因此，计算机仿真技术成为目前研究的重要手段。以下对国内市场上几种系统仿真软件及应用情况进行介绍。

eM-Plant 是以色列 Tecnomatix 公司开发的 eMPower 软件工具，通过 C++ 程序编写实现的关于生产、物流和工程的仿真软件，可以与 CAD、CAPE、ERP、DB 等软件之间实时通信。

Arena 软件由美国 System Modeling 公司开发，软件集成了计算机模拟与可视化技术，具有很好的易用性和兼容性，可以与 VB、Fortran、C/C++ 等语言编写的程序连接运行。

由美国 3i 公司开发的基于图像的集成化仿真软件 SIMAnimation 采用 OOP 编程，使其能够更简单的建立模型，模型的交互特点丰富，并且使用者可以根据自身情况更改系统参数，使得模型可以在一定程度上预测市场波动，从而避免在理想状态下建模而产生的预想不到的结果，实用性更强。

AnyLogic 仿真软件是以系统设计方法论为基础的可视化仿真工具，使用 UML 语言对模型进行仿真，其应用性很强，可以在 Java 平台甚至网页中运行。其应用领域广泛，包括物流、供应链、生产制造业、行人交通、行人疏散、城市规划建筑设计、Petri 网、城市发展及生态环境、经济学、业务流程、服务系统、应急管理、GIS 信息、公共政策等。

此前电动汽车相关研究的仿真模型多是基于 MATLAB 平台搭建，并没有太多地考虑城市动力学以及需求侧用户使用电动汽车出行的随机性和对电能使用的特点。结合电动汽车出行过程中的随机性情况，以及 AnyLogic 在此方面的优点，即它是唯一可以创建真实动态模型的可视化工具，本书模型基于 AnyLogic 平台搭建，选用版本为 AnyLogic 7 Professional 7.3.2，基于真实地理环境信息，并加入城市动力学背景，使对于电动汽车使用行为的研究更贴近真实状况。另外，将电动汽车用户的日常使用行为等特点纳入模拟特性，使得模拟仿真的结果能真实反映需求侧状态，有助于增强相关决策的合理性。

8.4 基于 AnyLogic 平台的仿真建模

AnyLogic 支持系统动力学、离散事件和基于智能体等三大仿真建模方法，并且支持多种方法的联合建模。AnyLogic 软件的优点如下：

（1）开发成本降低和开发时间缩短

AnyLogic 软件基于 Eclipse，适用于 Windows、Mac 和 Linux，通过可视化开发环境显著加快了开发过程，可视化的集成开发环境易于从其他广泛使用的 IDE 转换到 AnyLogic 模型，并且软件包含的对象库提供了快速的整合预见仿真元素的能力。

（2）支持多方法建模

AnyLogic 支持离散和连续仿真的无缝集成，其后台的 Java 语言环境扩展性强，便于整合自定义 Java 代码、外部库和外部数据源，支持开发基于智能体、系统动力学、离散事件、连续和动态系统模型以及多方法建模，便于针对独特问题进行实时调整，比传统仿真软件更为灵活。

（3）可视性良好

AnyLogic 可通过简单的动画功能来开发丰富、可交互的仿真环境，导出模型为 Java 应用程序，允许用户快速地构建可用的仿真模型，AnyLogic 的建模语言是 UML-RT 的扩展，模型的主要方图是活动对象，活动对象有其内部结构和行为，可以任意向下封装其他对象。AnyLogic 的图形界面、工具和库对象允许快速建模各种领域，例如制造和物流、业务流程、人力资源、消费者行为等。

AnyLogic 的部分功能如下：

（1）模型元素

AnyLogic 模型是等级化地组织起来的，工程由包组成，包中含有活动对象、消息、其他类和外部文件。包可以用于更好地组织工程的结构。AnyLogic 支持几种不同的实验类型，以用于不同的仿真任务，一个实验中存储了模型的一组配置参数，实验显示动画，同时允许对模型进行调试。其他的 AnyLogic 实验类型（优化实验，参数变化实验）只用于模型参数起重要作用，并且需要分析这些参数如何影响模型行为的情形，或希望找到模型对应最优参数的情形。

（2）活动对象

活动对象是 AnyLogic 模型的主要构建模块。活动对象可以用于建模现实世界中类型广泛的各种对象，例如，加工工作台、资源、人员、硬件、具体的物体、控制器等。活动对象可以在任意所需的深度层次上封装其他活动对象。被封装的对象是其他活动对象类的实例，并且将被此活动对象类的每个实例封装。

（3）活动对象的数据

使用者可以通过定义参数和变量来定义活动对象的数据，也可以通过编写自己的 Java 代码来定义类成员变量。活动对象可以有参数，也可以定义一个变量。

（4）活动对象的行为

活动对象可以具有内部的行为。在 AnyLogic 中可以定义离散时间行为、连续时间行为，以及混合行为。连续的过程用具有连续变化变量的微分和代数方程来描述；在非常简单的情况下，对象内部的离散行为可以使用定时器来定义，在事件和时间顺序变得更为复杂时可以使用状态图（扩展的状态机）来定义；当离散和连续时间行为之间存在相互依赖关系时，则需要混合模型，可以使用混合状态图来定义混合的行为。

AnyLogic 提供了多元的建模方式，如离散事件建模、系统动力学建模、基于智能体的建模等，通过软件提供的标准库如企业库、行人库等可以实现快速建模，另外针对不同行业 AnyLogic 同时提供了各种专业库，涉及制造业、医疗、交通运输等领域，本书使用了 AnyLogic 企业库，嵌入 Java 模块进行离散 - 连续混合系统建模。

本书采用 AnyLogic 7.3.2 仿真软件版本，通过基于系统动力学和行人库的模型进行建模分析与仿真研究。

8.5 其他仿真建模

高赐威等人为了研究插充模式下电动汽车充电对电网的影响，寻求大规模电动汽车充电接入系统情况下的系统应对策略，利用 SWARM 平台建立了基于多代理系统的电动汽车充电行为仿真软件。将电动汽车及充电设备作为具有适应性的主体，交通网络与电力网络作为主体生存环境，模拟主体与主体、主体与环境之间的交互和相互影响，主体通过学习不断优化自身决策。郭豪杰等人提出了一种以分时电价为基础，综合电网和用户两方利益的电动汽车有序充电策略。张永旺等人应用 MySQL 和 Java 平台建立了一种基于分层架构的大规模电动汽车有序充电仿真平台，该平台根据各种仿真算法的数据需求对电动汽车的分层架构和充放电行为进行建模，描述了大规模、大范围电动汽车充电负荷的时空分布，在仿真的意义上解决了目前电动汽车发展规模较小的问题。

第9章 基于系统动力学的电动汽车充电设施仿真建模

9.1 系统动力学模型

9.1.1 系统动力学概述

系统动力学（System Dynamics，SD）的研究始于 1956 年，其创始人为美国麻省理工学院（MIT）的 J.W.Forrester 教授，是 Forrester 教授在 1958 年为剖析生产及库存管理等企业问题而采取的系统仿真方法，在给出的科学工程背景下，Forrester 教授利用了物理学定律，尤其是电路定律，来描述和研究经济和社会系统的动态变化，最初叫工业动态学。1961 年，Forrester 教授发表的 *Industrial Dynamics*（工业动力学）成为该学科经典著作。随后，系统动力学使用范围日趋扩大，几乎遍及各个领域，逐渐成为比较成熟的新学科。系统动力学不仅是一门分析研究信息反馈系统的学科，也是一门认识和解决系统问题的交叉性综合学科。从系统方法论来说，系统动力学是结构的方法、功能的方法和历史方法的统一。它基于系统论，汲取了控制论、信息论的精华，是一门综合性的交叉学科。

系统动力学最常用于长期的、策略性的模型，它假设了较高的抽象层级，代表人、产品、事件和其他以数量表现的离散事物。

系统动力学是研究动态系统的方法，适用于研究行为已经定义好的封闭系统；研究系统的反馈循环，平衡及巩固；明确影响它们的存量和流量。

在社会、经济与生态系统中，存量和流量是两个基本变量。存量是系统状态的累积和特征，表征系统的状态，为决策和行动提供信息。流量则反映了存量随时间的变化，流入和流出之间的差异随着时间积累而产生存量。例如，制造企业的库存是其仓库产品中的存量；一个企业雇佣的员工数是一个存量。存量通过入流和出流而改变。如企业的库存因生产量增加而增加，因发货量增加而减少；员工人数因雇佣新员工而增加，因辞职、退休和解雇等原因而减少。存量通常用数量表示，如人群、库存水平、货币或知识；流量通常用每段时间内的数量表示，如每个月的客户数等。

9.1.2 Bass 模型简介

Bass 模型是一种非参数条件似然模型，应用 Bass 模型对于产品增长预测一般需要对三个参数进行估计，分别是市场潜力（m）、外部影响系数（p）和内部影响系数（q）。外部影响主要通过广告、促销等媒介实现；内部影响主要通过口碑传播方式实现，为购买者从已购买者处得知产品方便性、可靠性、经济性等。由于 Bass 模型考虑了影响新产品在扩散过程中的内外部两方面因素，因此能较为准确地预测新产品的扩散程度及速度。

不过 Bass 模型存在一定的局限，主要是模型仅考虑初次购买的情况，没有考虑到重复购买的问题，同时也忽略了产品生命周期如产品废弃、重新购买等问题，对扩散过程中的随机性考虑欠妥。虽然存在这些不足，但是该模型在一定程度适合对电动汽车这类具有网络外部性的产品市场渗透问题进行预测。Becker.T 等人就曾利用该模型对电动汽车保有量进行了预测。

Bass 模型可以表示为

$$f(t) = p[1 - F(t)] + qF(t)[1 - F(t)] \tag{9-1}$$

$$N(t) = mF(t) \tag{9-2}$$

$$N(t) = \int_0^t n(t) = mF(t) = m\int_0^t f(t)\mathrm{d}t = \int_0^t mf(t)\mathrm{d}t \tag{9-3}$$

$$n(t) = mf(t) = p[m - N(t)] + q\frac{N(t)}{m}[m - N(t)] \tag{9-4}$$

$$\frac{\mathrm{d}N(t)}{\mathrm{d}t} = p[m - N(t)] + q\frac{N(t)}{m}[m - N(t)] \tag{9-5}$$

$$N(t) = m\left[\frac{1 - \mathrm{e}^{-(p+q)t}}{1 + \dfrac{q}{p}\mathrm{e}^{-(p+q)t}}\right] \tag{9-6}$$

式中，$f(t)$ 为 t 时段新增消费者数量占 t 时段潜在消费者数量的比例；$F(t)$ 为到 t 时段累计电动汽车购买者占到 t 时段总潜在消费者的比例；p 为外部影响系数，表示受外部因素影响而购买电动汽车的消费者数量；q 为内部影响系数，表示受口碑等因素影响而做出购买决策的消费者数量；m 为最大市场潜量；$N(t)$ 为在时间 t 内的累计购买者；$n(t)$ 为 t 时刻购买者数量。

9.2　基于 AnyLogic 行人库的电动汽车仿真环境

关于电动汽车补贴政策的仿真建模，基础是对电动汽车的行为仿真，只有直观清晰地将电动汽车每天的运行状况展示在真实的地理环境中，才能仿真电动汽车后续的一系列围绕政策变化产生的行为变化。在研究处理如何正确模拟电动汽车用户的出行行为和充电行为时，由于电动汽车的行驶和人的日常行走情况相似，因此首先考虑使用 AnyLogic 中的行人库环境来进行研究。

本章将利用 AnyLogic 建立城市区域内电动汽车行为的仿真模型，在这个模型中，采用行人库方法与智能体方法相结合来模拟电动汽车在城市区域范围内的行驶与充电行为等，通过采集车流量等数据对模型进行评估。

AnyLogic 中使用行人库进行电动汽车行为建模时，要实施两个步骤来完成：地理环境建模和智能体行动建模。

地理环境包括作为底层基础的目标区域地理地图，以及地图之上的路网层与障碍层。路网层是指根据实际情况布置的双向行驶道路，建立起路网层汽车就有了行驶的载体；障碍层是指所有按照实际情况电动汽车所不能到达的地方，比如人行道、建筑群、公园、湖泊等，在设置好障碍层之后汽车就能在行驶过程中避开这些地方。

在行人库中的地理环境建模过程分为如下步骤：

第一步，导入底层地理地图，用行人库空间标记中的"墙"工具描绘出建筑群、景点、双车道中心线、障碍物等无法行走的区域边界。

第二步，用行人库空间标记中的"路径"绘制工具标定各条实际道路；用"目标线"设置电动汽车的起始点和终止点；用"吸引子"和"区域服务"代表电动汽车充电站。

第三步，在行人库的模块库里拖入各项模块来定义充电站，并在模块中设定充电服务参数，如服务时间、充电队列选择策略等。

如果不专门设定，所有充电站里的服务和队列都默认在第一层，如果想要显示电动汽车进入充电站后的充电情况，则需要新建一个"不同高度"的第二层，然后用 PedChangeGround 这个模块将两个层面相连接，完成电动汽车在不同层面之间的转换。

此外，环境建模时还须用 PedSettings 模块的"像素／米"指定仿真底图代表的实际电动汽车大小。

行为建模是指以流程图的方式定义电动汽车从生成到终止的所有流程。内容包括：PedSource（生成点）、PedSink（终止点）、Path（走行路径）、PedGoTo（走行最终目标）、PedService（接受充电服务）、PedWait（充电等待逗留）等，用户根据实际情况，用连接器将各个模块按行人流程相连。流程图设计完毕以后，需要将各个行为模块与空间标记模块一一对应，并设定智能体的到达速率、行走速度等参数。电动汽车的行驶是一种人的智能行为，人们在驾驶时都会使用导航或者地图等工具选择行驶的最短路径，因此设置行驶路径时将起点与终点间所经过的道路进行一一设计。在环境建模与行为建模都完成后，就可以运行仿真模型，AnyLogic 中可以设定智能体的颜色，用以区分不同流线的智能体，观察流线交叉情况，也可以拖入 densityMap 用颜色表示每个区域的行人密度。同时，使用行人库建模时，AnyLogic 还可以拖入三维窗口，用三维模式观察立体仿真，使仿真效果更加直观。

9.2.1 行人交通流仿真建模

蔡晓禹等人为了构建符合车辆实际运行的行为模型，明晰现有公交站相关设计规范是否科学合理，提出了基于无人机视频和图像识别技术。用于参数化提取公交车进出站过程中的轨迹、速度、加速度等真实行为特征数据，并对其运动变化规律进行详细分析；闫兆进等人以海量船舶自动识别系统（Automatic Identification System，AIS）数据为研究对象，提出一种船舶轨迹提取模型构建与交通流分析方法；彭凯贝等人为实现铁路客运站客流量预测，以铁路客运站进站闸机数据为研究对象，分析不同时间维度下铁路客运站客流的时间分布特征，采用层次聚类算法和阈值聚类算法综合对客流量进行聚类分析；邓宇菁等人基于通用的社会力模型改进了社会力模型，额外考虑了行人的运动随机性对人群集体运动的影响，该模型可以更真实地模拟人流的实际运动行为，他们基于改进的社会力模型，详细模拟了人群在对向运动过程中形成的自组织现象，特别关注人流对向过程中的行道形成现象，研究人行道的宽度、人群密度等因素对该过程中人群自组织行为的影响。

9.2.2 社会效应仿真建模

肖俊等人探索一套符合我国国情和现状的移动电子商务商业模式，可在一定程度上提高资源的利用率，促使电子商务产业和参与者更紧密地合作，从而为移动电子商务产业商业模式的建立做铺垫，并均衡参与者之间的利益分配；侍书靖等人利用 2018 年中国家庭追踪调查（CFPS）数据，建立 Anderson 卫生服务利用模型，运用 Stata 软件进行统计描述、χ^2 检验、二元 Logistic 逐步回归分析和 Shapley 值分解；尚鹏程等人分析了地下物流系统中货物收发效率、分拣时间和运输速率等因素变化对站点垂直运输的影响，为地下物流系统终端的规划设计提供数据支持。

9.2.3 工厂与运输仿真建模

陈艳红基于 AnyLogic 仿真平台，以北京金安桥站为例建立乘客疏散模型，对该站的应急疏散能力进行评估，为地铁运营管理部门提供参考；丁晓慧通过对建立的生鲜农产品冷链系统的配送中心进行基于 AnyLogic 的仿真分析，对配送中心生鲜农产品周转量、产品到达时间、各区域工作时间、各设备利用率等指标进行设置，提出了合理的运作方案，提高了配送效率，为实际运营管理提供了思路与依据；Nickdoost Navid 建立了一个综合框架，以确定满足地理要求的临时碎片管理场地（Temporary Debris Management Sites，TDMS）的最佳位置，同时最大限度地减少未收集的碎片对社区造成的社会和经济影响；陈雷钰以济南园博园地铁站为研究对象，通过分析行人在不同设备设施处的行为特性，建立行人流模型，运用 AnyLogic 软件搭建仿真实验平台，针对 3 种不同类型的大客流情况进行紧急疏散模拟。

9.3　电动汽车运行仿真设计

在城市道路交通运行过程中，交通网错综复杂，电动汽车的型号与车主的个人偏好也不尽相同，这就形成了复杂的建模状况，在设计过程中需要考虑周全并且采用一定的技巧来完成，具体的仿真实现如下。

9.3.1　路网层、障碍层分析与构建

首先使用演示里的"图像"选项将事先准备好的地理底图导入模型中，再在其上开始搭建后续的图层。

道路环境是电动汽车行驶的基础，真实的道路有单向和双向之分，同一方向的道路也有车道数目的区别，在设计道路的过程中，为了统一定义车辆行驶行为，都设计成双向道路，形成路网层，并且不对同向车道做隔离限定，可能出现车辆并行的状态。

而车辆除了在道路中行驶外，不能出现在地图上其他任何地方，除了路网层，地图上其他位置就都成了障碍层的组成部分。

构建过程如下：

1）如图 9-1 所示，在设计每一条道路时都使用行人库的"路径"标记来规划出双向的两段行驶路径，在左键单击绿色路径时会出现带箭头的方向标识，电动汽车在其上只能按照规定的方向行驶，避免出现混乱的状态。按照此方法对各条道路进行逐一设置，建立起完整的路网层。

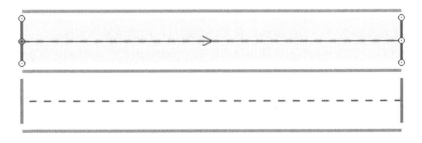

图 9-1　道路设计图

2）使用土黄色的"墙"来规定出道路中间的界限，这样车辆在道路中行驶就不会出现变道而行驶到反向车道的情况。在道路两侧也使用"墙"来使电动汽车不会行驶到人行道或者其他障碍区，从而出现与实际情况不符的情况。

3）最终所有道路都被土黄色的"墙"所包裹形成障碍层，电动汽车就会按照规则在地图上行驶，仿真出高度拟实的效果。

完成效果：建立起的路网层和障碍层的部分效果如图 9-2 所示，道路在地图底层的基础上搭建出来，并且能够成为电动汽车实际行驶的通道。

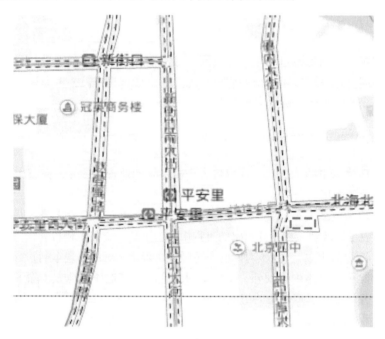

图 9-2 路网层、障碍层实际布置图

9.3.2 行动模块铺设

每一辆电动汽车从进入仿真演示到退出显示都是一系列的开始到结束的行动变化过程，电动汽车在仿真中的生成和终止都需要通过行动模块辅助实现。

建立过程：如图 9-3 所示，使用行人库的"pedSource""pedGoTo""pedSink"三个模块来搭建起完整的某一处的电动汽车从生成到行驶再到终止的行动路线。"ped-Source"能够确定该处产生的电动汽车是出现在某一区域、点或是目标线，并规定电动汽车的到达（生成）速率；"pedGoTo"规定了汽车行驶应该通过的目标路径，以及在道路上所进行的行动；"pedSink"让电动汽车在运行到终点时能够消失在仿真中，从而完成整个生成到终止的过程。

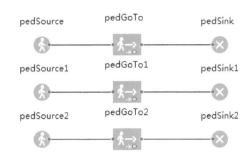

图 9-3　行动模块铺设示意图

完成效果：使用这几个简单的模块就能建立起遍布地图的各个点上的电动汽车生成到终止的行动策略集合，部分建立起的完整行动模块如图 9-4 所示。

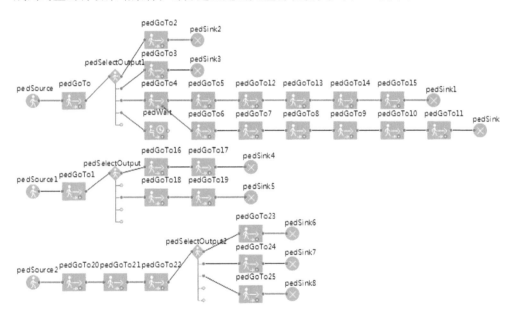

图 9-4　行动模块实际布置图

9.3.3　充电站设计

电动汽车的动力来源是电力，因此其行为除了行驶行为还有充电行为，电动汽车需要充电时会前往充电站，在其内部停留充电，完成充电服务后离开。

建模过程：如图 9-5 所示，使用"区域服务"标记工具在地图上按照实际情况布置好电动汽车

图 9-5　充电站设计使用模块

充电站的位置，然后使用"pedWait"工具来选取事先布置的区域作为电动汽车等待的位置，并设定进入充电站充电的等待时间、充电时间等参数。

完成效果：建立的"pedWait"模块能够调用指定的"区域服务"，并且加入到之前设计好的行动模块中，令电动汽车在运行途中能够驶入充电站充电。

9.3.4 路径规划

在电动汽车从一个起始点驶向终止点的过程中，它会经过许许多多不同的节点，才能最终抵达所要前往的目的地，而在现实情况中，人们会通过 GPS 导航或者是按照已形成的行驶经验来选取最短的行驶路径，因此在行动模块的布置中就需要进行路径规划，也就是考虑到最短路径问题。所谓最短路径问题就是指在带权值的道路地图中，寻找从指定起点到终点的一条具有最小权值总和的路径问题。

布置好的道路层可简化抽象为一个权值为正值的有向图，在有向图的最短路径问题中，Dijkstra 算法是一种较好解决这一问题的方法。Dijkstra 算法基本思路是通过路径长度递增次序产生运算，由初始节点向外延伸，由内到外判断各点与初始节点之间的最短距离，最终形成最短路径集合，在集合中寻找起始点到终止点的最短路径。例如在图 9-6 中，假定以顶点 0 为源点，则它和其余各顶点的最短路径见表 9-1。

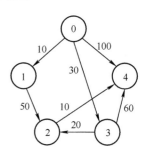

图 9-6 有向图示例

表 9-1 源点和其余点的最短路径

源点	中间点	终点	路径长度
0		1	10
0		3	30
0	3	2	50
0	3, 2	4	60

求解从起始点到终止点的最短路径算法的基本流程图如图 9-7 所示。

1）首先录入节点信息，将相邻节点的距离通过加权的方式整理，初始化各个变量。

2）对初始节点与其他各节点的关系进行梳理，每遍历到一个相邻节点，则标记该相邻节点并将此相邻节点的前置节点设置为初始节点，而不相邻的节点前置节点设置为 −1。

3）考虑二级节点，也就是与起始点相邻节点的相邻未被标记节点，通过判断值得出它到达初始节点应经过的最短路径，也就是各个与起始节点相邻也与它相邻的节点中使它到起始节点的最短距离，找到这个起始节点的相邻节点设置为前置节点并对此节点标记。

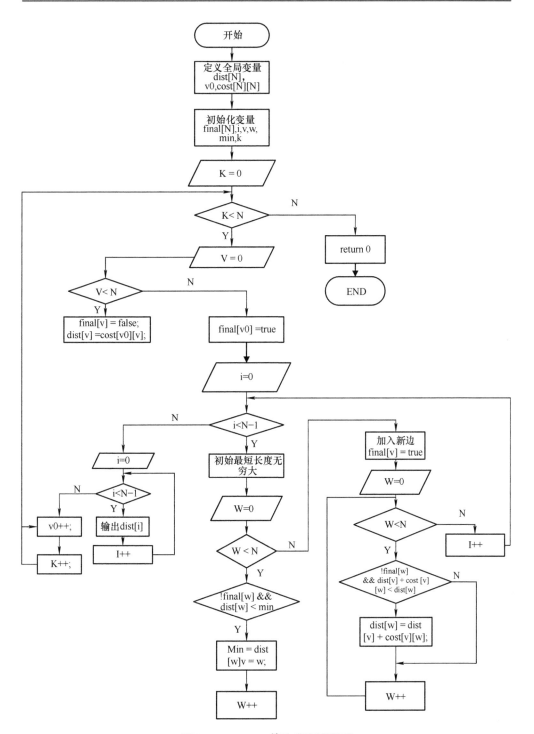

图 9-7　Dijkstra 算法实现流程图

4）考虑三级节点，也就是与二级节点相邻的节点，按照之前步骤循环标记并记录其前置节点。

5）最终遍历到目标终止节点，求出其前置节点，然后退出循环，得到一串节点数字。

按照前述流程，将所研究的电动汽车实际道路进行节点编号与距离加权，然后使用 Python 语言编程实现，对每个起始点和终止点的路径规划问题就得到解决。按照每一次运行程序得到的节点串来设置电动汽车的行动模块，这样电动汽车就会与实际行驶一样选择最短路径前进。

9.3.5 电动汽车设置

电动汽车有许多自有属性，模型中的电动汽车只有通过"pedSource"才能生成，因此只能进行电动汽车的基本设置。

真实的电动汽车存在型号、行程、规格尺寸、颜色等差异，在行人库的仿真实现中，如图 9-8 所示。电动汽车由小圆点代替，每个小圆点代表一辆电动汽车，产生的颜色是随机的，直径表征电动汽车的实际车型大小，对每一个小圆点来设计行驶的初始速度和舒适速度，从而实现对电动汽车行驶在真实道路的速度仿真。

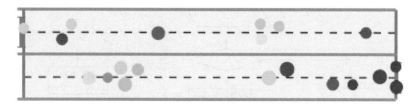

图 9-8　电动汽车演示图

9.4　基于行人库模型的电动汽车运行仿真分析

9.4.1　仿真环境与参数设置

对于电动汽车的运动行为研究，只是用其作为运用 AnyLogic 对电动汽车的行动仿真进行的研究性探索过程，意在为后续的电动汽车补贴政策仿真研究提供技术路径和优化思路。因此，在仿真过程中，以北京市二环作为底图导入软件，然后画线确定路网层、障碍层，再规划布置好充电站，按照顺序用最短路径方法选择好节点间的最短路径并设置行动模块，最后对电动汽车进行自属性定义。由于是仿真测试，因此起始点和生成点只设置了少量的点，没有遍历每一个节点。图 9-9 所示为整体建模工程的缩略图，一共布置了数百条道路，使用"视图区域"工具将大图分成 6 个区域来进行演示。

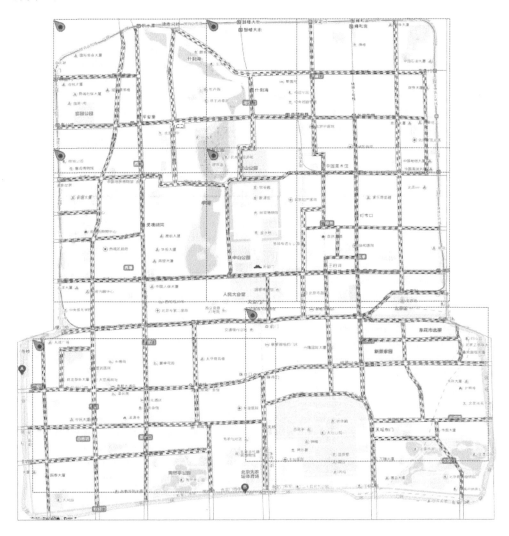

图 9-9　整体建模工程缩略图

　　电动汽车用户的行驶参数，包括初始速度、舒适速度以及汽车的直径大小。通过北京市二环的限速信息，按照地图比例规定其速度值大小，换算为实际速度分别为初始速度服从均匀分布（10,20）km/h，舒适速度服从均匀分布（40,60）km/h，直径大小服从均匀分布（2,2.5）m。通过最短路径程序计算初始点到终止点的最短路程，形成 8×8 大小的路径库来引导电动汽车的行驶行为。电动汽车用户进入二环后，初始电量服从（0.2,1）的均匀分布。

9.4.2 仿真结果分析

对于完整模型的仿真检验，主要采用观测法，通过可视化的电动汽车行动展示，来直观地发现电动汽车的行为状态，从而分析出所使用的建模方法和建模思路需要改进之处。

如图 9-10 所示，将整体图分为 6 个区域，各区域电动汽车行驶状况可以清楚地从图中展示，从仿真动画可以看出，完整模型在运行后的各个视图中，都能够有效地模拟电动汽车的行为状态，在从起始点到终止点的过程中，有充电行为，也遵循最短路径的行为原则，实现了非常接近实际行动状态的效果。

但是，也能从中看出一些不足：

1）在行为上，由于设置最短路径的工作量巨大，因此对起始点与终止点的设置都需要手动完成，这样就形成了起始点和终止点布置过少的情况，电动汽车的运行路线在仿真运行过程中过于简单。

2）在行动过程中，因为使用的是行人库模块，电动汽车的行为会出现行人的一些特性，即出现停滞不前或者逆向行驶的现象。

3）充电站只有直观的观测，且仅有进入充电行动，没有充电信息和关于充电站的其他待观测量的展示。

a) 区域 1 电动汽车行为动画

图 9-10　电动汽车行为模型仿真不同区域显示图

b) 区域 2 电动汽车行为动画

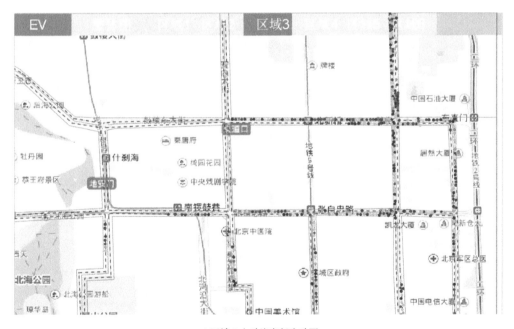

c) 区域 3 电动汽车行为动画

图 9-10　电动汽车行为模型仿真不同区域显示图（续）

d) 区域 4 电动汽车行为动画

e) 区域 5 电动汽车行为动画

图 9-10 电动汽车行为模型仿真不同区域显示图（续）

f）区域 6 电动汽车行为动画

图 9-10　电动汽车行为模型仿真不同区域显示图（续）

9.4.3　优化改进思路

根据以上仿真结果与分析中存在的问题，提出对电动汽车补贴政策仿真模型中的电动汽车行为优化思路：

1）解决路径规划数目众多、布置困难的问题，使最短路径的映射能通过程序自动完成，而非手动布置。

2）对电动汽车增加各项参数，使其更贴近实际并具有具体的数据支撑，而非单纯的行动显示。

3）对于电动汽车充电站能够有单独的智能体载体，能够使其体现电动汽车充电行为的数据化特征，并且在电动汽车充电时有各类信息的展示。

4）居民自身在模型中随补贴政策购买电动汽车的增量行为应加以考虑。

9.5　本章小结

本章首先对 AnyLogic 行人库建模方法进行介绍，然后阐述分步设计电动汽车行为仿真的方法；为了验证仿真方法与思路，进行了仿真运行测试，为后续建立政策分析的电动汽车行为仿真模型提供参考与改进思路。

第10章 基于多智能体的城市公共区域快速充电设施运营仿真建模

10.1 城市公共区域电动汽车运行模式分析

10.1.1 城市公共区域电动汽车种类

依照目前的发展趋势，未来电动汽车全面取代燃油车呈现出加速态势。结合城市电动汽车目标定位，按其用途分为4类：集团车辆（如公务车、商务车等）、社会车辆（如公交车、环卫车等）、微型车辆（如出租车、私家车等）以及特定区域车辆（如景区、公园等）。各类车辆充电需求见表10-1。

表10-1 电动汽车充电需求统计

电动汽车类型	充电需求和电能补给方式
公务车	一次充满电基本满足往返运行里程 夜间停运时更换电池或选择慢速充电
出租车	一次充电难以满足当日运行里程，且用电量变化大 停运时间短，对充电时间要求高 运营时进行选择换电或快速充电，停运时选择慢速充电
私家车	行驶里程符合一定规律 夜间停驶时选择慢速充电，特殊情况选择快速充电
景区用车	车辆使用频繁，一次充电难以满足当日运行要求 停运时选择慢速充电或更换电池
公交车、环卫车、邮政车等	每日行驶路线、里程、时间固定 停运时选择慢速充电或更换电池

不同于其他几类电动汽车，现阶段城市电动私家车大多作为通勤代步工具，每日出行符合一定规律，基本都是上午7点～8点从居民区出发去往工作地点，下午16点～17点下班，返回居民区。作为占电动汽车份额最大的电动私家车，其带来的碳减排效益不容小觑，因此本章确定电动私家车为研究对象，考虑超大中心的城市发展格局，

对城市中工作日早晨上班高峰进城方向交通流量大、晚上下班高峰出城方向交通流量大的潮汐交通现象进行仿真，定义名为 Exit 的智能体，表示城市出口、入口，增强模型真实性。以北京市为例，交换量较大的跨区出行往返地有海淀和朝阳，昌平和海淀，丰台和西城。海淀区成为跨区出行数量最多的、交换最频繁的行政区。图 10-1 为北京市常住居民日常出行时间统计分布图。

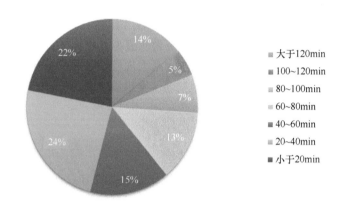

图 10-1　北京市常住居民日常出行时间分布

10.1.2　基于 AnyLogic 软件的智能体仿真模型

基于智能体的建模提供给建模者一种新的观察系统的方式，很多情况下，人们无法知道系统的行为、关键变量及其他附属内容，甚至无法观察过程流，只是了解某些系统对象的个体行为。这种情况下，可以通过建立智能体对象并且定义其行为实现建模，这种方法既可以连接多个智能体，使它们产生互动行为，也可以将智能体放置在具有特定动态性的环境中，对其行为进行观测。此时可以通过大量并发的独立智能体的行为得到系统全局的表现。

本章基于 AnyLogic 软件的智能体库搭建城市电动汽车快速充电站运营系统模型。创建六类智能体：初始点（Enterplace）、充电站（Chargestation）、目的地（Destination）、出口/入口（Exit）、电动汽车（Ev）和指令（Order）；创建三类智能体集合：初始点集合（collectionEnterplace）、充电站集合（collectionChargestation）、目的地集合（collectionDestination），将 Exit 并入初始点集合与目的地集合，存储不同属性的个体；创建出行概率、充电车辆总数、总里程、总节电量等变量，由于智能体通常具有特定的状态，并且其动作和反应都依赖于状态，因此通过状态图对智能体行为进行定义，其中包括特定的、由行为触发的规则的定义，完成对智能体行为定义，统计交互仿真结果。

10.2 基于多智能体的电动汽车快速充电站运营仿真模型

10.2.1 电动汽车快充模式简介

快充模式是指电动汽车电池放电终止或 SOC 低于某一阈值后，利用 150 ~ 400A 电流、20 ~ 600kW 功率的快充设施，对电动汽车进行充电，充电时间在 10min ~ 2h。此模式优点为：充电效率高，充电时间短，可以在短时间内使电池电量达到 80% ~ 90%，与汽油车在传统加油站耗时相仿；缺点为：直流充电设备由于采用大电压、高功率进行充电，设备制造及安装成本较高，并且大规模设备同时充电会对电网造成一定影响，对于电动汽车本身，短时间内车载电池发热量较大，长时间采用此种模式充电对电池使用寿命和性能会造成影响。

10.2.2 快速充电站运营系统仿真框架及各模块功能设计

电动汽车快速充电站运营系统仿真模型流程框架如图 10-2 所示。在 AnyLogic 中智能体的建模也是基于前述理论，但是有其特定的自有建模步骤，需要调用内部的一些工具与模块来实现建模目的。具体步骤如下：

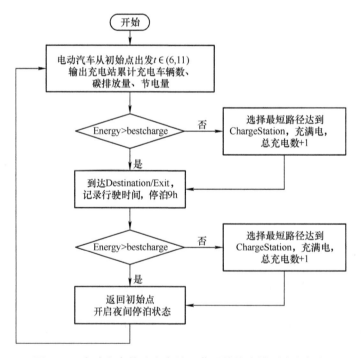

图 10-2　电动汽车快速充电站运营系统仿真模型流程框架

第一步，布置底层地理环境，嵌入"GIS 地图"作为铺设模型框架的底层地理环境。

第二步，创建智能体，将自主性和智能性特点比较明显的实体用智能体来实现。由此本模型根据所研究问题的实际情况确定智能体种类及数量，实体智能体包括：电动汽车（EV）、居民区（Enterplace）、快速充电站（Chargestation）、目的地（Destination，后文均指工作场所），使用"Agent"工具来对其进行构建，确定是二维仿真动画显示还是三维动画显示，并且选择对应智能体的表征图形。

第三步，定义智能体自身属性，通过"参数"和"变量"定义各智能体中个体的自身属性需求，并设置"集合"用于归整智能体中某一类特殊的目标个体。

第四步，定义智能体内部与智能体之间的交互逻辑。通过创建"函数"与"事件"模拟出各种使智能体发生改变的特殊状况；使用"状态"与"变迁"定义智能体状态的变化情况，它们可以是内部的状态改变，也可以是与外部其他智能体之间的交互行为而产生的状态变化。

10.2.3　电动汽车运行系统仿真模型

将用于城市通勤代步工具的私家电动汽车作为研究对象，搭建模型对私家车用户出行规律及使用情况进行模拟。

电动汽车（EV）的运行是模型动态随机性的基础，也是整个模型的最重要环节，本模型采取初始点生成电动汽车的逻辑对汽车数量进行设置，行动图如图 10-3 所示。

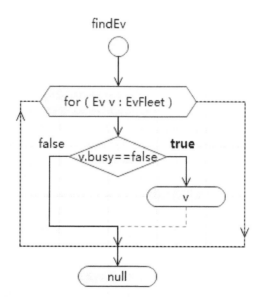

图 10-3　初始点 Enterplace 生成电动汽车智能体行动图

模拟通勤工作日时间安排，9 点之前到达目的地，16 点 ~ 17 点之间驶离，运行逻辑如下：

电动汽车每天 7 点从初始点（Enterplace）出发去往目的地（Destination/Exit）：首先判断电量 Energy（预设 0 ~ 1 之间）是否大于最佳充电阈值。若是，通过最佳路径选择程序，开往最近的直流快速充电站，电能补给至满电后继续出发去往目的地；若否，直接去往目的地。

电动汽车每天 16 点从目的地驶出返回初始点：首先判断电量 Energy 是否大于最佳充电阈值。若是，去往最近的直流快速充电站，充满电后出发去往初始点；若否，直接返回初始点。图 10-4 为 AnyLogic 模型中搭建的电动汽车智能体状态图。

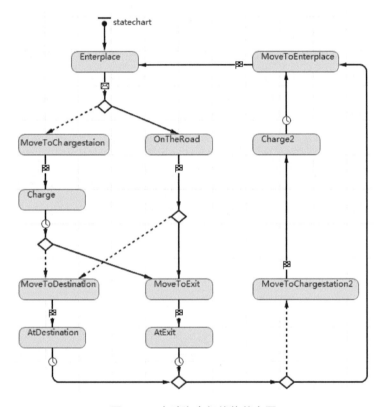

图 10-4　电动汽车智能体状态图

10.2.4　碳减排运行系统仿真模型

目前我国传统火电主要通过煤炭、天然气、石油等化石燃料燃烧发电，排放的气体主要有二氧化碳、二氧化硫和氮氧化物等。实施需求侧管理项目带给社会的效益主要表现在最小社会成本目标下的资源优化配置，具体表现为减少因化石燃料燃烧导致的资源及环境的破坏，其中碳减排测算是需求侧管理社会效益评价最重要的内容。同时节约电力需求会减少发电量，产生节约燃煤、减少温室气体和污染物排放的效益，因此本章分别建立基于需求侧管理的二氧化碳减排模型和节电量模型。

1. 二氧化碳减排模型

由于我国目前的电源结构仍然以火力发电为主，本章考虑碳减排的电动汽车电力来源主要以燃烧煤炭的火力发电作为参考，百千米能耗对比电动汽车和汽油车，将能耗转换成标准煤进行统一度量，分两种情况：情况一，考虑电厂侧碳排放；情况二，仅考虑城市碳排放（电动汽车碳排放不纳入考虑范围）。

二氧化碳减排计算采用如下方法：

$$M_{CO_2} = v_{CO_2} f_a' \qquad (10\text{-}1)$$

$$v_{CO_2} = v_{CO_2-c} \tau_{CO_2} \qquad (10\text{-}2)$$

式中，M_{CO_2} 为二氧化碳减排量（t）；f_a' 为节约标准煤量（t标准煤）；v_{CO_2} 为二氧化碳减排系数；v_{CO_2-c} 为以碳计的二氧化碳减排系数；τ_{CO_2} 为由碳转向二氧化碳的转换系数，取 3.667。

情况一，已知正常路况下，某品牌纯电动汽车百千米电耗为 12kWh，结合 2008 年制定的火电标准煤消耗为 0.349kg/kWh，国标 GB/T 2589—2020 中规定标准煤燃烧热值为 29271kJ/kg，电力当量值为 3600kJ/kWh，得出该电动汽车百千米电耗等效消耗标准煤 4.643kg。已知汽油质量为 0.74kg/L，相同路况下某品牌汽油车油耗为 10L/100km，结合国标 GB/T 2589—2020，每千克汽油折算为标准煤 1.4714kg，得出该汽油车百千米油耗等同于消耗标准煤 10.89kg。由此得出，正常路况下，使用电动汽车替代汽油车，百千米节省等效标准煤 6.247kg。

情况二，同样参照相同品牌电动汽车百千米电耗以及相同品牌汽油车百千米油耗，不考虑电厂侧发电消耗燃煤产生的二氧化碳，得出正常路况下，使用电动汽车替代汽油车，百千米节省等效标准煤 10.89kg。

在电动汽车运行模型中，引入变量 jianpai 和 zonglicheng，通过车辆行驶时间 moveTime 以及设定的车辆行驶速度，通过运行模型，得出每辆电动汽车的实时行驶里程。结合模型整体节约标准煤量及二氧化碳减排计算，得出二氧化碳减排量。

2. 节电量模型

通过节约燃煤、减少温室气体排放，实现用户和电力系统电力需求的减少，从而减少因化石能源燃烧所导致的环境破坏，在最小社会成本目标下实现资源优化配置。本章根据电动汽车运行模型得出的节约标准煤量，通过以下方法测算相应的节约电量：

$$\Delta W_1 = \frac{f_a'(1-\alpha)(1-\beta)}{b} \times 10^6 \qquad (10\text{-}3)$$

$$\Delta W_2 = \frac{\Delta W_1}{(1-\alpha)(1-\beta)} \qquad (10\text{-}4)$$

式中，ΔW_1 为用户可避免电量，即节电量（kWh）；ΔW_2 为电力系统可避免电量（节电量）（kWh）；α 为电网线损率（%）；β 为发电厂厂用电率（%）。

随着施加在电动汽车上的政策强度变化，电动汽车出行概率将发生改变，从而对碳减排、充电站输出电量等产生影响。

本模型概念框架如图 10-5 所示。涉及的主要实体包括：居民区、快速充电站、电动汽车、目的地（工作场所）。这些实体的相互作用如下：

1）通过改变施加在电动汽车运行系统上的激励政策强度，对电动汽车出行概率进行调节，体现出行需求，进而对碳排放、充电站输出电量等产生影响。

2）电动汽车用户从居民区出发，首先，判断是否需要充电，进行条件判断，驶向目的地或充电站，在充电站充满电后，电动汽车继续前往目的地；电动汽车用户从工作场所出发，判断是否需要充

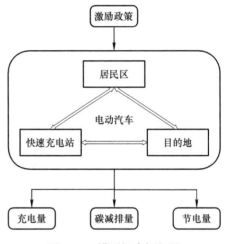

图 10-5　模型概念框架图

电，通过条件判断后，驶向居民区或充电站，在充电站充满电后，电动汽车继续前往居民区。应该指出的是，本模型中电动汽车行驶均采用前一章的最短路径法对其路径进行规划。

3）对电动汽车实时荷电状态、区域 CO_2 排放量及快速充电站累计输出电量等数据进行实时监测，进而统计碳减排量、节电量。

10.3　仿真案例

以北京四环内区域为例，用 AnyLogic 软件智能体库搭建电动汽车及快充设施的仿真运行环境，对电动汽车实时荷电状态、充电站点电动汽车数量、充电站点累计输出电量以及电动汽车累计碳减排量进行监测。

10.3.1　问题描述

电动汽车充电设施各项政府补贴带来的最大弊端是补贴引发的资源浪费，特斯拉和国外现有的充电设施均是先经过需求调研后再建设，而国内出台补贴政策后，大小企业一拥而上分补贴的现象很普遍。"十城千辆"六年的补贴推广，不及限号限购限行一年带来的推广效益，除车辆技术和电池技术成熟进步外，真正的出行需求压迫才是重要推手。2010 年前后国家电网主张纯换电商业模式，2015 年后主张快慢充结合，虽然模式的转变体现了行业发展的日趋成熟化，但规划工作依然不达标，导致建设思路依然按照自己的需求建设，且高昂的服务费以及明显高于居民用电的电价，使电动汽车因节能产生的价格优势荡然无存。并且考虑到行业内各企业实力参差不齐，很多企业借补贴政策生存，因此，补贴政策的制定对产业的内在技术升级驱动力存在很大的影响力。

结合以上问题可知通过建模模拟以及数据结合分析确立补贴机制的重要性。本章通过通勤日常出行模型案例，对用户习惯、交通流量和碳排放等数据进行收集分析，为补贴机制建立储备资源与决策支持。

10.3.2　参数设定

为了验证本章仿真模型的有效性，以北京市四环以内区域为例，依据"桩先生"提供的最新站点数据信息，以及"百度地图"提供的地理位置信息，搭建基于真实地理环境的仿真模型作为研究基础，对所提仿真模型及策略进行验证。

如图 10-6 所示，参照百度地图，在四环路的驶入路口设置了 39 个 GIS 点，驶出路口设置了 40 个 GIS 点，分别代表四环路的入口和出口；在四环内的城区设置了 59 个 GIS 点，代表居民区；通过"桩先生"充电桩数据，设置 56 个 GIS 点，分别代表四环内的 56 个电动汽车直流快速充电站（考虑到本模型采用电动汽车上下班应急充电模式，仅设置直流快速充电站）。通过仿真可以实时展示电动汽车的运行状况。

在实例研究中，对仿真模型的参数设置如下：

电动汽车参照北汽 EV200，百千米耗电量为 12kWh，电池额定容量为 30kWh。参照北京市四环内早晚高峰实际路况，模型中汽车行驶速度设为 25km/h，假设此状态下百千米耗电量为正常路况状态的 1.5 倍，则情况一中，电动汽车相比汽油车百千米节省标准煤为 9.3705kg；情况二中，电动汽车相比汽油车百千米节省等效标准煤 16.335kg。

对电动汽车用户的激励政策强度分五个等级：$P = \{x \mid x \in 0.2, 0.4, 0.6, 0.8, 1\}$。

电动汽车电量设置规则：满电量 $Q_{Ful} = 1$，空电量 $Q_{emp} = 0$，最低电量阈值 $Q_{Low} = 0.2$。对电动汽车数量设置按照初始点生成汽车的策略，共有 98 个初始点，考虑到容量限制问题，仅设置 98×1 和 98×10 两类。将模型运行 7 天，设置每天 8 点输出模型当时全部电动汽车累计碳减排量、全部快速充电站累计充电量以及节电量的数据，进行统计分析。

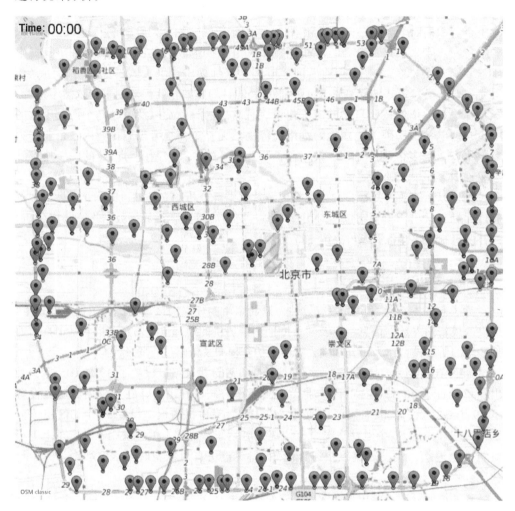

图 10-6　北京四环初始点、终止点及电动汽车充电站设置图

10.3.3　仿真结果分析

　　由于本章模型为初始点生成电动汽车，截取电动汽车数量设置为 98×10 的模型下静止和运行的两种状态。图 10-7 所示为状态一电动汽车运行模型在中午静止时段的动画显示情况，此时段电动汽车均位于工作区域，处于停驶状态。图 10-8 所示为状态二电动汽车返回初始点时段的动画显示。

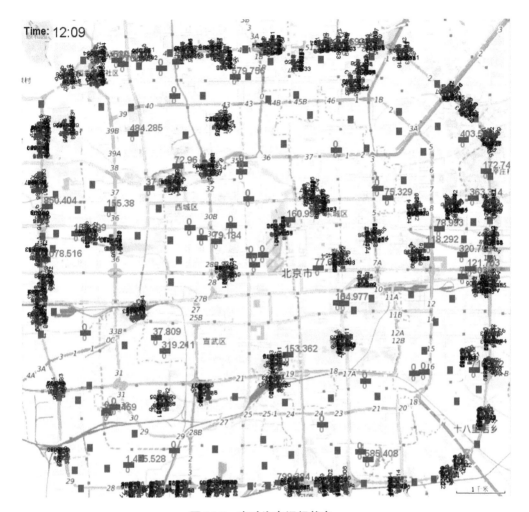

图 10-7　电动汽车运行状态一

仿真动画中，每一辆电动汽车智能体下方数字显示本车累计行驶里程，上方数字显示实时荷电状态 Energy（0 ~ 1），当 Energy>0.2 时，电量数值呈蓝色显示，当 Energy<0.2 时，电量数值呈红色显示，此时电动汽车需要通过最短路径法寻找最近的充电站进行电量补给。每一个快速充电站智能体下方数字显示当前正在本站充电的电动汽车数量，上方数字显示本站当前输出电量折合成的充电收益。

1. 考虑电厂侧碳排放的情景

激励政策强度为 $P = \{x \mid x \in 0.2, 0.4, 0.6, 0.8, 1\}$ 情况下，图 10-9 ~ 图 10-14、表 10-2 ~ 表 10-7 分别为考虑电厂侧碳排放，仿真运行 7 天统计的快速充电站累计充电量，以及经过转化计算的电动汽车碳减排增量、节电增量。

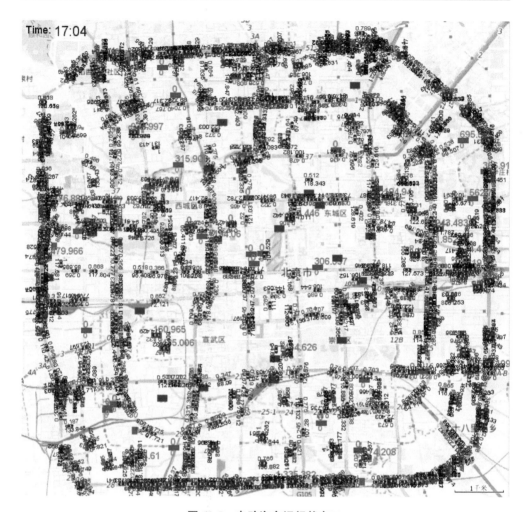

图 10-8　电动汽车运行状态二

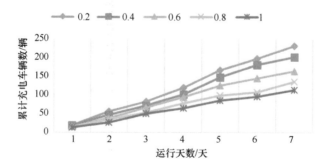

图 10-9　随政策强度变化的充电量统计（98×1）

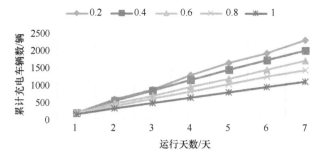

图 10-10　随政策强度变化的充电量统计（98×10）

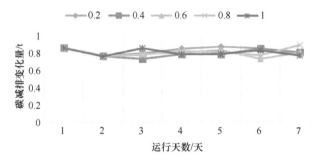

图 10-11　随政策强度变化的碳减排增量（98×1）

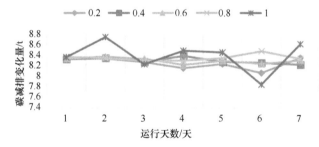

图 10-12　随政策强度变化的碳减排增量（98×10）

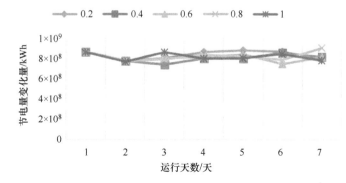

图 10-13　随政策强度变化的节电量增量（98×1）

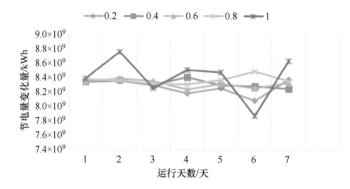

图 10-14　随政策强度变化的节电量增量（ 98×10 ）

表 10-2　随政策强度变化的充电量统计（ 98×1 ）

	天数							政策强度
	1	2	3	4	5	6	7	
累计充电 车辆 / 辆	19	55	81	119	165	196	231	0.2
	19	46	72	101	147	181	201	0.4
	16	38	65	94	125	144	162	0.6
	14	34	53	78	98	107	135	0.8
	13	26	49	64	84	95	113	1

表 10-3　随政策强度变化的充电量统计（ 98×10 ）

	天数							政策强度
	1	2	3	4	5	6	7	
累计充电 车辆 / 辆	166	581	870	1286	1654	1934	2335	0.2
	172	527	837	1141	1451	1734	2020	0.4
	170	448	670	943	1184	1456	1716	0.6
	161	378	589	806	1016	1237	1439	0.8
	141	311	468	624	787	936	1106	1

表 10-4　随政策强度变化的碳减排增量（ 98×1 ）

	天数							政策 强度
	1	2	3	4	5	6	7	
累计碳减 排量 /t	0.8564	0.7674	0.7966	0.8529	0.8752	0.8597	0.7846	0.2
	0.8564	0.7641	0.7333	0.7887	0.7890	0.8510	0.8095	0.4
	0.8564	0.7651	0.7949	0.8034	0.8335	0.7361	0.8083	0.6
	0.8564	0.7678	0.7817	0.8255	0.8108	0.7764	0.8932	0.8
	0.8557	0.7637	0.8575	0.7896	0.7950	0.8345	0.7734	1

表 10-5　随政策强度变化的碳减排增量（98×10）

	天数							政策强度
	1	2	3	4	5	6	7	
碳减排增量 /t	8.3132	8.3242	8.2659	8.1523	8.2265	8.0583	8.3490	0.2
	8.3200	8.3391	8.2720	8.3759	8.2681	8.2519	8.2183	0.4
	8.3258	8.3617	8.3291	8.2060	8.2850	8.2267	8.2997	0.6
	8.3519	8.3331	8.2894	8.2833	8.3375	8.4597	8.3283	0.8
	8.3582	8.7282	8.2268	8.4779	8.4419	7.8470	8.6027	1

表 10-6　随政策强度变化的节电量增量（98×1）

	天数							政策强度
	1	2	3	4	5	6	7	
节电量增量 /kWh	8.6×10^8	7.7×10^8	8.0×10^8	8.6×10^8	8.8×10^8	8.6×10^8	7.9×10^8	0.2
	8.6×10^8	7.7×10^8	7.4×10^8	7.9×10^8	7.9×10^8	8.5×10^8	8.1×10^8	0.4
	8.6×10^8	7.7×10^8	8.0×10^8	8.1×10^8	8.4×10^8	7.4×10^8	8.1×10^8	0.6
	8.6×10^8	7.7×10^8	7.8×10^8	8.3×10^8	8.1×10^8	7.8×10^8	9.0×10^8	0.8
	8.6×10^8	7.7×10^8	8.6×10^8	7.9×10^8	8.0×10^8	8.4×10^8	7.8×10^8	1

表 10-7　随政策强度变化的节电量增量（98×10）

	天数							政策强度
	1	2	3	4	5	6	7	
节电量增量 /kWh	8.3×10^9	8.4×10^9	8.3×10^9	8.2×10^9	8.3×10^9	8.1×10^9	8.4×10^9	0.2
	8.4×10^9	8.4×10^9	8.3×10^9	8.4×10^9	8.3×10^9	8.3×10^9	8.2×10^9	0.4
	8.4×10^9	8.4×10^9	8.4×10^9	8.2×10^9	8.3×10^9	8.3×10^9	8.3×10^9	0.6
	8.4×10^9	8.4×10^9	8.3×10^9	8.3×10^9	8.4×10^9	8.5×10^9	8.4×10^9	0.8
	8.4×10^9	8.8×10^9	8.3×10^9	8.5×10^9	8.5×10^9	7.9×10^9	8.6×10^9	1

2. 仅考虑城市碳排放的情景

图 10-15、图 10-16、表 10-8、表 10-9 分别为仅考虑城市碳排放、激励政策强度为 $P = \{x \mid x \in 0.2, 0.4, 0.6, 0.8, 1\}$ 情况下、仿真运行 7 天统计的快速充电站累计充电量，以及经过转化计算的电动汽车碳减排增量，由于结果与考虑电厂侧碳排放具有相似规律，仅列举 98×10 的数据结果。

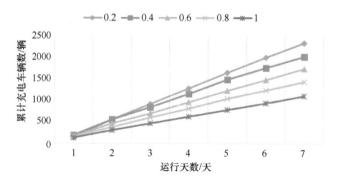

图 10-15　随政策强度变化的充电量统计（98×10）

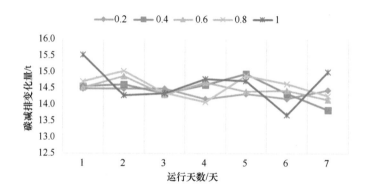

图 10-16　随政策强度变化的碳减排增量（98×10）

表 10-8　随政策强度变化的充电量统计（98×10）

	天数							政策强度
	1	2	3	4	5	6	7	
累计充电车辆/辆	141	568	919	1286	1650	2001	2335	0.2
	200	561	851	1160	1490	1766	2025	0.4
	170	467	698	965	1229	1485	1739	0.6
	171	391	601	811	1042	1247	1446	0.8
	141	311	468	624	787	936	1106	1

表 10-9　随政策强度变化的碳减排增量（98×10）

	天数							政策强度
	1	2	3	4	5	6	7	
累计碳减排量 /t	14.4870	14.4880	14.4868	14.1614	14.3221	14.1785	14.4416	0.2
	14.5513	14.6198	14.3411	14.5969	14.9292	14.3301	13.8375	0.4
	14.5181	14.8650	14.2983	14.6662	14.3901	14.4236	14.1415	0.6
	14.6970	15.0280	14.3549	14.0766	14.8778	14.6245	14.2610	0.8
	15.5146	14.2708	14.3411	14.7788	14.7160	13.6792	14.9964	1

10.3.4　分析与讨论

本章模型考虑电动汽车随机运行的碳减排仿真，不仅对电动汽车碳减排以及节电进行了理论分析和比较，还可直观展示电动汽车行驶和充电行为。采用了考虑电厂侧碳排放和仅考虑城市碳排放两种不同情景对案例进行仿真，并且仿真结果分为电动汽车运行行为动画模拟，以及以激励政策强度变化为驱动的运行数量变化趋势图。

为了对模型进行数学评价，使用前文的评价指标进行分析。二氧化碳减排量 M_{CO_2}、电力系统可避免电量（即节电量）ΔW_2 服从电力需求侧管理各参与方的成本效益分析理论。激励政策强度 $P = \{x \mid x \in 0.2, 0.4, 0.6, 0.8, 1\}$，服从补贴激励政策的强度变化趋势。

对比两种情景下的仿真结果图：

1）从充电量统计图可知，随着施加在夜间的补贴激励政策强度的加大，快速充电站累计充电量逐渐下降趋势，表明供给侧激励政策合理，需求侧用户对激励政策响应积极，更多用户选择进行夜间充电。

2）碳减排量和节电量（电力系统可避免电量）逐渐增大，模型通过基于需求侧管理模式的碳减排量和节电量计算，实现了减排量和节电量实时统计核算，并且增量变化随政策强度增大而加剧，说明政策影响的显著性。

10.4　本章小结

本章针对电动汽车运行及快速充电运营模式展开分析，在考虑了基于需求侧管理的碳减排理论、用户习惯、真实道路框架的基础上，以北京市四环为例建立了基于智能体的电动汽车快充运营仿真模型，可以直观地观察电动汽车在实际道路的行驶过程及充电行为，并得到不同碳减排补贴政策力度下的电动汽车充电需求、碳减排量、节电量的对比曲线，得出以下结论和建议：

1）本章建立的有直观电动汽车行驶行为和充电行为的仿真模型填补了以往增加随机性的电动汽车运行仿真验证研究空白，具有一定的有效性和参考价值。

2）分析不同政策激励强度下快速充电站充电量变化情况可知，政策力度越大，则电动汽车用户选择夜间充电的概率越大，降低了快速充电站的电能需求和电网白天的负荷压力，更有助于电网的削峰填谷。并且随政策力度加大，电动汽车碳减排变化量和节电量变化波动明显，说明政策影响的显著性。因此国家与政府在允许范围内应该继续保持对于电动汽车碳减排的补贴力度，从而满足社会与人类日益增长的能源与环保需求。

3）通过改变政策力度，从仿真动画中可以直观地看到电动汽车的出行概率等行为变化情况，为政策制定者提供关于充电补贴成效的仿真评价。

第3篇
电动汽车有序
充电优化调度

第 11 章　基于 TOPSIS 方法的居民区电动汽车有序充电策略

《中共中央 国务院关于进一步加强城市规划建设管理工作的若干意见》指出，新建住宅要推广街区制，已建成的住宅小区和单位大院要逐步打开，实现内部道路公共化，解决交通路网布局问题，促进土地节约利用。居民小区将成为电动汽车的主要充电场所，此规划有助于充电桩行业逐步产业化，为公共充电桩和私人充电桩开放打下良好的基础，同时使电动汽车有序充电管理更显重要性。本章主要针对配电容量有限的老旧居民区，考虑其无法满足所有充电桩同时工作的问题，从需求侧管理的角度，对采取慢速充电用户的有序充电管理策略进行研究。

11.1　居民区电动汽车出行及充电规律分析

北京市交通委第五次综合交通调查结果显示，2010 ~ 2014 年，市民工作日出行次数减少到 2.75 次，每天平均出门距离 8.1km。调查结果显示，小汽车保有量得到有效控制，出行比例在历次综合调查中首次出现下降，但工作日每辆车平均仍行驶41.5km，高于同等规模城市的小汽车使用强度。我国城市居民日常出行主要表现出通勤通学规模庞大并且时间相对集中、私家车出行份额逐步上升等特点，常住居民全日出行时间统计分布图如图 11-1 所示。

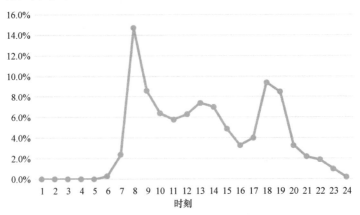

图 11-1　居民全日出行时间分布图

作为通勤代步工具的电动汽车,其出行规律大致符合此特点。目前电动汽车行业内对于需求侧充电管理还处于研究阶段,由于电池容量造成的续驶里程限制,对于大多数用户,为缓解出行里程焦虑,均会选择及时补电。某居民区基础电力负荷具有图 11-2 所示的规律。由图 11-1 和图 11-2 可知用户无序充电可能造成居民区负荷峰上加峰,出现过载现象。即将大量普及的小区充电设施建设将面临诸多困难,诸如配电容量限制,增容成本高昂,充电服务经济收益偏低造成小区物业参与建设的积极性不高等,这些将阻碍电动汽车的推广。从国外电动汽车充电设施发展来看,居家充电已成为使用频率最高的电动汽车充电方式。从日本东京的使用情况来看,使用频率更高的是停车场和居民区充电桩,充电站并不是大多数电动汽车用户的优先选择。从用户使用便利性和资源节约的角度来看,在停车场和路边建立充电桩既可以满足用户的常规充电需求,也可节约土地。从长期来看,常规慢充应该会在我国电动汽车充电领域占主导地位,而结合上一章的结论,在激励政策刺激下的电动汽车慢充普及带来的经济、环境效益,使本章从需求侧考虑的电动汽车慢充设施有序充电管理具有一定的现实意义。

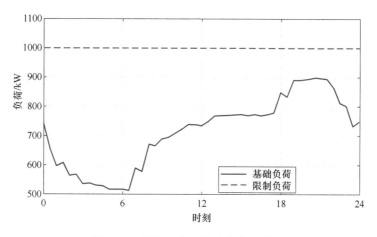

图 11-2　某居民小区基础电力负荷图

对我国市场上电动汽车各项参数进行统计,汇总成表 11-1,模型中居民区内电动汽车电池额定容量将随机采用表 11-1 的电动汽车参数,以此统计各辆电动汽车充电时间、充电功率等。

表 11-1　电动汽车参数

车型	结构	动力类型	最高车速/(km/h)	电池类型	百千米耗电量/kWh	纯电续驶里程/km	电池额定容量/kWh	充电时间
北汽 EV200	紧凑型/两厢	纯电动	125	三元材料	12.4	245	30.4	快 0.5h,慢 8~9h

（续）

车型	结构	动力类型	最高车速/（km/h）	电池类型	百千米耗电量/kWh	纯电续驶里程/km	电池额定容量/kWh	充电时间
比亚迪秦	紧凑型/三厢	插电式混动	185	磷酸铁锂	18.6	70	13	—
江淮 iEV5	中型/三厢	纯电动	120	三元材料	11.65	200	23.3	快 2.5h 慢 8h
奇瑞 eQ	小型/两厢	纯电动	100	三元材料	11.15	200	22.3	慢 8~10h
腾势	中型/三厢	纯电动	150	磷酸铁锂	15.8	300	47.5	快 1h 慢 32h
启辰晨风	紧凑型/两厢	纯电动	144	锰酸锂	14.6	175	24	快 30min（80%） 慢 4h
特斯拉 Model S	中大型/三厢	纯电动	200	—	17	502	85	快 20min（80%） 慢 10h
知豆	微型/两厢	纯电动	80	磷酸铁锂	—	120	10.5	快 20min（80%） 慢 6h
北汽 EV160	小型/两厢	纯电动	125	—	12.8	200	25.6	慢 6~8h
江淮 iEV4	小型/三厢	纯电动	100	磷酸铁锂	11.9	160	19	快 1h（80%） 慢 8h
比亚迪 e6	中型/MPV	纯电动	140	磷酸铁锂	19.5	300	57	快 2h 慢 6h

11.2 居民区慢充设施运营模型

11.2.1 慢充设施运行特点

常规慢充是指对电动汽车采用较小交流电流（15A 左右）进行充电的方式，充电时间为 5~8h，功率为 2~10kW。此模式优点为：充电电流和充电功率较低，因此设备成本较低，可以灵活利用电力低谷时段充电，降低充电成本，可延长电池的使用寿命；缺点主要有：充电时间过长，需要专用的停车充电场地，当遇到紧急情况难以满足出行用电要求。由此总结，慢充模式适用情况如下：

1）车辆行驶里程相对较少，选择夜间充电，一次充满电可满足一天或多天的正常行驶。

2）大型充电站，能为多辆电动汽车提供专用的停车场地进行长时间充电。

3）基于充电电流和功率较小的优点，在居民区、停车场等建立专用停车位进行充电。

11.2.2　模型功能设计

本模型仅考虑居民区内充电桩全为交流慢充的情况，搭建电动汽车慢充设施充电运营模型。假设车桩比例为 1:1，每台电动汽车对应一台充电桩，处在停车位的电动汽车始终与充电桩处于连接状态，不考虑充电桩具体空间位置信息，在保证变压器不过载运行的同时，灵活规划电动汽车充电时段，侧重对不同充电策略下电网负荷、用户充电成本等开展研究。

模型假设电动汽车到达小区停车位即连接充电桩，系统随即记录其接入时间、剩余电量，以及预计离开时间，每 15min 更新一次，对每一时段电动汽车接入情况、等待充电时间、实时电量等参数进行统计。以配电变压器的供电容量限制作为边界，采用 TOPSIS 分析法对电动汽车开始充电时间进行排序，分别从时间和电力负荷两个维度衡量电动汽车充电行为。

以某居民小区为例，在电力负荷功率限制的约束条件下，考虑电动汽车用户等待时间、电池容量、初始荷电状态、充电电价等指标，通过 TOPSIS 法对每辆电动汽车进行充电排序，以优化物业及用户满意度，实现居民小区负荷不过载、充电成本最低，并且极大程度地满足用户个性化的充电需求。

11.2.3　TOPSIS 分析方法

TOPSIS 法是多目标决策分析中的一种典型决策方法，对现有对象进行相对优劣的评价，是一种逼近于理想解的排序法。通过检测评价对象与最优解、最劣解的距离实现排序，最靠近最优解同时最远离最劣解，则评价为最优，最优解各项指标值都达到各评价指标的最优值，否则不是最优；最劣解各项指标值都达到各评价指标的最差值。

TOPSIS 分析具体计算方法如下：

1）设有 m 个目标（本模型中目标即为电动汽车，m 代表电动汽车数量），n 个属性（属性即为考虑的电动汽车充电指标，n 为指标个数），对其中第 i 个目标的第 j 个属性的评估值为 y_{ij}，则初始判断矩阵 Y 为

$$Y = \begin{vmatrix} y_{11} & y_{12} & \cdots & y_{1n} \\ y_{21} & y_{22} & \cdots & y_{2n} \\ \vdots & \vdots & \vdots & \vdots \\ y_{i1} & \cdots & y_{ij} & \\ \vdots & \vdots & \vdots & \vdots \\ y_{m1} & y_{m2} & \cdots & y_{mn} \end{vmatrix} \tag{11-1}$$

2）各个指标量纲可能有差异，归一化处理决策矩阵为

$$Z = \begin{vmatrix} z_{11} & z_{12} & \cdots & z_{1n} \\ z_{21} & z_{22} & \cdots & z_{2n} \\ \vdots & \vdots & \vdots & \vdots \\ z_{i1} & \cdots & z_{ij} & \cdots \\ \vdots & \vdots & \vdots & \vdots \\ z_{m1} & z_{m2} & \cdots & z_{mn} \end{vmatrix} \quad\quad (11\text{-}2)$$

式中

$$z_{ij} = y_{ij} \Big/ \sqrt{\sum_{i=1}^{m} y_{ij}^2} \quad i = 1, 2, \cdots, m; j = 1, 2, \cdots, n \quad\quad (11\text{-}3)$$

3）按照 Delphi 法获取专家群体对属性的信息权重矩阵 w，得出加权判断矩阵为

$$X = Zw = \begin{vmatrix} z_{11} & z_{12} & \cdots & z_{1n} \\ z_{21} & z_{22} & \cdots & z_{2n} \\ \vdots & \vdots & \vdots & \vdots \\ z_{i1} & \cdots & z_{ij} & \cdots \\ \vdots & \vdots & \vdots & \vdots \\ z_{m1} & z_{m2} & \cdots & z_{mn} \end{vmatrix} \begin{vmatrix} w_1 & 0 & \cdots & 0 \\ 0 & w_2 & \cdots & 0 \\ \vdots & \vdots & \vdots & \vdots \\ 0 & \cdots & w_j & \cdots \\ \vdots & \vdots & \vdots & \vdots \\ 0 & 0 & \cdots & w_n \end{vmatrix} = \begin{vmatrix} x_{11} & x_{12} & \cdots & x_{1n} \\ x_{21} & x_{22} & \cdots & x_{2n} \\ \vdots & \vdots & \vdots & \vdots \\ x_{i1} & \cdots & x_{ij} & \cdots \\ \vdots & \vdots & \vdots & \vdots \\ x_{m1} & x_{m2} & \cdots & x_{mn} \end{vmatrix} \quad (11\text{-}4)$$

4）依据加权判断矩阵得出评估目标的正、负理想解为

正理想解：

$$x_j^* = \begin{cases} \max(x_{ij}), j \in J^* \\ \min(x_{ij}), j \in J' \end{cases} \quad j = 1, 2, \cdots, n \quad\quad (11\text{-}5)$$

负理想解：

$$x_j^0 = \begin{cases} \min(x_{ij}), j \in J^* \\ \max(x_{ij}), j \in J' \end{cases} \quad j = 1, 2, \cdots, n \quad\quad (11\text{-}6)$$

式中，J^* 为效益型指标集；J' 为成本型指标集。

5）各方案到正理想解与负理想解的范式距离为

$$d_i^* = \sqrt{\sum_{j=1}^{n} (x_{ij} - x_j^*)^2}, \quad i = 1, 2, \cdots, m \quad\quad (11\text{-}7)$$

$$d_i^0 = \sqrt{\sum_{j=1}^{n} (x_{ij} - x_j^0)^2}, \quad i = 1, 2, \cdots, m \quad\quad (11\text{-}8)$$

6）计算各方案的排序指标C_i^*为

$$C_i^* = d_i^0 / (d_i^0 + d_i^*), \quad i = 1, 2, \cdots, m \quad （11\text{-}9）$$

7）按C_i^*指标由大到小对各方案的优劣次序进行排序。排序结果贴近度C_i^*值越大，越靠近最优目标，最优目标即为C_i^*值最大的方案。

通过居民小区电动汽车等待充电的实际情况，选取适当排序指标，设定指标权重，采用 TOPSIS 法对充电方案排序的规则是把各备选充电方案与最理想充电方案和最不理想充电方案做比较，若所有方案中的某个方案最接近正理想解，同时又最远离负理想解，则该方案为所有备选充电方案中的最优方案，将采用此方案对电动汽车进行充电排序，优化物业及用户的满意度，满足用户个性化的充电需求。

11.3　电动汽车有序慢充管理策略

有序充电是指保证电动汽车用户基本充电需求的前提下，采用有效的技术手段或经济手段，以直接或间接的方式对其充电时间和充电功率进行调整控制，达到削峰填谷、减小电网损耗和负荷波动的目的，保证电动汽车与电网协调发展。影响电动汽车慢充方式充电功率的主要因素包括出发/到达时间、起始荷电状态、行驶距离、充电桩功率、充电场所和充电习惯。

11.3.1　直接控制

直接控制是对电动汽车充电功率以及开始充电时间进行控制。

模型实现：本模型仅对电动汽车开始充电时间进行控制。获取居民区带有规律性的常规负荷数据，计算常规负荷外的剩余配电容量，通过设定慢充桩额定功率，得出当时可供充电的充电桩数量x，用 TOPSIS 法进行排序，筛选出当前容量下排序前x的充电桩，对应到具体车位的电动汽车即可开始电能补给。对比无序充电与有序充电时的居民区充电负荷，得出该充电策略对于防止负荷过载表现出有效性。

11.3.2　间接控制

间接控制主要采取需求侧管理手段，通过峰谷分时电价进行的一种控制充电的方式。电价是能源价格的重要组成部分，在国民经济价格体系和价格品种中综合性较强，具有调节需求，促进电力供需平衡的作用。

由于国情不同，不同国家平均电价水平高低并不一致。对于高电价国家，政府对需求侧管理资助的资金主要来自其高电价包含的税收以及带来的用户节能的价格空间；而对于低电价国家，为扶持需求侧管理项目，政府只能从电价之外获取资助资金，此种模式在发展中国家以及能源资源较为丰富的国家居多，我国也属于低电价国家。但此种模式的缺点是对于用电用户缺乏有效的约束，节电激励效果很低。当社会面临节能减排的环境压力，并且低电价的局面很难改变时，需要政府采取节能专项资金资助的方式将需求侧管理切实开展起来。

模型实现：通过对一天内峰、谷、平三个时段的仿真，结合不同时段居民区内电动汽车充电可用容量、每辆车初始荷电状态，根据每辆汽车电量需求紧急情况，考虑用户充电成本最低以及电网不过载的约束，仿真得出当前时段应该充电的电动汽车数量和充电成本。对比无序充电与基于需求侧管理的分时电价充电成本，进一步得出该策略对于削峰填谷、减少用户充电成本的作用效果。

11.4 仿真案例

以北京市某居民小区为例，设定配电容量限制，考虑充电用户等待时间、电池可充电时间、初始荷电状态三项指标，运用 TOPSIS 排序法对每辆汽车进行充电排序，通过不同充电策略，对仿真结果进行比较分析。

11.4.1 问题描述

居民区电动汽车充电管理如今还处于研究阶段。对于配电容量较小的居民区，无序充电容易造成电压波动剧烈、负荷过载等问题，面对高昂的电力扩容成本，急需开展从需求侧出发的有序充电管理。

11.4.2 实验方案设计

情景一：对不考虑配电容量限制的电动汽车无序充电情景进行仿真，此情景下，电动汽车不参与需求侧管理系统充电调度，回到居民小区即开始充电，并且采取随到随充电的方式，并且不采取分时电价模式。

以下情景从需求侧管理角度出发，分别设置不同充电策略。

情景二：采取直接控制模式对电动汽车进行充电管理，考虑用户等待时间、电池可充电时间、初始荷电状态三项指标，在小区配电容量限制的约束条件下，对等待充电的汽车进行排序，按照既定序列进行充电调度，同样不采取分时电价模式。

情景三：采取间接控制对电动汽车进行充电管理，在直接控制的基础上加入峰谷分时电价，此情景充电模式设置为在基础用电负荷低峰进行电动汽车电量补给。

情景四：间接控制模式第二种充电情景，更多地考虑用户充电成本，设置为仅在电价谷时充电。

11.4.3　参数设定

以北京市某小区为例，设定小区配电容量为 1000kW，按照新能源汽车 10% 的电动汽车渗透率，设该小区电动汽车数量为 60 辆，每辆电动汽车对应一台额定功率为 7kW 的慢速充电桩。汽车充满电所需时间服从表 11-1 中充电时间；汽车离开小区时间在 3∶00～15∶00 随机分布，返回小区时间在 10∶00～23∶00 随机分布，返回小区时荷电状态在 0.2～0.5 随机生成。情景一采取先到先充电，情景二、三和四考虑电动汽车排序的情景，对 TOPSIS 法中三个属性的权重设置为：等待时间权重为 0.6，可充电时间权重为 0.3，初始荷电状态权重为 0.1。模型每 15min 更新一次，记录居民区电动汽车接入及离开情况。

峰谷分时电价是促进科学用电的杠杆，对于实施需求侧管理具有重要的调控作用。2016 年 6 月 15 日起，国网北京市电力公司所属电动汽车公共充电设施执行峰谷分时电价见表 11-2。情景一、二采用 0.558 元 /kWh 基础电价，0.8 元 /kWh 服务费计算，情景三、四采用表 11-2 所示的分时电价。

表 11-2　北京市峰谷分时销售电价表

类型	时段	电价 /（元 /kWh）	服务费 /（元 /kWh）
峰	10∶00～15∶00 18∶00～21∶00	1.0044	0.8
平	7∶00～10∶00 15∶00～18∶00 21∶00～23∶00	0.6950	0.8
谷	23∶00～7∶00	0.3946	0.8

11.4.4　仿真结果分析

情景一：

情景一运行一天的负荷曲线如图 11-3 所示，若电动汽车采取随到随充的无序充电模式，由时间段上可以看出，由充电引起的小区负荷高峰几乎是在基础负荷上进行了叠加，加剧了居民小区的电力负荷压力；由负荷峰谷差可以看出，小区尖峰负荷与低谷负荷相差大于 600kW，相距时间仅为 9h，加剧了电网负荷波动；从充电成本上看，随到随充的充电模式与用户返回居民区时间完全相关，充电行为分布在一天中的 20h 内，并且在用户几乎不出行的电力低谷时间几乎没有充电负荷，因此充电集中在电价峰时和平时，成本最高。

情景二：

情景二运行一天的负荷曲线如图 11-4 所示，考虑配电容量限制并根据指标权重设置排序，可以看出负荷仍然分布在 20h 大范围内，并且集中在峰时和平时，但是负荷峰谷差下降到 500kW 左右，并且叠加在基础负荷上的充电负荷额度相对减少，可以看出 TOPSIS 排序算法具有合理性。

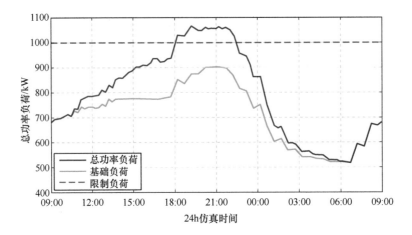

图 11-3　无序充电情景下居民区功率负荷曲线

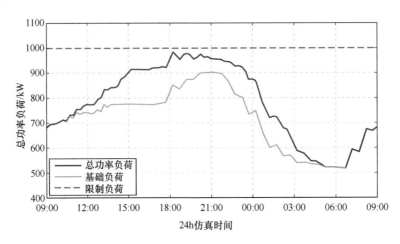

图 11-4　直接控制情景下居民区功率负荷曲线

情景三：

情景三运行一天的负荷曲线如图 11-5 所示，由基础负荷曲线得出负荷低峰主要集中在一天夜间和早晨的平时和谷时，相较前两种情景，采用峰谷分时电价使充电成本大幅下降，此情景对应的充电策略实现了负荷的削峰填谷，全天负荷峰谷差缩小到 400kW 以内，对于平稳系统峰荷有显著的作用。

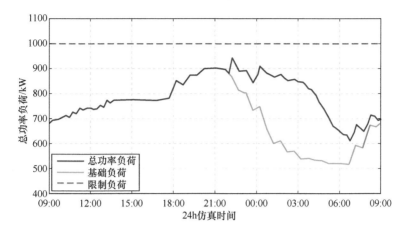

图 11-5　基础负荷低峰大规模充电情景下居民区功率负荷曲线

情景四：

情景四运行一天的负荷曲线如图 11-6 所示，此情景对应的充电策略为仅在电价谷时大规模充电，相较情景三，通过采取逐步递增的方式调节开始充电时刻参与充电的电动汽车数量，可以看出此情景下明显减小了 0 点电价谷时开始时段电力负荷的波动，进一步平稳了电力负荷，并且充电成本再次降低。

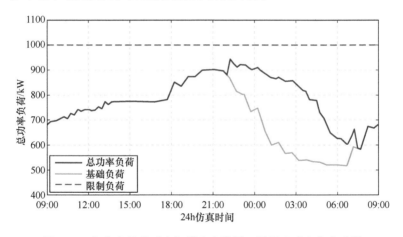

图 11-6　仅在电价谷时大规模充电情景下居民区功率负荷曲线

通过统计连续仿真 30 天的数据，见表 11-3，并对间接控制下有无 TOPSIS 排序算法运行结果进行比较，可以看出，采用 TOPSIS 排序的各项仿真结果相较自然充电的先到先充模式均有一定的先进性；情景三平均等待时间相对较短，负荷峰谷差值最小；情景四充电成本最少，负荷功率方差最小，表明负荷波动最小。由此得出，间接控制对应的夜间充电对用户有一定的吸引力，再加上响应第 10 章的激励政策，更多用户将会选择在夜间进行电动汽车电量补给。

表 11-3　不同情景对比统计结果

充电策略		充电成本 / 元	最长等待时间 /h	平均等待时间 /h	负荷平均功率 /kW	负荷功率方差	负荷功率差值 /kW
情景一	无序充电无上限	28616.2305	0	0	784.74	18523317.31	653
情景二	直接控制	29002.365	3.75	0.69	787.15	18447155.46	510
情景三	TOPSIS 排队	26688.18495	12.75	5.53	783.79	17848895.56	386
	先到先充	26923.2379	13	5.55	784.45	17876943.45	393
情景四	TOPSIS 排队	26021.6117	14.75	5.71	782.13	17815219.73	400
	先到先充	26566.3438	14.75	5.74	783.61	17873223.94	386

11.5　本章小结

本章建立了居民区电动汽车慢充模型，对 TOPSIS 排序法进行研究，基于真实情况确定指标及权重，分常规电价和峰谷分时电价两种核算方式，探讨了三种有序充电策略，通过对不同策略仿真结果进行对比分析，验证模型的有效性，得出最优充电策略。

第 12 章 基于阶梯惩罚策略的商业区电动汽车有序充电策略

电动汽车（Electric Vehicle，EV）因其低运营成本和绿色环保而越来越受欢迎，使用量的预期增长，对 EV 发展既带来了机遇，也带来了新的挑战。商业区停车场由于交通流量大，配备充电设施的 EV 停车位往往被普通汽车占用。如何利用需求响应机制，引导用户规范停车，降低空间资源的制约，是运营管理中的一个关键问题。有文献针对该问题首次提出惩罚策略规范用户停车行为，但并未构建与之相对应的停车概率模型及惩罚模型，有鉴于此，本章提出了商业区场景下 EV 有序充电的经济惩罚模型，包括定额惩罚模型和动态惩罚模型。首先，根据用户出行规律构建商业区停车场交通流分布模型；其次，结合影响用户停车意愿的价格因素，建立考虑停车费和 EV 充电车位利用率的惩罚模型；最后以某商业区停车场为例，通过粒子群优化（Particle Swarm Optimization，PSO）算法对充电车位利用率进行优化。仿真结果表明，该方法有助于提高商业区停车场 EV 充电车位利用率，发挥引导 EV 有序停车充电的作用。

12.1 研究现状

12.1.1 基于价格信号的需求响应研究

基于价格信号的需求响应研究主要是指通过改变电价来激励用户做出反应，例如采用实时电价、分时电价、尖峰电价等进行电力供应，EV 用户根据自身需求选择合适的时段，在充电低电价的时段进行充电，在放电补贴高的时段进行集中放电。李华珍等人考虑到 EV 具有"源 - 荷"二重性，建立了基于分时电价的优化调度模型，以满足家用设备的用电需求，采用改进的 PSO 算法进行优化，分析了不同调度方案在分时电价下对用电需求的影响。侯建朝等人综合考虑了需求响应、EV 以及可再生能源等因素，构建优化调度模型，通过制定分时电价改变 EV 用户用电习惯，从而得到精确的用户负荷曲线。考虑到用户用电需求及收益，Cheng 等人针对居民区典型场景，提出了一种基于分时电价机制的 EV 有序充放电策略。结合现有场景内的常规负荷模型，构建新的符合用户需求及其收益的模型，采用 Muhlenbein 突变遗传算法求解 EV 群体的最优充放电时间。仿真结果表明，该方法能有效防止变压器过载，与 EV 无序充电对比后发现，所提策略可以同时降低负荷峰谷差及用户平均充电成本。阎怀东等人基于价格机制构建多场景 EV 有序充放电优化调度模型，以 EV 充电站运行成本最低为目标函数，考虑运行风险约束，研究结果表明，所提策略能够有效降低峰谷差及运行成本。为了满足对电网控制指令的需求响应，EV 通常采用虚拟电厂进行管理，如何管理 EV 以获得最佳响应成为一个关键问题，基于此，张卫国等人提出一种面向虚拟电厂并考虑 EV 充电需求的负荷均衡管理策略，通过所提出的分层电力调度策略实现虚拟电厂负荷均衡管理。程江洲等人以某小区为典型案例，在分时电价的基础上，综合考虑用户充电需求及用户充电成本，提出了以住宅小区为典型场景的 EV 有序充放电策略，通过对现有基础负荷数学模型的改进和优化，构建了基于用户需求响应的利益模型。研究结果表明，提出的 EV 有序充放电策略可以显著降低用户充电成本，同时达到削峰填谷的效果。董海鹰等人提出了一种在峰谷分时电价的引导下基于双重电价的 EV 充放电两阶段优化调度策略，有效减小负荷的峰谷差，降低充电成本。侯慧等人提出了结合价格型与激励型需求响应的联合需求响应措施，以实现 EV 最优充放电调度，研究结果表明所提策略能在长时间宏观尺度上有效提高 EV 聚合商净收益，同时减小负荷波动及降低 EV 调度成本。

12.1.2 基于激励机制的需求响应研究

基于激励机制的需求响应主要研究随时间变化的相关政策，激励用户在系统不稳定时进行充放电，满足系统安全运行要求，主要包括直接负荷控制和可中断负荷调控等。直接负荷控制是电力市场中解决需求响应的关键方法，可中断负荷是指用户负荷中心在用电高峰或出现紧急情况下为保证电网稳定运行可以临时中断的负荷。Kumar 等人基于激励性需求响应，提出了一种调度驱动算法，用于确定 EV 的可充电性。研究并比较了具有不同优先级标准的 EV 中断比例，以及在中断 EV 之前确定 EV 可充电的必要性。Nezamoddini 等人提出 EV 参与基于时间和基于激励的需求响应有助于提高电网稳定性并降低电网存在的潜在风险，同时对 EV 用户的充放电行为进行智能调度有利于提高不稳定能源的高渗透率。Ji 等人在弹性定价和日前合同的基础上，同时构建了基于价格的需求响应模型和基于激励的需求响应模型，采用序列运算进行求解，结果表明所提策略能够降低机组运行成本，同时有利于 EV 参与 V2G。陈维荣等人提出可以实施不需要高度控制的激励计划来影响 EV 的充电需求。建立了日前能量资源调度的随机优化模型，仿真结果表明，该策略除了能提高能源聚合业务的盈利能力外，还有利于提高 EV 用户的满意度。董飞飞等人考虑到微网涉及多能互补问题，根据如何最优化经济成本，引入了基于激励的需求响应，建立优化配置模型，通过线性规划方法优化负荷曲线，结果表明该模型有助于提高风、光发电的消纳能力。魏震波等人考虑到可削减负荷，引入基于激励的需求响应，建立综合能源系统模型，结果表明系统建模削减了峰谷差。曾鸣等人考虑到可再生能源功率输出的波动性和不确定性，从运营商角度出发以系统运行成本最小为目标，建立 EV 参与的随机优化模型，结果表明基于激励的需求响应机制能够有效降低系统运行成本，提高经济性。

12.2　基于经济惩罚的商业区有序充电管理场景介绍

随着 EV 的大规模部署，充电需求的不平衡分布和随机充电行为导致充电空间拥堵。这会延长充电等待时间并增加充电费用，从而降低 EV 驾驶人的体验质量。如图 12-1 所示，商业区车流量大、人员集中，停车场经常出现 EV 充电车位被普通汽车占用的现象，导致充电车位利用率低，部分 EV 无法进行停车充电，空间资源受到严重制约。为解决上述问题，本章利用需求响应机制，提出了一种基于经济惩罚的有序充电管理措施，通过价格信号刺激用户自主响应，降低普通汽车用户进入商业区停车场后随意占用充电车位停车的概率，规范 EV 用户进行有序充电，充电完成后移出车位，从而提高 EV 充电车位的利用率，该策略可以为今后可再生能源注入、实现多能互补奠定基础。

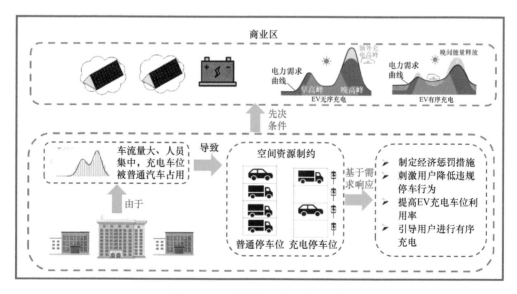

图 12-1　商业区有序充电管理场景

12.3　商业区停车场车流分布模型

12.3.1　商业区交通流模型

　　根据美国交通部居民出行调查（National Household Travel Survey，NHTS）的数据显示，人们的出行概率密度近似服从正态分布。结合高德地图中北京某商业区的实时客流数据，当单位时间为1h时，商业区的客流量呈现出两个正态分布叠加的规律，随时间的推移呈现出不同的峰值。两个峰值时间分别出现在中午12：00和傍晚18：30，后者的峰值概率密度大于前者，这意味着18：30左右到达商业区的人数是一天中最多的。综上所述，将商业区停车场交通流分时段表示为服从正态分布的概率分布模型，如式（12-1）~式（12-3）所示。

$$f_1(x; \mu_1, \sigma_1) = \frac{1}{\sigma_1 \sqrt{2\pi}} \exp\left(-\frac{(x-\mu_1)^2}{2\sigma_1^2}\right) \tag{12-1}$$

$$f_2(x; \mu_1, \sigma_2) = \frac{1}{\sigma_2 \sqrt{2\pi}} \exp\left(-\frac{(x-\mu_2)^2}{2\sigma_2^2}\right) \tag{12-2}$$

$$\begin{cases} f_M(x) = 0.4 f_1(x; \mu_1, \sigma_1) + 0.6 f_2(x; \mu_2, \sigma_2) \\ \text{s.t.} \quad 0 < x \leqslant 24 \end{cases} \tag{12-3}$$

　　图12-2所示为高德地图中北京某商业区的客流数据和商业区交通流近似服从的概率密度曲线。

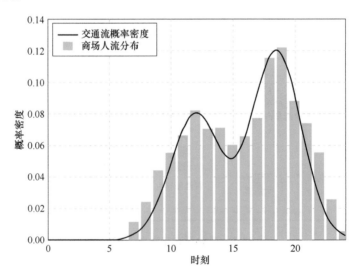

图12-2　商业区客流量及近似交通流概率密度曲线

其中，$f_1(x;\mu_1,\sigma_1)$ 为商业区下午 3：00 之前的概率分布曲线，该时间段内车流分布的高峰出现在中午 12：00，即均值 $\mu_1=12$，可以看出该时段内的交通流曲线相对平稳，σ_1 可设置为 2；$f_2(x;\mu_2,\sigma_2)$ 为下午 3：00 之后车流量服从的概率分布曲线，峰值出现在傍晚 18：30 左右，因此均值 $\mu_2=18.5$，此时由于赶上下班高峰期，车流分布曲线较陡，明显高于上午时段，σ_2 取 1；$f_M(x)$ 用来表示商业区一天的车流分布，可以近似为两个正态分布的加权。根据商业区用户停留时间的实际调查数据可知，停留时间近似服从均匀分布。

以 NHTS 对美国家用车辆的调查数据为基础，分析了商业区场景下 EV 用户的到达里程和离开里程分布。首先对 EV 到达商业区行驶里程分布规律进行拟合，得到 EV 到达商业区行驶里程概率密度曲线如图 12-3 所示。

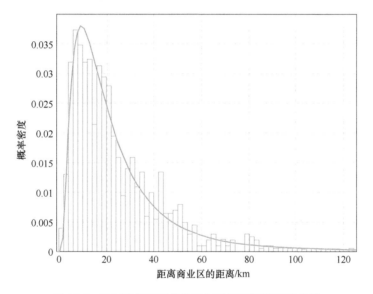

图 12-3　EV 用户到达商业区行驶里程概率密度曲线

由图 12-3 可知，各 EV 到达商业区所需行驶里程 l_1 近似服从对数正态分布，其概率密度函数可表示为

$$F_{l_1}(x)=\frac{1}{x\sigma_1\sqrt{2\pi}}\exp\left[-\frac{(\ln x-\mu_1)^2}{2\sigma_1^2}\right] \tag{12-4}$$

式（12-4）中，将其均值 μ_1 及标准差 σ_1 分别设置为 2.86、0.83，可以得到 EV 用户到达商业区的行驶里程期望为 24.58km。

通过 Python 编程对 EV 离开商业区行驶里程分布规律进行拟合，可得到 EV 离开商业区行驶里程概率密度曲线如图 12-4 所示。

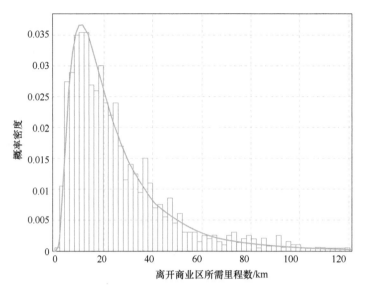

图 12-4   EV 用户离开商业区的里程概率密度曲线

由图 12-4 可知，各 EV 离开商业区所需行驶里程 l_2 近似服从对数正态分布，其概率密度函数可表示为

$$F_{l_2}(x) = \frac{1}{x\sigma_2\sqrt{2\pi}} \exp\left[-\frac{(\ln x - \mu_2)^2}{2\sigma_2{}^2}\right] \tag{12-5}$$

式（12-5）中，将其均值 μ_2 及标准差 σ_2 分别设置为 2.94、0.81，可以得到 EV 用户离开商业区的行驶里程期望为 26.23km。

12.3.2   用户停车概率模型

与其他基础设施不同，商业区停车场的收费价格弹性很大，不同停车场的停车价格差异也很大。为了确定 EV 在停车场随机停放的概率以及 EV 在充电完成后移出停车位的概率，我们利用车主受到惩罚的成本对其进行表示。因此，在有停车惩罚的停车场中，我们将普通汽车车主和 EV 车主在两个停车位停车的概率分别定义为

$$P_{o2EV} = \frac{\dfrac{c_{o2o}}{c_{o2o}+c_{o2EV}} \cdot \dfrac{N_{EV}}{N_{EV}+N_o}}{\dfrac{c_{o2o}}{c_{o2o}+c_{o2EV}} \cdot \dfrac{N_{EV}}{N_{EV}+N_o} + \dfrac{c_{o2EV}}{c_{o2o}+c_{o2EV}} \cdot \dfrac{N_o}{N_{EV}+N_o}} \tag{12-6}$$

$$P_{o2o} = \frac{\dfrac{c_{o2EV}}{c_{o2o}+c_{o2EV}} \cdot \dfrac{N_o}{N_{EV}+N_o}}{\dfrac{c_{o2o}}{c_{o2o}+c_{o2EV}} \cdot \dfrac{N_{EV}}{N_{EV}+N_o} + \dfrac{c_{o2EV}}{c_{o2o}+c_{o2EV}} \cdot \dfrac{N_o}{N_{EV}+N_o}} \tag{12-7}$$

$$P_{EV2o} = \dfrac{\dfrac{c_{EV2EV}}{c_{EV2o}+c_{EV2EV}} \cdot \dfrac{N_o}{N_{EV}+N_o}}{\dfrac{c_{EV2o}}{c_{EV2o}+c_{EV2EV}} \cdot \dfrac{N_{EV}}{N_{EV}+N_o} + \dfrac{c_{EV2EV}}{c_{EV2o}+c_{EV2EV}} \cdot \dfrac{N_o}{N_{EV}+N_o}} \qquad (12\text{-}8)$$

$$P_{EV2EV} = \dfrac{\dfrac{c_{EV2o}}{c_{EV2o}+c_{EV2EV}} \cdot \dfrac{N_{EV}}{N_{EV}+N_o}}{\dfrac{c_{EV2o}}{c_{EV2o}+c_{EV2EV}} \cdot \dfrac{N_{EV}}{N_{EV}+N_o} + \dfrac{c_{EV2EV}}{c_{EV2o}+c_{EV2EV}} \cdot \dfrac{N_o}{N_{EV}+N_o}} \qquad (12\text{-}9)$$

式（12-6）~ 式（12-9）中，P_{o2EV} 为将普通汽车停放在充电车位的概率；P_{o2o} 为将普通汽车停放在普通车位的概率；P_{EV2o} 为将 EV 停放在普通车位的概率；P_{EV2EV} 为将 EV 停放在充电车位的概率。c_{o2o} 为普通汽车停放在普通车位的停车成本；c_{o2EV} 为普通汽车停放在充电车位的停车成本；c_{EV2o} 为 EV 停放在普通车位的停车成本；c_{EV2EV} 为 EV 停放在充电车位的停车成本。N_o 为商业区停车场的普通车位数量；N_{EV} 为商业区停车场的充电车位数量。商业区停车场只收取停车费成本，不包含 EV 充电费用。因此，停车费成本可表示为

$$c_* = \int_{T_{arrival}}^{T_{leave}} p^*(t)\mathrm{d}t \qquad (12\text{-}10)$$

式中，c_* 为不同停车模式下的总停车费成本；$p^*(t)$ 为单位时间停车费；$T_{arrival}$ 为车辆到达时间；T_{leave} 为车辆离开时间。因为 EV 在商业区停留时间服从 $U(60,150)$ 的均匀分布，综上，我们将 EV 充电完成后移出该停车位的概率定义为

$$P_m = \dfrac{c_p - c_u}{c_p - c_u + c_m} \qquad (12\text{-}11)$$

式中，P_m 为 EV 挪车概率；c_m 为将汽车从充电位移至其他停车位的成本。值得注意的是移出汽车的成本 c_m，往往因人而异，为了方便起见，我们将其定义为代表大多数人的常数。c_p 为惩罚模式下用户如果发生违规停车需要交纳的停车费用；c_u 为停车场无惩罚模式下用户交纳的停车费用。

综上所述，用户挪车后产生的停车费成本可计算为

$$c = \int_{T_{present}}^{T_{leave}} p^*(t)\mathrm{d}t \qquad (12\text{-}12)$$

不同的是，$T_{present}$ 为当前决定挪车的时刻。

12.4 商业区停车惩罚模型

12.4.1 商业区用户停车意愿

基于消费者心理学原理，对大量 EV 车主能够接受的惩罚价格进行社会调查发现，消费者对惩罚做出的反应会在自身可接受惩罚的一定范围内，该范围一般为停车费的 3～5 倍。当惩罚强度在可接受范围内时，用户会根据自己的偏好选择接受或拒绝。当惩罚过高时，EV 用户由于担心高额罚款而不太愿意在充电车位停车场停车。综上所述，EV 用户综合考虑自身因素后是否选择进入该停车场停车的概率可以被定义为

$$P_{wp} = \exp((-F(t)+12t)/60) \tag{12-13}$$

式中，$F(t)$ 为用户在接受惩罚时应支付的停车费；P_{wp} 为用户综合考虑自身停车时间及可能面临的惩罚金额后决定是否进入停车场的概率。

惩罚金额设置越低，对用户的约束力就越小，此时几乎接近无惩罚状态。所有汽车用户将选择进入停车场并随意停车，导致 EV 无可获得性充电车位进行充电，从而降低充电停车位的利用率。然而，如果罚款过高，EV 车主担心充电结束后不移动车辆会导致过高的惩罚费用，这将导致车主不愿意选择在此停车场内充电。为了优化用户可以接受的惩罚因子，并在用户可以接受的惩罚范围内找到 EV 充电车位利用率最高的惩罚策略，本章使用启发式优化算法粒子群优化（PSO）进行寻优，这是由 Eberhart 和 Kennedy 在 1995 年开发的一种基于种群的随机优化算法。

12.4.2 电动汽车分时段惩罚模型

商业区停车场可根据充电车位利用率情况合理收取停车费，停车费分为违规停车惩罚费用和停车费用两部分。当 EV 进入停车场时，它将进行充电和停车两种行为，如果用户在停车过程中有序停车充电，并未发生违规停车现象，则所交费用仅包含充电费用和停车费用，其中充电费用由电力公司统一收取。当普通汽车进入停车场时，只需要交纳违规停车惩罚费用及停车费用。

在建立停车惩罚模型时，参考图 12-5 所示的 4 种停车收费模式，即无惩罚模型、定额惩罚模型、动态线性惩罚模型和动态非线性惩罚模型。通常认为随着违法驾驶数量的增加，驾驶人将面临更多的罚款。这种阶梯式惩罚模型分为两种类型：阶梯式递增定价模型和阶梯式递减定价模型，对发生违法行为的处罚力度越大，对驾驶人的约束力越强，此时违法的可能也相应降低。受相关文献的启发，本章提出了一种新的基于违规停车时间的停车收费惩罚模式。惩罚模型的目标是提高 EV 充电车位的利用率，这一目标是通过设定随时间增加的罚款来实现的，以增加 EV 用户的违规停车成本，

从而减少违规停车行为。罚款金额的高低决定了用户是否会违规停车，但过高的罚款金额将降低停车场中所有停车位的利用率。以此为基础，提出了 4 种不同的停车收费模式，以考虑大多数用户对罚款的容忍度和接受度。定额惩罚是基于每小时固定的金额进行罚款，最大的强制措施是不给用户缓冲提醒时间。一旦发生违规停车行为，他们将从一开始就面临很高的罚款。动态惩罚的停车费金额随着违规停车时间的延长而逐渐增加。当违规停车在规定的时间段内时，停车费缓慢增加，并给用户一个缓冲提醒时间，当违规停车时间超过规定的缓冲提醒时间时，将以最大力度进行惩罚。

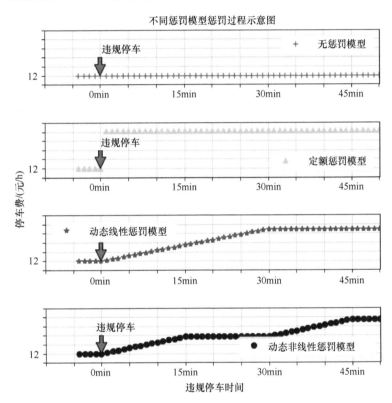

图 12-5　不同惩罚模型惩罚过程示意图

（1）无惩罚模型

为建立一个实验对比组，采用原始的充电策略作为无惩罚模型。亦即，如果一辆普通汽车停在 EV 充电车位上，或者一辆 EV 停在充电车位上而不充电，用户的随意停车行为不会受到违规惩罚。此时的停车费用不包含惩罚费用，因此可将无惩罚模型定义为

$$F_{np} = 12t \quad (t \geq 0) \tag{12-14}$$

式中，t 为违规停车时间；12 为每小时支付的停车费。

（2）定额惩罚模型

在定额惩罚模式下，停放在充电车位的普通汽车和未充电而占用充电车位的 EV 将受到固定金额的罚款，即停车费将是正常停车费的数倍。定额惩罚模型停车费的数学表达式为

$$F_{sp} = (Q_s t + 12t) \quad (t \geqslant 0) \tag{12-15}$$

式中，t 为违规停车时间；Q_s 为定额惩罚系数。

（3）动态线性惩罚模型

在动态惩罚模式下，非充电条件下占用充电车位的车辆将受到逐步递增状态的惩罚。动态线性惩罚，顾名思义，惩罚费用随着时间的递增动态增加，增加趋势按照线性值持续递增，当违规时间超过 0.5h 后，将稳定按照最大值进行惩罚。因此，动态线性惩罚模型的数学表达式可以定义为

$$F_{ldp} = \begin{cases} (Q_{dl} t + 12)t & (0 \leqslant t \leqslant 0.5) \\ Q_{dl}(t - 0.5) + 0.25 Q_{dl} + 12t & (t > 0.5) \end{cases} \tag{12-16}$$

式中，t 为违规停车时间；Q_{dl} 为动态线性惩罚因子。

（4）动态非线性惩罚模型

$$F_{nldp} = \begin{cases} (Q_{dn1} t + 12)t & (0 \leqslant t \leqslant 0.25) \\ 0.5 Q_{dn1}(t - 0.25) + \dfrac{1}{16} Q_{dn1} + 12t & (0.25 < t \leqslant 0.5) \\ Q_{dn2}(t - 0.5)^2 + 0.5 Q_{dn1}(t - 0.5) + \dfrac{3}{16} Q_{dn1} + 12t & (0.5 < t \leqslant 0.75) \\ 0.5(Q_{dn1} + Q_{dn2})(t - 0.75) + \dfrac{(5 Q_{dn1} + Q_{dn2})}{16} + 12t & (t > 0.75) \end{cases} \tag{12-17}$$

式中，t 为违规停车时间；Q_{dn1}、Q_{dn2} 为动态非线性惩罚因子。

12.5 商业区有序充电优化模型

12.5.1 优化模型

构建优化模型进行优化的目的是提高 EV 充电车位的利用率，因此目标函数 $F(x)$ 可定义为

$$\max\{F(x)\} = \max\left\{ \eta = \frac{EV_c}{EV_n} \right\} \tag{12-18}$$

式中，η 为 EV 充电车位的利用率；EV_c 为完成充电的 EV 数量；EV_n 为需要充电的 EV 总数。

目标函数需要满足的约束条件包括：

$$State_{car,i} \in \{0,1\} \tag{12-19}$$

式中，$State_{car,i}$ 为二进制变量，用来标记进入停车场内的第 i 辆车类别，0 表示该车为普通汽车，1 表示该车为 EV。

$$State_{nor,i} \in \{0,1\} \tag{12-20}$$

式中，$State_{nor,i}$ 为二进制变量，用来标记第 i 个非充电车位的状态，0 表示该车位无车，1 表示该车位有车。

$$State_{ev,i} \in \{0,1\} \tag{12-21}$$

式中，$State_{ev,i}$ 为二进制变量，用来标记第 i 个充电车位的状态，0 表示该车位无车，1 表示该车位有车。

$$State_{EVch,i} \in \{0,1\} \tag{12-22}$$

式中，$State_{EVch,i}$ 为二进制变量，用来标记第 i 个充电车位的充电状态。0 表示该车位为非充电状态，1 表示该车位为充电状态。

$$State_{SOC,i} \in (0,1] \tag{12-23}$$

式中，$State_{SOC,i}$ 表示第 i 辆 EV 的电池荷电状态。

此外，应满足约束条件式（12-24），以确保当第 i 个 EV 充电停车位的状态正在充电时，第 i 个 EV 充电停车位为被占用状态。但当 EV 充电车位被占用时，该车位并非为充电状态：

$$State_{car,i} \cdot State_{ev,i} \leqslant State_{EVch,i} \tag{12-24}$$

12.5.2　PSO 算法

本章采用 PSO 算法对问题进行求解，PSO 算法在求解过程中会产生一组初始粒子群体。起初，粒子的搜索过程是从一组问题解开始，并非针对单个个体进行求解。由于其具有隐式并行搜索的独特优势，使得求解过程不易陷入局部最优解。而且这种并行计算的方式很容易通过计算机实现，有效降低了计算过程的复杂度，提高了计算精度和效率。整个粒子种群根据求解需求由有限个粒子构成，每次优化过程中的粒子位置都代表所求问题在解空间中的潜在解。

PSO 算法原理描述如下：

在搜索空间中的每一个粒子 i 都拥有两个 D 维的坐标向量，一个是代表粒子当前位置的位置向量 $X_i = (X_{i1}, X_{i2}, \cdots, X_{iD})$，另一个是代表当前速度的速度向量 $V_i = (V_{i1}, V_{i2}, \cdots, V_{iD})$。当粒子在整个解空间内搜索移动时，它会根据自身经验保存目前为止最好的解向量，即位置向量 $P_i = (P_{i1}, P_{i2}, \cdots, P_{iD})$。每经过一次迭代优化，粒子受到自身惯性和经验作用，通过与过去的最佳位置对比来重新调整自身速度向量及位置向量 $P_g = (P_{g1}, P_{g2}, \cdots, P_{gD})$。粒子的速度更新公式可以通过式（12-25）计算：

$$\begin{cases} V_{id}^{t+1} = \varpi V_{id}^t + C_1 r_1 (P_{id}^t - X_{id}^t) + C_2 r_2 (P_{gd}^t - X_{id}^t) \\ X_{id}^{t+1} = X_{id}^t + V_{id}^{t+1} \end{cases} \quad （12\text{-}25）$$

式中，C_1 和 C_2 为加速度系数，通常用常数进行表示；r_1 和 r_2 为服从均匀分布的随机数，大小设置在 $0 \sim 1$ 之间。式（12-25）主要由三部分组成：第一部分是粒子的初始速度，初始速度的大小决定粒子的全局搜索能力，其能力大小与粒子个体的初始速度大小呈正相关；粒子初始速度设定值越小，其局部搜索的能力则越强，同时能够更好地平衡对局部最优和全局最优的搜索能力。第二部分是粒子本身在搜索过程中所积累的经验，受到当前种群的搜索趋势影响，并且可以通过 r_1 值进行调整，目的是通过积累经验来提高粒子的全局搜索能力，避免优化结果陷入局部最优解。第三部分是粒子在整个搜索经历中向其他粒子不断学习的过程，通过在不同粒子之间学习交流，实现种群内的信息共享、团结协作，该过程受到随机数 r_2 大小的影响，同时与粒子当前位置 P_g 和搜索空间的大小相关联。这三个部分相互影响，共同作用于粒子来调整速度和位置，利用信息共享机制，从而朝着最佳位置移动，最终找到问题的最优解。

如图 12-6 所示，采用 PSO 算法用于解决优化问题式（12-18）~ 式（12-24），具体流程如下：

输入参数：不同惩罚策略的惩罚因子、移动车辆的成本系数。

目标函数：停车场利用率的平均期望值。

1）初始化参数，种群规模设置为 50。

2）随机生成不同惩罚策略对应的惩罚因子，根据粒子状态计算商业区停车场充电车位平均利用率，计算种群的最优适应度和每个粒子的适应度。

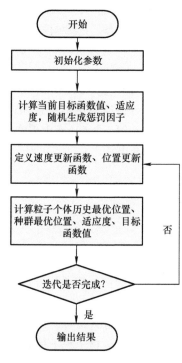

图 12-6　PSO 算法步骤

3）更新惩罚因子大小。

4）更新充电车位利用率。

5）更新粒子个体最优解和全局最优解。

6）判断终止条件，如果迭代满足终止条件，则输出最优粒子位置，否则返回到步骤 3），继续优化求解。

12.6　算例仿真结果对比分析

12.6.1　问题描述

停车场位于繁忙的商业区，交通流量大、人员密集，由于缺乏对充电设施的管理，有限的充电停车位往往被非 EV 占用，甚至部分 EV 在充满电后也不愿意离开，造成商业区停车场 EV 充电车位利用率低，无法为许多具有实际充电需求的 EV 提供服务。因此，有必要优化充电设施的运行，规范用户的停车行为。本章以某商业区停车场为例，通过仿真实验，对比分析不同惩罚模式下的充电车位利用率及无法停车充电的 EV 数量，为商业区停车场提供合理的有序充电管理策略。

12.6.2　参数设置

本章仿真实验中，将根据商业区停车场实际车位数量进行模拟，停车场总共包含 200 个停车位，其中 20 个停车位配备快速充电设施，快速充电桩充电功率为直流 30kW，专门为 EV 提供停车快速充电服务，EV 电池容量上限为 60kWh，剩余停车位为常规停车位。惩罚状态忽略两种车位数量差距的影响，主要针对普通汽车占用充电车位及 EV 充满电后占用充电车位的行为进行仿真，无惩罚状态根据车位状态初始化随意停车，日车流量均为实际进入商业区停车场的具体数值。根据商业区停车场真实数据显示，用户在商业区停车场停留时间服从均匀分布，停留时长在 60 ~ 150min 之间。商业区每日营业时间为上午 9：00 至晚上 10：00。表 12-1 给出了仿真实验中商业区停车场遵循的关键参数。

表 12-1　商业区停车场仿真参数

模型参数	数值
普通停车位数量	180
EV 充电车位数量	20
充电桩额定功率	30kW
EV 电池容量	60kWh
工作日车流量	1000
周末车流量	1200
停车时间分布	$U(60, 150)$

EV 的快速发展使得人们越来越重视充电基础设施的建设。为了促进充电设施的建设，国内许多地区都采取了相关的财政补贴政策。不同区域收取充电服务费的具体策略见表 12-2。如图 12-7 所示，政府、充电设施运营商和消费者目前是我国 EV 充电

市场的三大主要参与者。EV 的售电和购电成本是影响用户接受服务费用的关键因素。

表 12-2　我国部分地区收取服务费的策略

地区	地区政策
北京 上海	自 2018 年 4 月起，运营商自行设定服务费 试用期不超过 1.6 元 /kWh
天津	电动公交车收取服务费：0.60 元 /kWh 其他 EV 收取服务费：1.0 元 /kWh
济南	电动公交车收取服务费：0.60 元 /kWh
武汉	电动公交车收取服务费：0.95 元 /kWh
合肥	直流（DC）快速充电桩服务费 0.90 元 /kWh 交流（AC）充电桩服务费在直流快速充电桩标准价格基础上向下浮动 30%，约为 0.63 元 /kWh

图 12-7　EV 充电市场示意图

考虑到 EV 的普及率，商业区停车场仿真过程中 EV 每日车流量控制在 100～150 之间，EV 电池荷电状态初始值取 0.3～0.8 之间的随机数。仿真过程中，将总模拟时间设置为 5 周，基本停车费为 12 元 /h。定额惩罚由于惩罚力度较大，按照驾驶人对惩罚做出反应的上限设置惩罚区间；动态惩罚为了提高用户的满意度按照驾驶人对惩罚做出反应的下限设置惩罚区间。

利用 PSO 算法优化求解 EV 充电车位的最优利用率。表 12-3 中给出了仿真实验过程中的算法参数设置。影响粒子速度的主要因素是粒子本身积累的经验以及其他粒子经验对自己的吸引，因此学习因子 C_1 和 C_2 用来确定影响程度的大小，为了在优化过程中得到较好的解，一般将其设置在区间 0～4 内，并且取相等的常数。本章中，设 C_1 和 C_2 的大小均取为 1.49。在式（12-25）中，决定算法全局优化和局部优化性能的主要参数是惯性权重 $\tilde{\omega}$。遵循粒子在搜索过程中的线性递减规则，一般将 $\tilde{\omega}$ 大小设置在 0.4～0.9 之间。当 $\tilde{\omega}$ 的值越接近 0.9 时，PSO 算法的全局优化能力越强；当 $\tilde{\omega}$ 的取值越接近 0.4 时，PSO 算法的局部优化能力越好。PSO 算法的种群规模用参数 N 来表示，种群规模的大小决定了粒子的种群多样性，种群内粒子的种类越少，优化过程越容易陷入局部最优。种群内粒子的种类越丰富，则会导致计算过程过于复杂或者造成空间浪费。因此在本章中，N 的取值设定为 50。

表 12-3　PSO 参数

参数	符号	取值
学习因子	C_1	1.49
学习因子	C_2	1.49
种群规模	N	50
最大迭代次数	K_{max}	100
惯性权重	$\tilde{\omega}$	0.5

12.6.3　实验方案设计

商业区停车场的典型特征是交通流量大、停留时间短、分布相对均匀。仿真模拟过程如图 12-8 所示，其中 T 为模拟步长，即每 T 分钟进行一次模拟，并统计和记

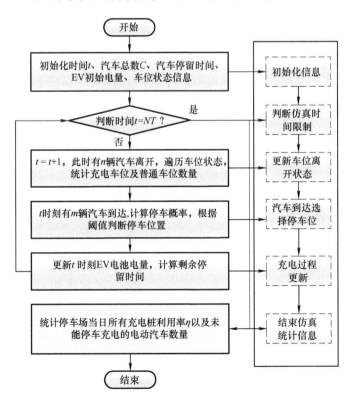

图 12-8　商业区停车场仿真模拟流程图

录停车场内部信息，N 为模拟次数，NT 为总模拟时间，n 为 $t+1$ 时刻离开的 EV 数量。当需要停车的 EV 用户进入停车场时，用户将根据 EV 电池剩余容量和停车场惩罚力度选择普通停车位或 EV 充电车位。在 EV 充电完成后，用户选择是否移动车辆以避免过长时间停车被收取高额罚款。在整个优化过程中，以充电车位利用率为目标函数，通过调整收费标准以观察其变化，并比较不同惩罚模式下充电车位利用率的变化，经过反复迭代仿真，最终得到不同惩罚策略下的充电车位利用率，从而为商业区停车场引导用户充电、规范其停车行为提供合理管理策略建议。

12.6.4　仿真结果分析

使用相同的实验参数，分别采用无惩罚模型、定额惩罚模型、动态线性惩罚模型和动态非线性惩罚模型进行仿真实验。通过 PSO 算法初始化，随机生成相应策略的惩罚因子，通过调整惩罚因子大小确定不同惩罚模型的惩罚因子数值，最终优化结果见表 12-4。

表 12-4　惩罚因子优化值

惩罚模型	参数
定额惩罚模型	$Q_S = 47.6$
动态线性惩罚模型	$Q_{d1} = 42.3$
动态非线性惩罚模型	$Q_{dn1} = 44.0$，$Q_{dn2} = 45.9$

通过对商业区 5 周的数据进行仿真模拟，计算每日 EV 充电车位的利用率，最终优化结果如图 12-9 所示。在无惩罚模型和最优惩罚模型中，比较了商业区中 EV 充电车位利用率和未能提供停车充电的 EV 数量，仿真结果如图 12-10 ~ 图 12-12 所示。

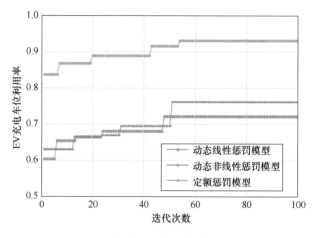

图 12-9　PSO 结果

如图 12-9 所示，经过 PSO 迭代计算后，三种不同惩罚模型的充电车位利用率有所提高。定额惩罚模型的 EV 充电车位利用率始终优于动态惩罚模型，其中动态非线性惩罚模型与动态线性惩罚模型相差很小。随着惩罚力度的增加，定额惩罚模型的利用率稳定在 0.93 左右，而两种动态惩罚模型的最优利用率稳定在 0.74 左右。同时，通过使用表 12-4 中优化后的惩罚因子，在选择最佳参数时，重新进行仿真发现，与无惩罚模型相比（无惩罚模型中的 EV 充电车位利用率约为 0.51），可从表 12-5 中的数据得出，收取惩罚费用的惩罚模型使 EV 充电车位利用率得到了显著提高。这表明，加大惩罚力度能够更好规范汽车用户停车行为，从而提高 EV 充电车位的利用率。

采用表 12-4 中的惩罚因子对商业区汽车停车行为进行为期 5 周的模拟，观察不同参数设置下的利用率变化。图 12-10 显示了四种不同惩罚模式下 EV 充电车位利用率的对比结果。无惩罚模式下 EV 停车位的平均利用率仅为 51.03%，表明该模式下 EV 充电车位的违规占用现象非常严重，因为此时随意停车不会受到任何惩罚。在定额惩罚模式下，EV 停车位的平均利用率达到 92.94%，需要充电的 EV 无法进行停车充电的现象发生较少，因为此时惩罚力度最大，对停车行为约束力最强。动态惩罚模式由于为用户提供了挪车缓冲时间，此时平均利用率为 74.06%，相比定额惩罚而言，还有进一步优化的空间。

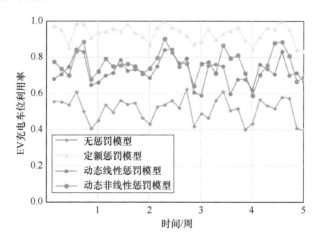

图 12-10　不同惩罚模式下 EV 充电车位利用率对比

从图 12-10 可以看出，不同的惩罚策略对用户的约束作用不同，导致 EV 充电车位利用率表现出明显的差异。由于动态线性惩罚模型和动态非线性惩罚模型的各项指标结果相似，我们将其统一描述为动态惩罚模型，并将其各项指标平均值与无惩罚模型和定额惩罚模型进行比较，可以看出随着惩罚力度的增大，汽车用户对价格刺激做出的响应不同，导致 EV 停车位的利用率以及无法停车充电的 EV 大小有所变化。经济惩罚力度越大，EV 停车位的利用率越高，无法停车充电的 EV 数量也越少，表 12-5 给出了不同惩罚策略模拟 5 周后的各项指标平均值。

表 12-5　三种惩罚模型下的指标比较

有序充电策略	无惩罚模型	定额惩罚模型	动态惩罚模型
利用率（%）	51.03	92.94	74.06
平均无法停车充电的 EV 数量	36	21	31

随着科学技术的发展和 EV 数量的增加，部分区域对大功率充电设施的需求越来越多。未来，充电桩的充电功率将逐渐增大，大功率充电桩的普及应用将进一步缩短充电时间。同时，随着 EV 用户数量的逐步增加，面临停车位短缺的压力，停车场需要增加 EV 停车位的数量。但由于目前汽油车仍占据主导地位，车位使用受限，EV 停车位在近期内不会大幅增加。为了进一步提高 EV 充电车位利用率，减少无法停车充电 EV 的数量，尤其需要将惩罚性措施与增加 EV 停车位、增加充电设施充电功率相结合。因此，基于惩罚模型，比较了增加充电功率和增加 EV 停车位对 EV 利用率和无法停车充电的 EV 数量的影响。最终仿真结果如图 12-11 和图 12-12 所示。

如图 12-11 所示，充电功率从 30kW 增加到 110kW 时，定额惩罚模型的充电车位利用率最高。其数值从 92.94% 增加到 98.46%，平均无法停车充电的 EV 数量从 21 辆减少到 5 辆；在动态惩罚模型中，车辆利用率从 74.06% 提高到 85.43%，平均无法停车充电的 EV 数量从 31 辆减少到 20 辆；对于无惩罚模型，由于 EV 充满电后停放在充电空间内不受惩罚，因此增加充电功率不会影响 EV 充电车位的利用率和无法停车充电的 EV 数量。

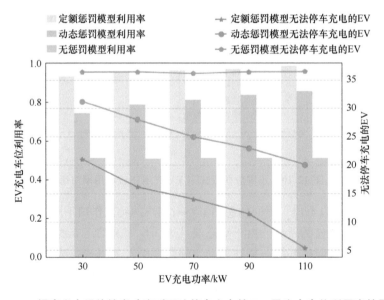

图 12-11　提高充电设施输出功率对无法停车充电的 EV 及充电车位利用率的影响

如图 12-12 所示，当 EV 充电车位由 20 个增加到 50 个时，定额惩罚仍能更好地提高充电车位利用率，减少无法停车充电的 EV 数量。此时 EV 充电车位利用率由 92.94% 提高到 99.57%，平均无法停车充电的 EV 数量从 21 辆减少到 1 辆，几乎保证了 EV 充电车位零占用。在动态惩罚模式下，EV 充电车位利用率也明显有所提高，从 74.06% 提高到 92.34%。平均无法停车充电的 EV 数量也明显减少，从 31 辆减少到 16 辆。在无惩罚模式下，增加 EV 停车位数量也将有助于提高充电车位利用率，同时减少无法停车充电的 EV 数量。EV 充电车位利用率从 51.03% 提高到 70.31%，平均无法停车充电的 EV 数量从 36 辆减少到 23 辆。可以看出，在无惩罚模式下增加停车场 EV 充电车位数量，不仅能够提高 EV 充电车位的利用率，而且可以减少无法停车充电的 EV 数量，但是与有惩罚相比仍存在较大差距。因此，在惩罚模型的基础上，进一步增加 EV 充电车位数量的停车场可以更好地提高 EV 停车位的利用率。然而，对于无法扩建 EV 充电车位的停车场，有效利用惩罚方式仍然可以大幅提高 EV 充电车位的利用率。

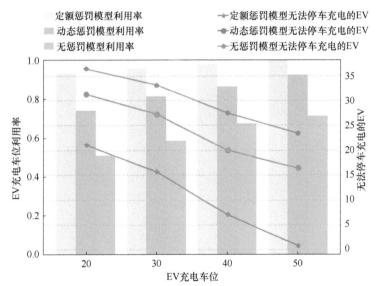

图 12-12　增加 EV 充电车位对无法停车充电的 EV 和充电车位利用率的影响

12.7　本章小结

目前，大多数公共区域停车场的 EV 充电车位利用率较低，因此，本章基于需求响应提出了四种充电空间内停车惩罚模型，以提高 EV 充电车位利用率为目标函数，采用 PSO 算法进行优化求解。通过对三种不同惩罚模式的比较发现，采用合适的惩罚策略可以显著提高 EV 充电车位的利用率，为后续可再生能源的接入、满足不同区域间的能量流动、实现多能互补提供技术支撑。

在商业区停车场实施惩罚的过程中，定额惩罚由于其强度大，比动态惩罚更为有效。在具体实施惩罚策略过程中，对于已经建成的停车场可以首先运用定额惩罚来引导用户从无序停车到有序停车的过渡，当用户在惩罚的督促下逐渐改变随意停车的行为后，采用动态惩罚策略来提高 EV 用户停车充电的意愿。对处于规划阶段的商业区停车场，可以优先考虑提升充电功率和 EV 停车位数量，再选择合适的惩罚措施来提高 EV 充电车位利用率。

第13章 考虑用户多样性的电动汽车有序充电优化策略

13.1 引言

与常规用电负载不同的是，电动汽车负荷具有很强的灵活性与随机性，会受到充电开始与结束时间、功率快慢需求、电池特性、购电价格、气温等因素影响。根据日常生活中车辆的使用场景大致可将电动汽车分为私家车、公交车与出租车三种类型，其中私家车与出租车占车辆总数比例最高。在电动汽车负荷计算模型中考虑价格型激励机制，建立用户充电响应模型，利用分时电价政策合理引导电动汽车用户进行充电行为。以充电站作为主体，其收益最大化作为目标，采取固定分时电价与动态分时电价两种策略，分析无序充电与集中式充电策略下充电站收益、电网负荷峰谷差的差异，并且采用拉格朗日松弛法与前两种进行对比。最后，考虑到电动汽车保有量的逐年增加，对比集中式与分散式控制策略的计算效率与收益变化，为日后电网针对多样性用户制定灵活的充电策略提供参考。在充电站收益最大化目标的基础上，增加电网负荷峰谷差作为优化目标之一，通过实验分析不同权重系数下两目标的变化情况，验证所提模型的有效性。

13.2 各类型电动汽车负荷需求模型

不同类型的电动汽车根据用途不同，会导致充电特性、充电时间和频率均存在差异。部分类型的电动汽车出行时空规律较为相似，而有些则具有不可忽视的随机性。充电行为的选择不仅与出行需求相关，还包括充电电价等外在激励因素。充电需求主要影响因素以及各因素之间的关系如图13-1所示。

13.2.1 起始充电时刻

1. 私家车

私家车起始充电时间的灵活性很强，一般来说，当车主结束一段行程后可能会产生充电需求，经统计，其充电时间呈正态分布，且分布规律与电网负荷高峰时间段相似，需要对充电行为进行合理引导，实现削峰填谷与新能源消纳。美国交通部全国居民出行调查（National Household Travel Survey，NHTS）以 7 ~ 8 年为周期完成数据统计与发布，主要统计单个家庭的出行特征。本章基于该统计数据处理并获取电动汽车用户出行特性。由于私家车的使用都围绕日常生活，以工作日和休息日作为划分标准，可针对私家车的常规运行轨迹，在不同场景下对充电方式做出合理选择。就单次出行行驶里程来看，一般不超过电动汽车电池最大续驶里程，因此根据用户实时荷电状态需求基本能达到一天一充或者一天两充。

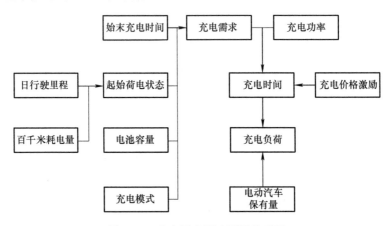

图 13-1 充电需求影响因素关系图

私家车用户起始充电时刻 T_{str}^{pri} 可表示为正态分布：

$$f(T_{str}^{pri}) = \begin{cases} \dfrac{1}{\sigma_s \sqrt{2\pi}} e^{-\frac{(T_{str}^{pri}+24-\mu_s)^2}{2\sigma_s^2}} & 0 < T_{str}^{pri} \leqslant \mu_s - 12 \\ \dfrac{1}{\sigma_s \sqrt{2\pi}} e^{-\frac{(T_{str}^{pri}-\mu_s)^2}{2\sigma_s^2}} & \mu_s - 12 < T_{str}^{pri} \leqslant 24 \end{cases} \qquad (13\text{-}1)$$

式中，期望值 $\mu_s = 17.6$；标准差 $\sigma_s = 3.4$。

2. 出租车

出租车的运营模式复杂多变，且每日行驶里程多、运载时间长，若严格执行每日充电一次，则难以达到用户的基本需求。同时考虑到出租车两人轮班的工作模式，按照规定驾驶人会在交接班之前确保车辆处于满电量状态。因此，可以对出租车的充电模式做出如下设计：每日交接班时段（如 13：00 ~ 15：00）或低客运量时段（如 9：30 ~ 10：30）对其采取快速充电；在夜间，人员和车辆均处于休整状态的情况下（如 1：00 ~ 5：00），则选用常规充电方式。

出租车接入电网起始充电时刻 T_{str}^{ta} 可表示为正态分布：

$$f(T_{str}^{ta}) = \begin{cases} \dfrac{1}{\sigma_{s\_ta}\sqrt{2\pi}}\, e^{-\frac{(T_{str}^{ta}-\mu_{s\_ta})^2}{2\sigma_{s\_ta}{}^2}} & 6 < T_{str}^{ta} \leqslant 24 \\[4mm] \dfrac{1}{\sigma_{s1\_ta}\sqrt{2\pi}}\, e^{-\frac{(T_{str}^{ta}-\mu_{s1\_ta})^2}{2\sigma_{s1\_ta}{}^2}} & 0 < T_{str}^{ta} \leqslant 6 \end{cases} \tag{13-2}$$

式中，当充电开始时刻在 6：00 ~ 24：00 时，期望值 $\mu_{s\_ta} = 14$，标准差 $\sigma_{s\_ta} = 1.9$；开始时刻在 0：00 ~ 6：00 时，期望值 $\mu_{s1\_ta} = 1.2$，标准差 $\sigma_{s1\_ta} = 1.3$。

3. 公交车

电动公交车作为一种公共交通工具，具备绿色、低碳、便捷的优点。据环境部门表示，截至 2020 年北京市电动公交车实现全覆盖。针对公交车运营情况，公交车运行早、晚高峰期分别为 7：00 ~ 9：00、17：00 ~ 19：00。根据上述情况，制定以下的充电措施：白天充电时间为 9：30 ~ 16：00，晚上充电时间为 22：00 ~ 5：00。由于公交车电池容量较大，所以充电功率均选择快充。

13.2.2　日行驶里程

日行驶里程会直接影响电动汽车的使用和用户的充电选择，该值越大就代表电动汽车耗电量越高；若充电功率保持不变，充电时长与行驶里程呈现正相关关系。同时，由于用户之间行为习惯的差异性，日行驶里程也会有所不同，就私家车而言，其出行时间与行驶里程具有规律性，主要用途是工作与休闲娱乐。通常私家车日行驶里程呈正态分布，概率分布模型见式（13-3）。对于出租车，每天的出行情况较为复杂，本章设定其行驶里程数最大为 200km；对于公交车，本章设定其行驶里程数最大为 100km。

$$d^{pr} \sim \text{Normal}(\mu_d, \sigma_d) \tag{13-3}$$

式中，d^{pr} 为私家车日行驶里程（km）；μ_d，σ_d 分别为日行驶里程的期望值和标准差。

13.2.3　电池特性与充电时长模型

电动汽车电池荷电状态（SOC）是指电池当前状态剩余电量与完全充电状态电量的比值，且 SOC 满足 0 ~ 1 范围，SOC = 0 表示电池电量耗尽，SOC = 1 表示电池电量已满。考虑到工作日第二天上班的用电需求，假使用户当天不再使用电动汽车后都会在住宅附近停车场进行充电。

为降低电动汽车电池损耗，规定其充电功率约束，$SOC_i^{current}$ 为电动汽车 i 当前时刻的荷电状态，通常满足：

$$20\% \leqslant SOC_i^{current} \leqslant 90\% \tag{13-4}$$

假设用户首次充电时的荷电状态如式（13-5）所示，期望值为 0.48，标准差为 0.1：

$$f(S_{str}^1) = \frac{1}{\sigma_{soc}\sqrt{2\pi}} e^{-\frac{(S_{str}^1 - \mu_{soc})^2}{2\sigma_{soc}}} \tag{13-5}$$

电动汽车 i 开始充电时的荷电状态 SOC_{start} 与日行驶里程 d 的关系为

$$SOC_{start} = SOC_{end} - \frac{100Ed}{E_{d100}} = SOC_{end} - \frac{d}{d_{max}} \tag{13-6}$$

式中，SOC_{end} 为上一次充电行为之后一直到行驶前的电池状态；E 为电池容量（kWh）；E_{d100} 为电动汽车每百千米耗电量（kWh/100km）；d_{max} 为电动汽车续驶里程（km）。

电动汽车的充电时间与用户期待荷电量、充电功率大小、起始充电荷电状态等因素有关，时间的计算见式（13-8）。

$$P_c = \begin{cases} P_{c\_slow} & \text{慢充状态} \\ P_{c\_quick} & \text{快充状态} \end{cases} \tag{13-7}$$

$$t_c = \frac{(SOC_e - SOC_{start})E}{\eta_1 P_c} \tag{13-8}$$

式中，SOC_e 为充电结束后电动汽车荷电状态，为保护电池的性能，本章设置最高为 90%；η_1 为充电传输效率；P_c 为充电功率（kW），有两种状态，P_{c_slow} 为慢充功率，P_{c_quick} 为快充功率。

式（13-9）为充电结束时刻 T_{end} 的计算方法，式中 T_{str} 为充电开始时刻，与充电时间相加即可得到充电结束时刻：

$$T_{end} = T_{str} + t_c \tag{13-9}$$

13.2.4　电动汽车充电意愿模型

结合用户心理和基本需求，可以建立电动汽车用户充电意愿模型，同时对用户造成刺激会形成差别阈值。若价格处在差别阈值内，用户对激励会处于欠敏感期；一旦超出差别阈值，用户便会积极响应，响应度的大小与激励程度呈较强相关性；当激励程度达到界限值时，用户的可控资源使用完毕，用户的意愿度也就不再变化，即达到响应极限。

在电动汽车充电意愿模型中，当电网、充电站与用户三级售电电价的差值处于一个合理范围内且电网售电电价固定不变时，两者差值越小，可以增加电动汽车用户收益，所以用户充电意愿度会越高，反之，若差值越大意愿度越低。式（13-10）为两者电价差值绝对值，式（13-11）为用户充电意愿度：

$$\Delta p_t^c = \left| g_t^{\text{charge}} - p_t^{\text{charge}} \right| \tag{13-10}$$

$$\gamma_t^c = 1 - 1.431(\Delta p_t^c)^5 + 6.962(\Delta p_t^c)^4 - 11.12(\Delta p_t^c)^3 + 6.096(\Delta p_t^c)^2 - 1.004\Delta p_t^c \tag{13-11}$$

式中，g_t^{charge} 为 t 时刻电网向充电站售电电价（元 /kWh）；p_t^{charge} 为 t 时刻充电站向用户的售电电价（元 /kWh）；Δp_t^c 为 t 时刻电网向充电站售电电价与充电站向用户的售电电价差值的绝对值（元 /kWh）；γ_t^c 为 t 时刻电动汽车用户的充电意愿度。

13.2.5 各车型协同充电负荷计算

蒙特卡洛算法是利用随机理论进行数值模拟的方法，其工作原理主要是不断抽样与逐渐逼近。电动汽车充电负荷与日行驶里程、起始充电 SOC、充电开始和结束时间、电量充足情况下用户参与充电的意愿度等因素相关。本章使用蒙特卡洛法计算充电负荷，根据接入电网时刻、行驶里程、空间移动需求、停驻时间等变量的概率密度分布函数进行随机抽样，结合用户的快慢充需求，得到所有汽车各时刻的充电负荷。在此基础上，考虑私家车、出租车、公交车三种车型的总体需求，得到整体充电负荷。求解的时间节点为一天共 96 点，模型运算分辨率为 15min。

$$P = \sum_{t=1}^{96} \sum_{i=1}^{N_{\text{pr}}} P_t^{i,\text{pr}} + \sum_{t=1}^{96} \sum_{i=1}^{N_{\text{ta}}} P_t^{i,\text{ta}} + \sum_{t=1}^{96} \sum_{i=1}^{N_{\text{bu}}} P_t^{i,\text{bu}} \tag{13-12}$$

式中，P 为日总充电功率（kW）；$P_t^{i,\text{pr}}$ 为 t 时刻私家车 i 的充电功率（kW）；N_{pr} 为 1 天内所接入的私家车数量；$P_t^{i,\text{ta}}$ 为 t 时刻出租车 i 的充电功率（kW）；N_{ta} 为 1 天内所接入的出租车数量；$P_t^{i,\text{bu}}$ 为 t 时刻公交车 i 的充电功率（kW）；N_{bu} 为 1 天内所接入的公交车数量。

采用蒙特卡洛法计算电动汽车日总充电负荷，具体实现步骤如下：

1）初始化各类型电动汽车保有量 N、电池容量、最大行驶里程、慢充快充功率等参数，令 $n=1$，代表从各类型第 1 辆电动汽车开始模拟。

2）利用蒙特卡洛算法，结合上述概率密度函数得到充电起始时刻、初始SOC等。

3）根据各类型车出行规律确定电动汽车充电快慢、充电时间，且充电时间要小于或等于停驻时间。

4）将第 n 辆电动汽车各时刻充电负荷与前 $n-1$ 辆车进行累加，对 n 的值进行判断，若 $n < N$，令 $n = n + 1$，返回步骤 2）继续计算，否则输出日总充电负荷曲线。

13.3 电动汽车充电站收益模型

13.3.1 集中式充电优化目标函数

1. 单目标优化目标函数

伴随着电动汽车的规模化使用，其充电负荷已成为考验配电网调度策略的重要因素。充电站主要充当电网与电动汽车群体的中间聚合商。一方面，充电站向电网购电；另一方面，当电动汽车用户需要为汽车充电时，向充电站完成电价支付并同意充电站对其充电进行优化控制。本章综合考虑充电站向用户收取的充电费用和按峰谷平不同阶段支付的费用，以其差价作为充电站的收益。

本章借鉴日前调度策略，以日电动汽车充电需求为基准，根据电动汽车日前上报次日充电计划，实现集中式充电策略的制定。将一天分为 K 个时段，每时段时长为 ΔT，对于各类型电动汽车，充电站的收益函数设置如下：

$$\begin{cases} W_{\text{pr}} = \sum_{i=1}^{N_{\text{pr}}} \sum_{t=1}^{K} P_t^{i,\text{pr}} M_t^{i,\text{pr}} \Delta T (p_t - g_t) \\ W_{\text{ta}} = \sum_{i=1}^{N_{\text{ta}}} \sum_{t=1}^{K} P_t^{i,\text{ta}} M_t^{i,\text{ta}} \Delta T (p_t - g_t) \\ W_{\text{bu}} = \sum_{i=1}^{N_{\text{bu}}} \sum_{t=1}^{K} P_t^{i,\text{bu}} M_t^{i,\text{bu}} \Delta T (p_t - g_t) \end{cases} \tag{13-13}$$

式中，ΔT 为管控时段的时长，本章取 15min，即 1 天分为 96 个管控时段；K 为 1 天内管控时段的个数；$M_t^{i,\text{pr}}$ 为第 i 辆私家车在第 t 个时段的充电状态，取值为 0 或 1，0 为非充电状态，1 为充电状态；同理，$M_t^{i,\text{ta}}$ 为出租车充电状态，$M_t^{i,\text{bu}}$ 为公交车充电状态；W_{pr} 为私家车群体充电为充电站带来的收益（元）；W_{ta} 为出租车群体充电为充电站带来的收益（元）；W_{bu} 为公交车群体充电为充电站带来的收益（元）；p_t 为充电站在 t 时段出售给用户的电价（元/kWh）；g_t 为在 t 时段电网售给充电站的电价（元/kWh）。

综合式（13-13），充电站总体收益目标函数为

$$\max W = \omega_1 W_{\text{pr}} + \omega_2 W_{\text{ta}} + \omega_3 W_{\text{bu}} \tag{13-14}$$

式中，W 为充电站一天内总体收益（元）；ω_1，ω_2，ω_3 为私家车、出租车、公交车对充电站总体收益的贡献系数，取值为 0 ~ 1，且满足 $\omega_1 + \omega_2 + \omega_3 = 1$。

2. 多目标优化目标函数

通过引导电动汽车群体有序充电与电网制定合理的峰谷平电价，可以有效降低电网运行成本，提高电力资源利用效率。在电动汽车群体充电的基础上，将电网峰谷差作为重要考虑因素，电网峰谷差目标函数为

$$K_2 = \min U = Q_{\max}^{\mathrm{e}} - Q_{\min}^{\mathrm{e}} \qquad (13\text{-}15)$$

式中，K_2 为目标函数 2，即电动汽车参与充电后电网日负荷峰谷差最小（kW）；U 为电动汽车参与充电后电网日负荷峰谷差（kW）；$Q_{\max}^{\mathrm{e}}$ 为电网日负荷最大值（kW）；$Q_{\min}^{\mathrm{e}}$ 为电网日负荷最小值（kW）。

由式（13-14），可定义目标函数 K_1 为

$$K_1 = \max W = \omega_1 W_{\mathrm{pr}} + \omega_2 W_{\mathrm{ta}} + \omega_3 W_{\mathrm{bu}} \qquad (13\text{-}16)$$

式中，K_1 为目标函数 1，即为充电站日收益最大值（元）。

利用标准 0-1 变换对数据进行预处理，采用线性加权组合法，根据 2 个目标的重要性，乘以对应权重，可得到总体目标函数为

$$K = \max \left\{ a_1 \frac{K_1 - K_{1,\min} + \sigma}{K_{1,\max} - K_{1,\min} + \sigma} + a_2 \frac{K_{2,\max} - K_2 + \sigma}{K_{2,\max} - K_{2,\min} + \sigma} \right\} \qquad (13\text{-}17)$$

式中，K 为两个目标线性加权组合后的新目标；a_1 为充电站日收益目标对应的权重系数；a_2 为电动汽车参与充电后电网日负荷峰谷差目标对应的权重系数，且 $a_1 + a_2 = 1$；$K_{1,\min}$ 为充电站日收益最小值（元）；$K_{1,\max}$ 为充电站日收益最大值（元）；$K_{2,\min}$ 为电网日负荷峰谷差最小值（kW）；$K_{2,\max}$ 为电网日负荷峰谷差最大值（kW）；σ 为避免对应目标项在极端情况下为零的调节参数，本章取值为 0.05。

13.3.2　约束条件

1. 分时电价约束

充电站收益主要与电网各时段售电电价、用户接入充电桩购电电价相关，分别用 g_t（元 /kWh）和 p_t（元 /kWh）表示，其中 $t = 1,2,\cdots,96$。在第 t 个时段，电动汽车用户每在充电桩充电 1kWh，即可赚取（$p_t - g_t$）元。本章中，电网售电电价 g_t 是峰谷平电价，g^{h} 为高峰电价，g^{l} 为低谷电价。用户购电电价 p_t 也是分时电价，高峰电价为 p^{h}，低谷电价为 p^{l}。对于充电站收益来说，要考虑场地建设成本和运营成本，所以用户在高峰时段购买的电价应高于电网对应时段的售电电价，低峰时段亦同。用户的高峰电价与低谷电价比例可以由充电站根据用户的实际意愿度做出调整。

$$\begin{cases} p^{\mathrm{h}} = \zeta_1 g^{\mathrm{h}} \\ p^{\mathrm{l}} = \zeta_2 g^{\mathrm{l}} \end{cases} \tag{13-18}$$

式中，ζ_1 与 ζ_2 分别对应高峰与低峰时段的电价系数，ζ_1、$\zeta_2 > 1$。

2. 电动汽车充电需求约束

第 i 辆电动汽车在第 m 个管控时段，其电量状态不可小于用户所希望的目标电量，且不能超过电池的额定容量，N 为私家车、出租车、公交车三种类型车的总数量：

$$N = N_{\mathrm{pr}} + N_{\mathrm{ta}} + N_{\mathrm{bu}} \tag{13-19}$$

$$\mathrm{SOC}_i^{\mathrm{current}} E + \sum_{t=m}^{K} P_t^i \eta_1 M_t^i \Delta T \geq \mathrm{SOC}_e E, i = 1, \cdots, N \tag{13-20}$$

$$\mathrm{SOC}_i^{\mathrm{current}} E + \sum_{t=m}^{K} P_t^i \eta_1 M_t^i \Delta T \leq E, i = 1, \cdots, N \tag{13-21}$$

3. 充电控制时间约束

假设当电动汽车接入电网的时间 T_{a} 处于控制时段 K_{a}，T_{a} 与 K_{a} 的关系如下：

$$K_{\mathrm{a}} = \left| \frac{T_{\mathrm{a}}}{\Delta T} \right| \tag{13-22}$$

式中，"| |"表示取整。设车主离开电网停止充电行为的时间 T_{d} 属于控制时段 K_{d}，则电动汽车充电时段为 $K_{\mathrm{a}} + 1$ 至 K_{d}；在时段 1 至 K_{a}、$K_{\mathrm{d}} + 1$ 至 96 之间，电动汽车处于非充电状态，即

$$M_t^i = 0, t = 1, \cdots, K_{\mathrm{a}}^i, i = 1, \cdots, N \tag{13-23}$$

$$M_t^i = 0, t = K_{\mathrm{d}}^i + 1, \cdots, 96, i = 1, \cdots, N \tag{13-24}$$

4. 电网负荷约束

为保障电网的安全稳定运行，对于一天内的所有时段，需要充电的电动汽车接入充电站时，其叠加所得负荷不高于电网的最大负载。

$$P_{0,t} + \sum_{i=1}^{N} P_t^i M_t^i < P_{\mathrm{M}}, t = 1, \cdots, 96 \tag{13-25}$$

式中，$P_{0,t}$ 为在时段 t 内的基础负荷值（kW）；P_{M} 为电网所能承受的最大负荷（kW）。

13.3.3　分散式充电优化目标函数

针对集中式优化计算方法时间需求大等问题，提出基于拉格朗日松弛法的分散式控制策略。根据式（13-13）~ 式（13-25），结合拉格朗日松弛法的优化模型，将式（13-14）转换成最小化形式：

$$\min W = -(\omega_1 W_{\mathrm{pr}} + \omega_2 W_{\mathrm{ta}} + \omega_3 W_{\mathrm{bu}}) \tag{13-26}$$

利用拉格朗日松弛法的分散式策略步骤如下：

（1）拉格朗日松弛问题

将式（13-25）乘以拉格朗日乘子，用作惩罚项代入式（13-26）中构建新的目标函数，化简得到原问题的松弛问题：

$$
\begin{aligned}
L(M_t^i, \lambda) =\ & \omega_1 \sum_{i=1}^{N_{\mathrm{pr}}} \sum_{t=1}^{K} P_t^{i,\mathrm{pr}} M_t^{i,\mathrm{pr}} \Delta T(g_t - p_t) + \omega_2 \sum_{i=1}^{N_{\mathrm{ta}}} \sum_{t=1}^{K} P_t^{i,\mathrm{ta}} M_t^{i,\mathrm{ta}} \Delta T(g_t - p_t) \\
& + \omega_3 \sum_{i=1}^{N_{\mathrm{bu}}} \sum_{t=1}^{K} P_t^{i,\mathrm{bu}} M_t^{i,\mathrm{bu}} \Delta T(g_t - p_t) + \sum_{t=1}^{K} \lambda_t \left(P_{0,t} + \sum_{i=1}^{N} P_t^i M_t^i - P_{\mathrm{M}} \right)
\end{aligned} \tag{13-27}
$$

式中，λ 为拉格朗日乘子，$\lambda > 0$，是 1×96 的向量，$\lambda = [\lambda_1, \lambda_2, \cdots, \lambda_{96}]^{\mathrm{T}}$。

将式（13-27）分解为 N 个子问题得

$$
\begin{aligned}
L(M_t^i, \lambda) =\ & \omega_1 \sum_{t=1}^{K} P_t^{i,\mathrm{pr}} M_t^{i,\mathrm{pr}} \Delta T(g_t - p_t) + \omega_2 \sum_{t=1}^{K} P_t^{i,\mathrm{ta}} M_t^{i,\mathrm{ta}} \Delta T(g_t - p_t) \\
& + \omega_3 \sum_{t=1}^{K} P_t^{i,\mathrm{bu}} M_t^{i,\mathrm{bu}} \Delta T(g_t - p_t) + \sum_{t=1}^{K} \lambda_t \left(P_{0,t} + \sum_{i=1}^{N} P_t^i M_t^i - P_{\mathrm{M}} \right) / N
\end{aligned} \tag{13-28}
$$

对于式（13-20）~ 式（13-24），合并可得

$$\mathrm{SOC}_{\mathrm{e}} E \leqslant \mathrm{SOC}_i^{\mathrm{current}} E + \sum_{t=K_{\mathrm{a},i+1}}^{K_{\mathrm{d},i}} P_t^i \eta_1 M_t^i \Delta T \leqslant E, i = 1, \cdots, N \tag{13-29}$$

对于 N 辆电动汽车，每辆汽车可得到对应的 M_t^i。

（2）对偶问题

基于拉格朗日松弛化，以乘子 λ 为变量，得到对偶问题：

$$D(\lambda) = \max_{\lambda \geqslant 0} \min_{M_t^i} L(M_t^i, \lambda) \tag{13-30}$$

（3）原问题上下界

令初始迭代次数 $v = 1$。以（1）中的子问题求得 M_t^i，是一个 $N \times 96$ 的矩阵，求得原问题目标函数的上界 W_{up} 与下界 W_{down}。

（4）收敛校验

若上下界的差异达到阈值标准，则原问题最优解即为所求。反之，继续用次梯度法更新 λ。

（5）次梯度法更新

$$\lambda(v+1) = \lambda(v) + \gamma(v)\frac{h(v)}{\|h(v)\|^{\mathrm{i}}} \qquad （13\text{-}31）$$

式中，$\gamma(v)$ 为迭代步长，$\|h(v)\|^{\mathrm{i}}$ 为 h 的一范数。h 可表示为向量的形式：

$$h(v) = \left[h_1(v),\cdots,h_K(v)\right]^{\mathrm{T}} \qquad （13\text{-}32）$$

$$h_t = P_{0,t} + \sum_{i=1}^{N} P_t^i M_t^i - P_{\mathrm{M}}, t=1,\cdots,96 \qquad （13\text{-}33）$$

步长为

$$\gamma(v) = \frac{1}{a+bv} \qquad （13\text{-}34）$$

为使目标以较快的速度收敛，a、b 需选择合适的值，且 $b<a$。

（6）迭代结束

不断更新 λ，直到满足下式即可得到原问题的最优解。

$$\frac{W_{\mathrm{up}} - W_{\mathrm{down}}}{W_{\mathrm{down}}} < \varepsilon \qquad （13\text{-}35）$$

13.4 充电站收益模型算法流程

根据日充电负荷的预测数据以及日前车主的充电习惯，结合用户充电意愿模型，由系统控制层或者子控制层为实现设定目标而进行统一调度，以此实现对电动汽车群体的有序充电控制，有序充电架构模型如图 13-2 所示。

13.4.1 基于 PSO 的集中式控制策略

集中式控制架构如图 13-3 所示，充电站作为主控制器，主要进行如下步骤：

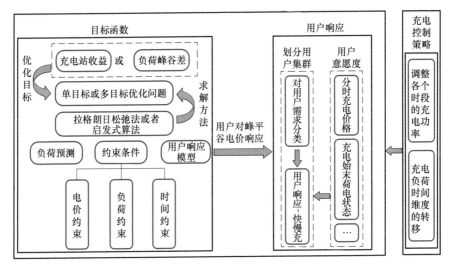

图 13-2　电动汽车群体有序充电架构图

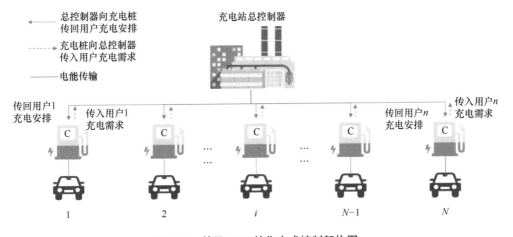

图 13-3　基于 PSO 的集中式控制架构图

　　1）初始化：该区域各类型电动汽车总数；汽车电池相关参数；因行程安排需要充电的用户及其接入离开时间、初始 SOC；粒子群个数、各粒子在全天时段的位置（即放电电价）、具有的速度（即波动值）、对应的意愿度。

　　2）迭代过程：主控制器根据不同类型的用户需求（因行程安排需要充电的用户、电价合理意愿充电的用户、其他用户）更新充电电价对汽车进行集中管理，以求得充电站利益最大化。

13.4.2 基于拉格朗日松弛法的分散式控制策略

分散式控制架构如图 13-4 所示，充电站作为主控制器，充电桩作为子控制器，主要进行如下步骤：

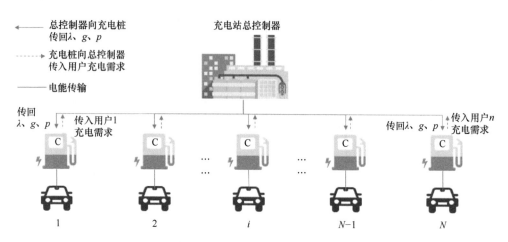

图 13-4 基于拉格朗日松弛法的分散式控制架构图

1）第一次迭代：主控制器将每时刻电网售电电价、面向用户的售电电价、汽车总数、电池相关参数、初始拉格朗日乘子传入子控制器中；子控制器根据每辆车的情况对其接入离开电网时间等进行控制，将各时刻每辆汽车充电状态传回主控制器；主控制器对电网售电电价、面向用户的售电电价与拉格朗日函数值及各约束偏差值进行计算。

2）参数更新：主控制器更新电价与拉格朗日乘子后，传入子控制器并进行计算。子控制器根据计算结果更新充电计划。反复进行以上步骤，直到收敛度满足要求。

13.5 算例分析

13.5.1 问题描述

在电动汽车充电行为过程中，主要涉及电网端、充电站、用户端三方之间的互动。电网端的主要作用是为电动汽车充电提供电能供给、与充电站进行负荷电价信息的交换；充电站作为运营控制中心，担任中间商的角色，负责每辆电动汽车独立的充电计划与售电价格制定。本节考虑三者的需求，制定集中和分散两种充电方式并探讨其异同，通过优化过程达到不同的目标。充电站运营模式如图 13-5 所示。

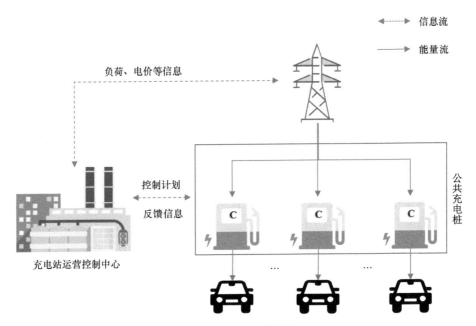

图 13-5　充电站运营模式图

13.5.2　模型参数设定

设定该地区电动汽车总数为 50，充电电能传输效率 η_1 为 0.95。一天为 96 个时段，ΔT 设为 15min，最大负载 P_M 为 3880kW，表 13-1 为各类电动汽车相关参数。

表 13-1　各类电动汽车相关参数

电动汽车类型	电池容量 E/kWh	最大行驶里程 d_{max}/km	充电功率 / kW
私家车 / 出租车	40	200	6（慢充）或 30（快充）
公交车	100	90	6（慢充）或 30（快充）

采用固定电价时，电网的售电电价 g^{charge} 为 1 元 /kWh，充电站的售电电价 p^{charge} 为 1.2 元 /kWh；采用动态分时电价时，电网的售电价格不变，通过动态改变充电站的售电电价合理调控用户的充电行为。

采取分时电价时，为避免用电高峰叠加，需动态优化充电电价，有序调控电动汽车群体充电行为。电网面向充电站的分时售电价格见表 13-2。

表 13-2　电网分时售电电价

时段类型	时段	电网售电电价 / (元 / kWh)
谷时段	0：00～8：00	0.365
峰时段	8：00～12：00	0.869
平时段	12：00～14：30	0.687
平时段	14：30～17：00	0.687
峰时段	17：00～21：00	0.869
平时段	21：00～24：00	0.687

13.5.3　算法参数设定

PSO 算法中，迭代上限为 200，惯性权重最大值、最小值分别为 0.9 和 0.4；拉格朗日松弛法中，$a = 21$、$b = 15$。

13.5.4　实验设计

1）当充电站售电电价固定时，对无序充电、集中式充电与分散式充电三种方式进行仿真，比较三种情况下各时刻负荷、充电站收益、峰谷差等结果。

2）在充电站售电电价动态分时的情况下，对集中式充电与分散式充电两种方式进行日负荷、收益、峰谷差等结果对比。

3）当充电站售电电价动态分时、电动汽车数量增加时，比较集中式充电与分散式充电两种方式运行时间与充电站收益的异同。

4）在电动汽车数量保持不变，充电站售电电价动态分时的情况下，优化目标考虑充电站收益最大与电网日负荷峰谷差最小，探讨两目标权重系数变化时对应目标的变化趋势。

13.5.5　实验结果分析

1）利用蒙特卡洛法对某地区 50 辆私家车、出租车、公交车进行无序、集中、分散三种方式充电，充电站售电电价采取固定电价进行实验仿真。无序充电与集中式充电控制得到的负荷变化曲线如图 13-6 所示。若处于无序充电，电动汽车群体在两个负荷高峰时段（8：00～12：00 与 17：00～21：00）出现 2 个明显的充电集中点，导致用电高峰重叠，加大电网日负荷峰谷差。集中式充电控制方式下，在谷时段对于电网来说实现填谷且控制峰时段充电负荷增加，对于用户来说减少充电成本且满足第二天的出行需求，对于充电站运营商来说日收益提高，实现三方的良性互动。

图 13-7 所示为固定电价下对电动汽车用户群体采用分散式充电方式得到的电网

负荷曲线变化图。由图可知，分散式充电时间更加集中，主要在 4 时段到 24 时段（即
1：00~6：00）、48 时段到 76 时段（即 12：00~19：00），实现谷时段与平时段充电
行为的引导，为电网峰时段降低负荷压力，减少负荷峰谷差，较无序充电有利于提高
充电站收益。

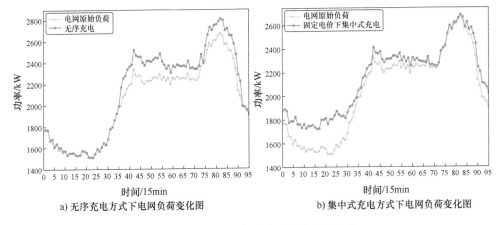

a) 无序充电方式下电网负荷变化图　　　　　b) 集中式充电方式下电网负荷变化图

图 13-6　无序充电与集中式充电电网负荷

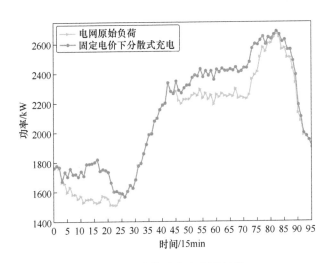

图 13-7　分散式充电电网负荷

　　综上所述，对比无序充电，集中式充电与分散式充电均实现了削峰填谷的目标，
三种方式下电网负荷峰谷值、峰谷差及充电站收益见表 13-3。由表可知，集中式充电
较无序充电降低峰谷差率约 24.9%，分散式充电较无序充电降低峰谷差率约 13.8%，
且集中式充电与分散式充电均有助于提高充电站收益。

表 13-3　不同充电类型负荷与充电站收益对比

负荷类型	负荷峰值 /kW	负荷谷值 /kW	峰谷差值 /kW	收益 / 元
电网原始负荷	2676.0	1511.03	1164.97	0
无序充电	2812.1	1511.03	1301.0	406.2
集中式充电	2688.1	1710.7	977.3	508.5
分散式充电	2690.0	1568.8	1121.2	459.6

2）当充电站采取分时电价时，采用集中式充电与分散式充电两种控制方式和 PSO 算法对 50 辆电动汽车充电行为进行优化，得到不同方式下充电站的最大收益。图 13-8 为电动汽车群体集中式充电时电网负荷变化与分时电价。由图可知，集中式充电各时刻负荷增长较为稳定，与固定电价时相比，峰谷差未有较大变化，但分时刻充电电价与电网售电电价差值增大，充电站收益有所增加。

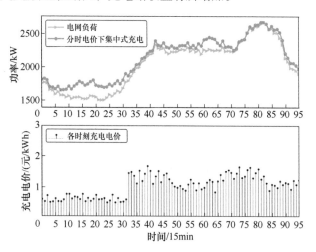

图 13-8　分时电价下集中式充电电网负荷与充电电价

图 13-9 所示为分时电价下分散式充电电网负荷与充电电价变化曲线。由图可知，与集中式充电相比，分散式充电方式延长了负荷的集中时段且增大了负荷的波动性。与固定电价时相比，充电站的日收益有所增加。

表 13-4 比较了集中式充电与分散式充电两种方式下充电站收益的区别，固定电价下集中式充电较分散式充电日收益增加 10.6%，分时电价下集中式充电较分散式充电增加 3.4%。

3）本章所涉及算法均使用 Python 语言编程实现，在配置为 Intel 六核 2.60GHz CPU、内存 8GB 的计算机仿真所得。对总车辆数为 50 辆、100 辆、150 辆的电动汽车参与集中式与分散式调控策略下优化计算得到对应计算时间与充电站收益。如表 13-5 所示，当电动汽车数量提升时，集中式计算压力较大，计算时间较长，而拉格朗日松弛法的分散式优化因为采用并行计算方式，时间成本并未明显增加，且远小于集中式策略。

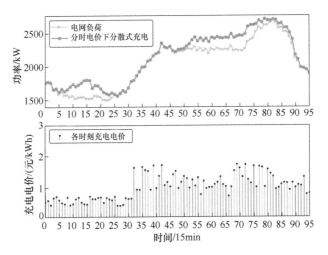

图 13-9　分时电价下分散式充电电网负荷与充电电价

表 13-4　固定电价与分时电价下两种控制策略的充电站最大日收益

	充电站收益（固定电价）/ 元	充电站收益（分时电价）/ 元
集中式策略	508.5	748.4
分散式策略	459.6	723.6

表 13-5　集中式与分散式两种方式下计算时间与充电站收益

电动汽车车辆数	集中式优化		分散式优化	
	计算时间 /s	充电站收益 / 元	计算时间 /s	充电站收益 / 元
50	16.5568	748.4	2.1106	723.6
100	29.5077	1403.5	5.3912	1364.2
150	56.8499	2256.0	9.0344	2179.3

当车辆数为 50 时，分散式的运算时间仅为集中式的 12.75%，集中式的充电站收益是分散式的 1.034 倍；当车辆数为 100 时，分散式的运算时间是集中式的 18.27%，集中式的充电站收益是分散式的 1.029 倍；当车辆数为 150 时，分散式的运算时间是集中式的 15.89%，集中式的充电站收益是分散式的 1.035 倍。当电动汽车数量增长时，集中式优化所需时间增长趋势近似呈线性，而分散式优化时间增长较慢。综上所述，就时间维度而言，分散式较集中式具有优势；就收益结果而言，集中式较分散式更为显著。

4）当目标函数为充电站收益最大与电网日负荷峰谷差最小时，根据权重的变化对两目标值的变化趋势做出相应的分析。本章通过集中式控制策略与优化充电电价，得到不同权重下对应的目标函数与充电电价，为实际工程中不同情况下选择对应解决方案提供借鉴。

如表 13-6 与图 13-10 所示，针对权重系数 a_1、a_2 变化时对应的充电站收益、电网日负荷峰谷差与总目标函数值进行分析。权重系数 a_1 对应充电站收益目标，系数 a_2 对应电动汽车参与充电后电网日负荷峰谷差目标，当系数 a_1 按照步长 0.2 增加时，系数 a_2 就相应减少，同时也意味着充电站收益的大小对总目标函数值的贡献度越大，会向充电站收益更有优势的方向偏移，负荷峰谷差会逐渐增大且对总目标函数值的贡献度也会逐渐减小。由表 13-6 可知，当系数 a_1 从 0.1 到 0.9 时，充电站收益增加 144.55 元，电网日负荷峰谷差增加 33kW，因此，按照实际需求，如果想更好地权衡两者重要性占比，可以选择权重系数 a_1 为 0.5，将可以较好地平衡电网与充电站需求，同时兼顾电动汽车用户的参与成本。

表 13-6　不同权重系数下对应收益、峰谷差与总体目标函数

权重系数 a_1	权重系数 a_2	充电站收益 / 元	电网日负荷峰谷差 /kW	总目标函数值
0.1	0.9	589.49	966.25	0.6687
0.3	0.7	632.97	970.64	0.6174
0.5	0.5	691.87	988.80	0.5817
0.7	0.3	719.90	993.25	0.5766
0.9	0.1	734.04	999.25	0.5678

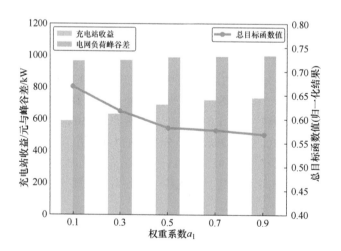

图 13-10　不同权重系数下收益、峰谷差与总目标函数值变化图

13.6 本章小结

本章考虑私家车、出租车、公交车多类型用户充电时间特性，利用集中式与分散式两种充电策略以及分时刻优化充电电价，其中涉及用户充电价格响应模型、充电策略设计、拉格朗日松弛法与 PSO 理论的实践应用，以实现充电站中间商的日收益最大化以及不同用户的充电需求。在单目标模型的基础上，针对两大主体的主要运行指标，即充电站日收益与电网日负荷峰谷差，构建多目标优化模型，通过线性加权组合法进行求解，适用于不同实际情况下的解决方案选择。

第 14 章　含可再生能源与电动汽车有序充电的可调节鲁棒优化控制

14.1　研究现状

可再生能源由于其绿色、低碳的特点,近年来被广泛应用,但由于可再生能源出力的间歇性和不确定性强,受环境影响较大,基于此,微网的概念应运而生,通过增加储能单元提升新能源消纳水平进而降低环境污染。然而,储能单元成本高、体积大,无法大规模应用,且容易造成管理困难的问题。电力系统保证系统稳定运行的前提是必须满足功率平衡约束,因此其发电和用电行为需要在同一时间内同步完成。可再生能源的特点是随机性、波动性强,目前居民和生产用电的需求是刚性的,难以调节,这就造成了弃风、弃光现象,使得可再生能源无法得到充分利用。考虑到电动汽车具有“源-荷”二重性,制定合理的电动汽车有序充放电策略,将大规模电动汽车联结成巨大的储能网络,根据可再生能源发电的波动实时调整用电需求,最大限度消纳可再生能源,与可再生能源协同互动,制定有序的实时调度计划,对提高电网安全、可靠、经济运行至关重要。因此,没有电动汽车的大规模储能,就很难实现新旧能源的替代。与此同时,随着微网群的出现,在微网互联的状态下充分利用内部可再生能源及电动汽车资源,不仅能够满足自身日常用电负荷,而且可以在满足用户出行需求的前提下充分调动电动汽车参与能量互动,从而实现跨区域多能互补。Yang 等人考虑到可再生能源出力及电动汽车充电双重不确定性因素,通过分时电价引导,构建了含可再生能源的电动汽车有序充放电调度策略,有效降低了运营成本和峰谷负载差异。考虑到太阳能发电、电动汽车充电及负载的不确定性,Jiao 等人提出一种用于在存在不确定性的情况下协调 AC/DC 混合微网内电动汽车充电的三阶段在线调度框架。电动汽车因其出行行为的不确定性导致充电负荷难以精确预测,Shi 等人考虑到电动汽车充放电对微网的影响,利用鲁棒优化算法对含有可再生能源与电动汽车的微网系统进行建模,研究结果表明,制定合理的有序充放电策略不仅能够起到削峰填谷的效果,还能提高可再生能源的消纳能力。Tan 等人提出一种新型的双层鲁棒优化调度模型,解决了在考虑现有负荷、可再生能源和电动汽车使用不确定性的情况下,降低多微网运行成本和提高优化电力调度求解算法的收敛性能的需求。Jirdehi 等人在考虑风光不确定性的情况下提出一种长期规划方法以实现电动汽车充电和换电站的最佳分配，从而最大限度地降低总成本和电压偏差。电动汽车作为一种新的可变负载，可以通过与电网的交互来提高系统的灵活性，促进可再生能源的消纳，基于此，Liu 等人研究了考虑电动汽车与电网相互作用的配电系统灵活性评估，提出了基于不确定区域可行性分析的配电网柔性评价方法，算例分析表明，所提方法可以对配电系统时间序列实现灵活性评价。

微网的不同类型发电单元规模选择对经济性至关重要。基于性能考虑的微网退化和寿命是规模确定方法中需要考虑的其他重要问题。Prathapaneni 等人提出了一个可处理微网负荷和可再生能源出力不确定性的随机优化框架来解决孤岛微网的选型问题。Kim 等人考虑了发电机斜坡率和储能系统荷电状态对微网系统运行的影响，将发电机出力和储能系统充放电建模为混合整数非线性规划问题，提出基于广义 Bender 分解和最优性条件分解的并行计算方法，该方法适用于大规模并行计算和微网系统实时调度。柴油发电机作为备用能源在电力公用事业发电量不足的国家占有很高的比例，然而其高额的燃料费、维修费和对环境不友好不容忽视。Sawwas 等人提出基于联营体的（Pool-based）能源市场平台，致力于减少高峰时段对柴油发电机的依赖，提高配电网中可再生能源出力的比例，并使所有参与者实现盈利。为实现市场目标制定了多个顺序优化问题，通过遗传算法、动态规划能量管理算法和内点算法寻求解决方案。与独立市场运营相比，该市场平台的实施导致柴油发电机占比的进一步缩减，光伏能源实现全部利用，并且降低了所有参与者的年度运营成本。

Thomas 等人通过协调其发电资源和负荷的运行配置改善微网中的电能质量。这种应用于中小型住宅和商业建筑的微网包括可再生能源和常规分布式能源，电动汽车，储能系统，线性和非线性负载。该策略分为两层：第一层负责求解最小化能源管理系统的总成本；第二层构建电能质量评估框架，负责实时监督第一层的解决方案是否符合电能质量标准。结果表明，该算法在管理电压偏差、电压不平衡以及谐波失真方面效果显著，而整个系统的附加成本却很小。

需要注意的是，随着可再生能源驱动的并网微网发展，其对配电网的负面影响也不容忽视。尽管这种负担由配电系统运营商承担，但微网可以根据配电系统运营商的要求提供灵活性来促进电网拥塞管理，维持稳定电网连接提供支撑。

14.2 鲁棒优化理论概述

14.2.1 最优化问题分类

最优化问题有多种分类方式：

1）按照有无约束条件可分为无约束优化问题和有约束优化问题。

2）按照决策变量是否为确定性变量可分为确定性优化问题和不确定性优化问题。

3）按照目标函数和约束条件是否为线性可分为线性优化问题和非线性优化问题。

4）按照所求的解是否随时间而变化分为静态优化问题和动态优化问题。

优化问题是一个很大的概念，常见的分类方式还不仅限于此。例如，按照规划问题中的解是否全部为整数可分为整数规划和混合整数规划问题。

对于不同的分类方式，有不同的求解方法。对于分类1），无约束优化问题的求解方式有梯度下降法（随机梯度下降法和批量梯度下降法）、牛顿法、L-M算法、坐标下降法；对于有约束条件的优化问题既可以用随机方向法和复合形法直接求解，又可以先转化为无约束优化问题来求解，例如内（外）惩罚函数法和混合惩罚函数法。对于分类2），对于确定性优化问题，采用经典的优化理论求解即可；对于不确定性优化问题的求解，近年来一直是研究的热点内容，以随机优化、鲁棒优化和模糊优化为主的研究将得到广泛关注。鲁棒优化在微网经济调度中的实际应用是本章的研究重点。对于分类3），线性优化问题通常有大M法和单纯形法等；非线性优化的求解方法有梯度下降法、牛顿法和拟牛顿法、共轭梯度法、启发式优化方法等。对于分类4），静态优化问题的求解通常可以用线搜索方法和信赖域方法；动态优化的求解方法有暴力搜索法和记忆搜索方法等。

14.2.2 鲁棒优化模型

鲁棒优化作为解决不确定性优化问题的工具，已广泛应用于控制工程、物流工程、电力系统、金融系统等领域。在含可再生能源出力的微网调度系统中，由于风光等资源不像传统出力单元可以实时有计划地调度，其出力带有很大的不确定性。因此，首先需要做好不确定性优化问题求解的准备工作。通常确定性优化问题表述如下：

$$
\begin{aligned}
\text{Max} \quad & \sum_{j=1}^{n} c_j x_j \\
\text{s.t.} \quad & \sum_{j=1}^{n} a_{ij} x_j \leq b_j \quad i=1,2,\cdots,m \\
& x_j \geq 0 \qquad j=1,2,\cdots,n
\end{aligned}
\tag{14-1}
$$

式（14-1）可以表示线性优化问题，这种确定性优化问题的求解有多种途径，在此不做赘述。考虑式（14-1）系数矩阵含有不确定系数的情况，我们以向量形式对式（14-1）进行改写，得

$$
\begin{aligned}
\text{Max} \quad & c'x \\
\text{s.t.} \quad & \sum_{j=1}^{n} Ax \leq b \\
& l \leq x \leq u
\end{aligned}
\tag{14-2}
$$

仅在系数矩阵 A 中考虑系数的不确定性，也就是说，c 不受数据不确定性的影响。

通过引入 M（M 表示目标函数最大化）来添加约束 $M - c'x \leq 0$，这时该约束就表示在系数矩阵 A 中了。在 A 中考虑特定的某 i 行系数作为不确定数据，J_i 表示这些数据列的集合。这些不确定系数 $\tilde{a}_{ij}(j \in J_i)$ 被表示为对称且有界的随机变量。

$$\tilde{a}_{ij} \in \left[a_{ij} - \hat{a}_{ij}, a_{ij} + \hat{a}_{ij} \right] \tag{14-3}$$

Soyster 等人将系数矩阵 A 中的数据分为两部分，不确定性的 $\tilde{a}_{ij}(j \in J_i)$ 和剩余确定性数据部分，这些不确定性数据在一个以 a_{ij} 为中心的对称区间内，所以原约束可改写为

$$Ax \in \left[\left(\sum_j a_{ij} x_j - \sum_{j \in J_i} \hat{a}_{ij} x_j \right), \left(\sum_j a_{ij} x_j + \sum_{j \in J_i} \hat{a}_{ij} x_j \right) \right] \leq b_i \tag{14-4}$$

用 $\sum_{j \in J_i} \hat{a}_{ij} y_j \in \left[-\sum_{j \in J_i} \hat{a}_{ij} x_j, \sum_{j \in J_i} \hat{a}_{ij} x_j \right]$ 简化式（14-4），代入原约束得

$$\begin{aligned}
\text{Max } &c'x \\
\text{s.t. } &\sum_j a_{ij} x_j + \sum_{j \in J_i} \hat{a}_{ij} y_j \leq b_i \\
&-y_i \leq x_i \leq y_i \\
&l \leq x \leq u \\
&y_i \geq 0
\end{aligned} \tag{14-5}$$

用 x^* 表示式（14-5）的最优解，显然，y 和 x 的绝对值相等。

$$\sum_j a_{ij} x_j^* + \sum_{j \in J_i} \hat{a}_{ij} \left| x_j^* \right| \leq b_i \tag{14-6}$$

此时，定义 $\vartheta_{ij} = \dfrac{\tilde{a}_{ij} - a_{ij}}{\hat{a}_{ij}}$。可以看出，$\vartheta_{ij} \in [-1,1]$。

代入式（14-6）得

$$\sum_j \tilde{a}_{ij} x_j^* = \sum_j a_{ij} x_j^* + \sum_{j \in J_i} \vartheta_{ij} \hat{a}_{ij} x_j^* \tag{14-7}$$

$\hat{a}_{ij} \left| x_j^* \right|$ 表示 $\vartheta_{ij} \hat{a}_{ij} x_j^*$ 的最大值，所以有

$$\sum_j \tilde{a}_{ij} x_j^* = \sum_j a_{ij} x_j^* + \sum_{j \in J_i} \vartheta_{ij} \hat{a}_{ij} x_j^* \leq \sum_j a_{ij} x_j^* + \sum_{j \in J_i} \hat{a}_{ij} \left| x_j^* \right| \leq b_i \tag{14-8}$$

与最开始的约束 $\sum_j a_{ij} x_j^* \leq b_i$ 相比，式（14-8）多了一项 $\sum_{j \in J_i} \hat{a}_{ij} \left| x_j^* \right|$。可以看出，即使是最大波动，整个约束条件也仍然成立。这使得整个求解模型非常稳定，但同时使模

型变得非常保守。Soyster 的鲁棒优化方法虽然不是最优的，但是为解决不确定性问题提供了一个良好的思路，在他之后，许多科学家试图缓解这种强保守性。Ben-Tal 和 Nemirovski 提出的椭球形鲁棒优化虽然在一定程度上缓解了这种保守程度，但是在求解离散不确定性问题上存在局限性。与 Soyster 的方法一脉相承，Bertsimas 提出的可调节鲁棒优化方法在形式上更加灵活，这种方法很好地解决了模型过于保守的问题，获得了广泛应用。

14.2.3　可调节鲁棒优化模型

1. 可调节鲁棒优化理论

Soyster 的求解思想中不确定变量的个数是固定的，即 J_i 为定值。这些不确定变量在全区间范围内波动，在实际系统中代表着最恶劣的情况，通过 Soyster 方法虽然使模型更稳健，但是系统的经济性随之降低。换言之，是用经济性换取了鲁棒性。Bertsimas 提出的可调节鲁棒优化方法的灵活性在于引入参数 Γ 来改变不确定变量的个数，$\Gamma \in [0, J_i]$。当 $\Gamma = 0$ 时，表示系统不确定变量的个数为零，此时转化为常规确定性规划问题求解。当 $\Gamma = J_i$ 时，则不确定变量的个数为 J_i，求解方法如 Soyster 方法。

Bertsimas 的可调节鲁棒优化方法中 Γ 可以是整数，也可以是小数。他把不确定变量分为三个部分。第一部分，在全区间范围内（如式（14-3））波动的不确定变量，个数为 $\lfloor \Gamma \rfloor$。第二部分，在变区间范围内波动的不确定变量，个数为 $\Gamma - \lfloor \Gamma \rfloor$。变区间表达如式（14-9）。第三部分，取值为 $\tilde{a}_{ij} = a_{ij}$ 的部分，个数为 $J_i - (\lfloor \Gamma \rfloor + 1)$。

$$\tilde{a}_{ij} \in \left[a_{ij} - \left(\Gamma - \lfloor \Gamma \rfloor \right) \hat{a}_{ij}, a_{ij} + \left(\Gamma - \lfloor \Gamma \rfloor \right) \hat{a}_{ij} \right] \tag{14-9}$$

Bertsimas 考虑的标准形式如式（14-10）所示，与式（14-5）相比，主要在于不确定性约束的表示形式上。若 $|S_i| = \lfloor \Gamma \rfloor = J_i$，则式（14-10）和式（14-5）完全相同。

$$\text{Max } cx$$

$$\text{s.t. } \sum_j a_{ij} x_j + \max_{\{ S_i \cup \{s_i\} | S_i \subseteq J_i, |S_i| = \lfloor \Gamma \rfloor, s_i \in J_i \backslash S_i \}} \left\{ \sum_{j \in S_i} \hat{a}_{ij} y_j + \left(\Gamma - \lfloor \Gamma \rfloor \right) \hat{a}_{i s_i} y_s \right\} \le b_i \tag{14-10}$$

提取式（14-10）不确定约束部分，设 x^* 使式（14-10）取得最优，则

$$\beta(x^*, \Gamma) = \max_{\{ S_i \cup \{s_i\} | S_i \subseteq J_i, |S_i| = \lfloor \Gamma \rfloor, s_i \in J_i \backslash S_i \}} \left\{ \sum_{j \in S_i} \hat{a}_{ij} |x_j^*| + \left(\Gamma - \lfloor \Gamma \rfloor \right) \hat{a}_{i s_i} |x_s^*| \right\} \tag{14-11}$$

在式（14-11）中，$\hat{a}_{ij} |x_j^*|$ 的系数为 1，$\hat{a}_{i s_i} |x_s^*|$ 的系数为 $\left(\Gamma - \lfloor \Gamma \rfloor \right)$，而 $\left(\Gamma - \lfloor \Gamma \rfloor \right)$ 的范围在 0 ~ 1 之间。由此可知，式（14-11）等价于

$$\beta(x^*, \Gamma) = \text{Max} \sum_{j \in J_i} \hat{a}_{ij} \left| x_j^* \right| r_j$$

$$\text{s.t.} \quad \sum_{j \in S_i} r_j \leqslant \Gamma \tag{14-12}$$

$$0 \leqslant r_j \leqslant 1$$

根据强对偶理论，原问题与对偶问题有相同的最优解。因此，在原问题难以求解时，我们将其转化为对偶问题求解。式（14-12）的对偶问题如式（14-13）。

$$\beta'(x^*, \Gamma) = \text{Min} \sum_{j \in J_i} w_{ij} + \Gamma r_i$$

$$\text{s.t.} \quad r_i + w_{ij} \geqslant \hat{a}_{ij} \left| x_j^* \right| \tag{14-13}$$

$$w_{ij} \geqslant 0$$

$$r_i \geqslant 0$$

将式（14-13）代入式（14-10）得

$$\text{Max } cx$$

$$\text{s.t.} \quad \sum_j a_{ij} x_j + \sum_{j \in J_i} w_{ij} + \Gamma r_i \leqslant b_i$$

$$r_i + w_{ij} \geqslant \hat{a}_{ij} \left| x_j^* \right| \tag{14-14}$$

$$w_{ij} \geqslant 0$$

$$r_i \geqslant 0$$

2. 两种方法异同点对比

Soyster 优化方法和 Bertsimas 优化方法严格来说思路是一致的，表 14-1 详细对比了两种方法的异同点。

表 14-1　两种优化方法异同点对比

优化方法	Soyster 优化方法	Bertsimas 优化方法
中文名称	鲁棒优化	可调节鲁棒优化
相同点	盒式集合、极限场景、目标函数、约束条件	
区间长度	固定	不固定，可调节
鲁棒性	最好	随参数 Γ 变化，比鲁棒优化的鲁棒性差
经济性	最差	随参数 Γ 变化，比鲁棒优化的经济性好
关联	协调鲁棒性与经济性，通过参数 Γ 寻找折中方案	

3. 鲁棒性的量化标准

根据上述分析可知，系统的鲁棒性随着不确定变量个数增加而提高，为了更直观地表示鲁棒性，我们用约束条件被违反的概率来表示系统的鲁棒性。约束条件被违反的概率越小，说明系统鲁棒性越强；反之，约束条件被违反的概率越大，说明系统鲁棒性越弱。

$$\Pr(\sum_j \tilde{a}_{ij} x_j^* > b_i) \leq \Pr(\sum_{j \in J_i} \gamma_{ij} \eta_{ij} \geq \Gamma) \tag{14-15}$$

式中，$\gamma_{ij} = \begin{cases} 1, & j \in S_i^* \\ \dfrac{\hat{a}_{ij} \left| x_j^* \right|}{\hat{a}_{id^*} \left| x_{d^*}^* \right|}, & j \in J_i \setminus S_i^* \end{cases}$

这里 $d^* = \arg \text{Min}\, \hat{a}_{id^*} \left| x_{d^*}^* \right|$，$\arg \text{Min}\, f(x)$ 表示 $f(x)$ 取最小值时 x 的取值。

根据 Bertsimas 的研究结论，式（14-15）可以继续转化为

$$\Pr(\sum_{j \in J_i} \gamma_{ij} \eta_{ij} \geq \Gamma) \leq e^{\frac{-\Gamma^2}{2|J_i|}} \tag{14-16}$$

进而有

$$\Pr(\sum_j \tilde{a}_{ij} x_j^* > b_i) \leq e^{\frac{-\Gamma^2}{2|J_i|}} \tag{14-17}$$

14.2.4　鲁棒对等式的转化

首先，我们以线性优化为例探讨鲁棒优化对等式的转化。假设线性优化系数矩阵 A 中有 J_i 行系数存在不确定变量，每一行中不确定变量 $a_{i,j}$，它的不确定性可以用符号 $\tilde{a}_{i,j}$ 来表示，$\tilde{a}_{i,j}$ 可以在不确定区间 $[a_{i,j} - \hat{a}_{i,j}, a_{i,j} + \hat{a}_{i,j}]$ 内取值。我们在这里定义 $\eta_{i,j} = (\tilde{a}_{i,j} - a_{i,j} / \hat{a}_{i,j})$ 是一个在 $[-1，1]$ 内的均匀分布函数。

1. Soyster 转化方法

Soyster 模型考虑到不确定系数对优化模型的影响，将线性优化模型转化为

$$\begin{aligned} & \min c^T x \\ \text{s.t.} \quad & \sum_j \tilde{a}_{i,j} x_j \leq b_i \quad \forall i \\ & x \geq 0 \end{aligned} \tag{14-18}$$

式中，变量$\tilde{a}_{i,j}$表示系数矩阵中某一元素$\tilde{a}_{i,j}$在其不确定区间$[a_{i,j}-\hat{a}_{i,j}, a_{i,j}+\hat{a}_{i,j}]$内变化。因此式（14-18）为多项式难解问题（N-P 难问题），Soyster 将其用如下公式转化为多项式可解问题，考虑了不确定变量变化对优化模型影响的"最坏场景"：

$$\sum_j \tilde{a}_{i,j} x_j^* = \sum_j a_{i,j} x_j^* + \sum_{j\in J_i} \eta_{i,j} \hat{a}_{i,j} x_j^*$$

$$\leq \sum_j a_{i,j} x_j^* + \sum_{j\in J_i} \hat{a}_{i,j} \left| x_j^* \right| \leq b_i \quad \forall i \tag{14-19}$$

式中，令x^*表示原问题（式（14-18））的最优解。Soyster 将在区间内变化的不确定变量统一用其边界值表示，这种取边界值的方法作为满足约束条件的"保护"，使得不确定变量无论在区间内如何变化，所生成的可行解均有效。这种做法给予算法很高的鲁棒性，但是如果系数不确定区间较大，这种"保护"可能会付出很高的代价，导致算法过于"保守"。

2. Ben-Tal 的转化方法

为了解决 Soyster 算法过度"保守"的问题，Ben-Tal 提出可以将约束条件的保护在一定概率下松弛，改善模型的经济性，具体转化方式如下：

$$\min c^{\mathrm{T}} x$$

$$\text{s.t.} \sum_j a_{i,j} x_j + \sum_{j\in J_i} \hat{a}_{i,j} y_{i,j} + \Omega_i \sqrt{\sum_{j\in J_i} \hat{a}_{i,j}^2 z_{i,j}^2} \leq b_i \quad \forall i$$

$$-y_{i,j} \leq x_j - z_{i,j} \leq y_{i,j} \tag{14-20}$$

$$l \leq x \leq u$$

$$y \geq 0$$

式中，$y_{i,j}$为原问题最优解$x_{i,j}^*$，Ben-Tal 指出，该模型能够保证不满足约束条件的概率为$\exp(-\Omega_i^2/2)$。与 Soyster 算法对比，Ben-Tal 算法降低了模型的鲁棒性，但其鲁棒可行解比前者要好，由于这种算法含有非线性因子，会增加模型维度，通常难以求解。

3. D. Bertsimas 的转化方法

为了解决上述两种方法存在的局限，D. Bertsimas 在模型中引入一个不确定系数Γ来量化算法的鲁棒性和经济性之间的关系，让决策者在系统鲁棒性和经济性中寻找折中。

根据前文所述，我们假设第i个约束条件中含有J_i个不确定变量，那么对于每一个约束变量，我们引入一个不确定系数Γ_i来量化其鲁棒性，防止算法求解过度"保守"。Γ_i 从 $[0, J_i]$ 中取值，可以不为整数，与前文两种方法不同，Bertsimas 方法不使所有的不确定变量均在其不确定区间内变化，其目标是只有 $\lfloor \Gamma_i \rfloor$ 个变量被允许在其整个区间内变化，一个变量只允许在其区间的一部分进行变化，这一部分可以表示为 $(\Gamma_i - \lfloor \Gamma_i \rfloor)\hat{a}_{i,j}$。此算法可以通过控制不确定变量变化的个数来控制约束条件不满足的概率，即调整算法的鲁棒性。算法的鲁棒性降低后，为保证其算法鲁棒性所牺牲的经济性代价会随之降低，相应的算法经济性也会得到改善，其转换模型如下：

$$\min c^{\mathrm{T}} x$$

$$\text{s.t. } \sum_j a_{i,j} x_{i,j} + \max_{\{S_i \cup \{t_i\} | S_i \subseteq J_i, |S_i| = \lfloor \Gamma_i \rfloor, t_i \in J_i \setminus S_i\}} \left\{ \sum_{j \in S_i} \hat{a}_{i,j} y_j + (\Gamma_i - \lfloor \Gamma_i \rfloor)\hat{a}_{i,t} y_t \right\} \le b_i \ \forall i$$

$$-y_j \le x_j \le y_j$$

$$l \le x \le u \qquad\qquad\qquad (14\text{-}21)$$

$$y \ge 0$$

式中，集合 S_i 为允许在其整个区间内变化的变量集合，t_i 为只允许在区间内部分变化的变量。

$\beta_i(x, \Gamma_i) = \max\limits_{\{S_i | S_i \in J_i, |S_i| = \Gamma_i\}} \left\{ \sum\limits_{j \in S_i} \hat{a}_{i,j} |x_j| \right\}$ 被用来保护约束的有效性，不难发现，若不确定系数 Γ_i 为 0，则式（14-21）就变为一般线性规划问题，随着 Γ_i 的变化，对约束条件 i 的保护程度也随之变化。

为了求解式（14-21），我们将上式中的 $\beta_i(x, \Gamma_i)$ 进行如下变换：

$$\beta_i(x, \Gamma_i) = \max \sum_{j \in J_i} \hat{a}_{i,j} |x_j| z_{i,j}$$

$$\text{s.t. } \sum_{j \in J_i} z_{i,j} \le \Gamma_i \qquad\qquad\qquad (14\text{-}22)$$

$$0 \le z_{i,j} \le 1 \quad \forall j \in J_i$$

式（14-22）利用一个从 0 到 1 变化的变量 $z_{i,j}$ 来模拟 Γ_i 的取值对 $\beta_i(x, \Gamma_i)$ 的影响，可以看出，式（14-22）也是一个线性规划模型，我们对其进行对偶变换，得到如下模型：

$$\min \sum_{j \in J_i} p_{i,j} + \Gamma_i q_i$$

$$\text{s.t. } q_i + p_{i,j} \ge \hat{a}_{i,j} |x_j| \quad \forall i, j \in J_i \qquad\qquad (14\text{-}23)$$

$$p_{i,j} \ge 0 \quad \forall j \in J_i$$

$$q_i \ge 0 \quad \forall i$$

式中，$p_{i,j}$ 和 q_i 是原问题的对偶变量，式（14-22）与式（14-23）可以构成一对对偶问题。根据强对偶理论，如果原问题是有界且可行的，那么其对偶问题也是有界且可行的，并且它们的目标函数值相同。由强对偶理论我们可知，$\beta_i(x, \Gamma_i)$ 可以由式（14-23）的目标函数值表示。综上所述，Bertimas 提出的鲁棒优化对等式转化方法可以将难以求解的优化问题（式（14-21））通过对偶定理转化为容易求解的鲁棒对等式问题：

$$
\begin{aligned}
&\min c^{\mathrm{T}} x \\
\text{s.t.} \quad & \sum_j a_{i,j} x_j + q_i \Gamma_i + \sum_{j \in J_i} p_{i,j} \leqslant b_i \quad \forall i \\
& q_i + p_{i,j} \geqslant \hat{a}_{i,j} y_j \ \forall i, j \in J_i \\
& -y_j \leqslant x_j \leqslant y_j \ \forall j \\
& l \leqslant x \leqslant u \\
& p_{i,j} \geqslant 0 \ \forall i, j \in J_i \\
& y_j \geqslant 0 \ \forall j \\
& q_i \geqslant 0 \ \forall i
\end{aligned}
\tag{14-24}
$$

对于优化问题（式（14-24）），不确定系数的个数在 Γ_i 内变化时其可行解均是鲁棒可行解，而当不确定系数个数大于 Γ_i 时，其可行解能够很大概率保证是鲁棒可行解。

14.3　基于鲁棒优化的风电微网电动汽车有序充电策略

14.3.1　引言

电动汽车的普及为智能电网的发展带来了机遇和挑战。一方面，大规模电动汽车不加限制地接入电网会给电力系统的稳定运行带来负面影响；另一方面，如果通过有效的控制算法引导电动汽车有序接入电网会给电网带来积极影响，如削峰填谷、提高可再生能源消纳比例等。本章提出一种电动汽车的有序充电控制策略，使其能够在风力发电占比较高的微网中达到平抑可再生能源波动、提高风电利用率、提升微网系统整体经济性的目的。考虑到风力发电与电动汽车均具有不同程度的随机性，传统随机优化算法无法达到预期效果。本章首先利用鲁棒优化算法对微网系统进行建模，在电网运行约束、传统机组约束、风电机组约束以及电动汽车能量约束等条件下以微网运行费用最小为目标进行优化计算，并在鲁棒优化模型中充分考虑二者随机性，在二者随机性为系统带来"最坏"影响的情况下找到最优调度策略。然后为了减少鲁棒优化带来的过度"保守"问题和算法复杂度的增加问题，利用可调节鲁棒优化算法在其鲁棒性和经济性中寻找折中，并且利用分组调度算法减少模型求解复杂度。最后利用微网仿真模型验证算法的有效性。本章研究的微网系统架构可由图 14-1 表示。

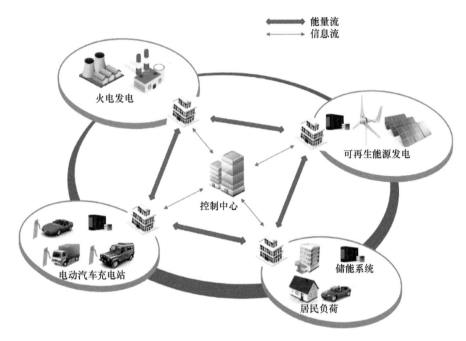

图 14-1 含可再生能源和电动汽车的微网系统

在图 14-1 所示的微网系统中，控制中心为电网调度的决策者，控制中心可以收集住宅区、充电站的电动汽车充电时间、地点、充电功率等信息以及可再生能源机组、传统火电机组的预调度信息，然后根据这些信息进行调度优化计算，再将最终的调度信息反馈回去。得到再调度信息的电动汽车以及发电机组会根据反馈信息重新修改其调度策略，最终达到功率平衡。

14.3.2 电动汽车与风电不确定性建模

1. 风电不确定性建模

风速具有较强不确定性，通常采用 Weibull 分布或者 Rayleigh 分布对其建模，本章风速假设服从 Rayleigh 分布，其概率分布函数可定义如下：

$$f_{w}(V) = \frac{V}{\eta^2} \exp\left(-\frac{V^2}{2\eta^2}\right) \tag{14-25}$$

式中，变量 V 表示风速大小，参数 η 表示 Rayleigh 分布系数。假设风速预测值与 Rayleigh 分布的均值相同，则分布函数中的参数 η 可表示为

$$\eta = \mu(V)\sqrt{\frac{2}{\pi}} \tag{14-26}$$

在获得风速分布概率模型后，给定一个确切的置信水平 α，利用预测区间计算公式 $P\{\underline{\theta} \leqslant \theta \leqslant \overline{\theta}\} = 1 - \alpha$ 可以得到风速的概率分布区间，以概率分布区间作为鲁棒优化模型的输入变量。

得到风速的预测区间后，风电机组的输出功率可由机组的运行参数求得，计算公式如下：

$$W(V) = \begin{cases} 0 & V < V_{in} \text{或} V_{out} < V \\ aV + b & V_{in} \leqslant V \leqslant V_r \\ W_r & V_r \leqslant V \leqslant V_{out} \end{cases} \tag{14-27}$$

式中，V_{in}、V_r、V_{out} 分别表示风电机组的切入风速、额定风速和切出风速，参数 W_r 表示风电机组的额定输出功率，系数 a 和 b 为风电机组的固定参数。由此，我们可以通过 Rayleigh 分布生成风速数据样本，再通过置信区间公式得到样本的预测区间，再将预测区间值代入式（14-27）得到风电机组输出功率的预测区间。为了表达方便，我们再将不确定变量统一由其预测区间的均值和偏差表示：

$$U_W = \left\{ W_{j,t}^G = \overline{W}_{j,t}^G + \hat{W}_{j,t}^G : \underline{\hat{W}}_{j,t}^G \leqslant \hat{W}_{j,t}^G \leqslant \overline{\hat{W}}_{j,t}^G \right\} \tag{14-28}$$

式中，我们将风功率的预测变量统一使用上标 G 表示，$W_{j,t}^G$ 表示第 j 个风电机组的输出功率预测值；$\overline{W}_{j,t}^G$ 和 $\hat{W}_{j,t}^G$ 分别为其预测区间的均值和偏差；$\underline{\hat{W}}_{j,t}^G$ 和 $\overline{\hat{W}}_{j,t}^G$ 分别为其预测偏差的上界与下界，由于预测区间是对称的，所以其上界与下界的绝对值相等，即 $\underline{\hat{W}}_{j,t}^G = -\overline{\hat{W}}_{j,t}^G$。

2. 电动汽车充电功率预测

电动汽车的充电行为主要受到电动汽车每天行驶里程以及开始充电时刻两方面因素影响。

根据现有对电动汽车日行驶里程的研究成果，电动汽车日行驶里程可以采用正态分布 $N \sim (3.5, 1.33)$ 表示，即日行驶里程均值为 3.5km，其概率分布函数可以表示为

$$h(d;\mu,\sigma) = \frac{1}{d\sqrt{2\pi\sigma^2}} e^{-\frac{(\ln d - \mu)^2}{2\sigma^2}} \tag{14-29}$$

式中，μ 和 σ 为正态分布的均值和方差，d 为电动汽车每日行驶里程。

电动汽车一般在每日行驶里程结束后的空闲时段内充电，开始充电时的剩余电量可表示为

$$\mathrm{SOC} = \left(1 - \frac{d}{d_r}\right) \times 100\% \tag{14-30}$$

式中，变量 d_r 表示电动汽车充满电之后能够行驶的最大里程。

根据文献，电动汽车开始充电的时间服从近似正态分布。

根据正态分布函数特征，利用区间预测理论对电动汽车开始充电的时间和剩余电量进行区间预测，得到区间预测值如下：

$$C^{\phi} \in [\underline{C^{\phi}}, \overline{C^{\phi}}], \mathrm{SOC}^{\phi} \in [\underline{\mathrm{SOC}^{\phi}}, \overline{\mathrm{SOC}^{\phi}}] \tag{14-31}$$

电动汽车完成充电的时间可由其开始充电时间与剩余电量计算：

$$D^{\phi} = C^{\phi} + \frac{(1 - \mathrm{SOC}^{\phi}) \times E^{\phi}}{P^{\phi}} \tag{14-32}$$

式中，D^{ϕ} 为第 ϕ 辆电动汽车完成充电的时间；E^{ϕ} 为电动汽车充电电池的容量；电动汽车的充电功率设置为恒定值，用 P^{ϕ} 表示。

与风功率相同，电动汽车充电功率的不确定性也可以统一表示为其预测区间的均值和方差的和：

$$U_{\mathrm{EV}} = \{PEV_t^G = P\bar{E}V_t^G + P\hat{E}V_t^G : P\hat{\underline{E}}V_t^G \leq P\hat{E}V_t^G \leq P\hat{\overline{E}}V_t^G\} \tag{14-33}$$

式中，PEV_t^G 为电动汽车充电功率的预测值，其值可以由电动汽车的充电时间和充电功率相乘表示。

3. 分组调度策略

微网中电动汽车数量众多，假如将每辆电动汽车的初始时间和剩余电量均作为输入参数代入模型中计算，模型复杂度将会呈指数方式增长，极大增加求解难度，因此在鲁棒优化建模过程中需应用简化策略减少模型复杂度，提高调度模型的求解效率和实用性。

我们假设电动汽车用户在每日行程结束后都会将电动汽车接入到电网中进行充电，直到第二天早晨上班时将电动汽车开走，那么我们可以将电动汽车的到达时间以 0.5h 为间隔划分为 10 个时段，时段的划分可参考图 14-2 中的分组方法。在 17：30 之

前到达的电动汽车被划为与 17：30～18：00 之间到达的电动汽车同组，而在 22：30
之后到达的电动汽车不参与调度。

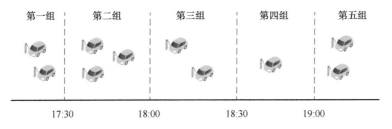

第一组　　第二组　　第三组　　第四组　　第五组

17:30　　　18:00　　　18:30　　　19:00

图 14-2　基于电动汽车到达时间的分组算法

由上述的分组调度算法可知，10 个时段中有些时段无电动汽车到达，则可将这个
时段的分组从调度中去除，即此分组算法将电动汽车分为 K 组，每组进行统一调度，
那么电动汽车的整体充电功率可以用如下方法计算：

$$PEV_t^G = \sum_{k=1}^{K} PEV_{k,t}^G \qquad (14-34)$$

14.3.3　微网调度问题描述

与传统电力系统调度不同，微网中整合了不确定性较强的可再生能源出力以及电
动汽车充电负荷，为了保证系统稳定运行，其调度决策模型中应充分考虑不确定因素
的影响。故本章基于鲁棒优化对含有风电和电动汽车的微网系统进行建模，目的是得
到一种在保证电力系统稳定运行前提下，提高微网系统经济效率的调度决策方案。

经济调度的主要目的是利用最少的运行成本满足电网的负荷需求，所以本章建立
的调度模型以微网运行费用最小为目标，由于风力发电不具有燃料费并且节能环保，
风功率在微网中应当被优先利用；微网中利用传统机组以及储能系统来弥补其余的负
荷需求。

1. 目标函数

$$F = C_G + C_E + C_R \qquad (14-35)$$

式中，C_G 表示传统机组的燃料及运维费用；C_E 表示储能系统的损耗费用以及维护费用；
C_R 表示风电机组的运行维护费用。

模型中利用柴油发电机弥补风电不能满足的功率需求，其燃料费用可用二次函数
表示：

$$C_{G} = \sum_{t=1}^{T}\sum_{i=1}^{N} a_i P_{i,t}^2 + b_i P_{i,t} + c_i \tag{14-36}$$

式中，N 为柴油发电机组总数；T 为调度时段总数；$P_{i,t}$ 为第 i 个柴油发电机在 t 时刻的输出功率；a_i、b_i 和 c_i 为柴油发电机的参数。

模型中的储能系统利用电池储能，其损耗费用和管理费用可以简化为其充放电功率的一次函数：

$$C_{E} = \sum_{t=1}^{T}\lambda_{E} |P_{E,t}| \tag{14-37}$$

式中，λ_{E} 为储能系统损耗和管理费用系数；$P_{E,t}$ 为储能系统在 t 时段吸收／释放的功率。

风电机组的燃料费用为 0，其费用主要由维护费用构成：

$$C_{R} = \sum_{t=1}^{T}\sum_{j=1}^{M}\psi_j W_{j,t} \tag{14-38}$$

式中，M 为风电机组的数量；ψ_j 为风电机组的维护费用系数；$W_{j,t}$ 为第 j 台风电机组在第 t 时段的输出功率。

2. 约束条件

（1）传统经济调度约束

传统经济调度的约束条件包括：功率平衡约束、发电机组出力约束、机组爬坡约束以及旋转备用约束，功率平衡约束可以表示为

$$\sum_{i=1}^{N} P_{i,t} + \sum_{j=1}^{M} W_{j,t} - \sum_{k=1}^{K} PEV_{k,t} + P_{E,t} = Pload_t \tag{14-39}$$

式中，$P_{i,t}$、$W_{j,t}$ 和 $P_{E,t}$ 分别为 t 时段柴油发电机输出功率、风电机组输出功率以及储能系统吸收／释放的功率；$PEV_{k,t}$ 为 t 时刻实际的充电功率，$Pload_t$ 为 t 时刻居民的用电负荷。

传统发电机出力以及其爬坡约束可以表示为

$$P_i^{\min} \leq P_{i,t} \leq P_i^{\max} \tag{14-40}$$

$$-P_{i,\text{down}} \leq P_{i,t} - P_{i,t-1} \leq P_{i,\text{up}} \tag{14-41}$$

式（14-40）表示机组的出力约束，式（14-41）表示机组的爬坡约束。

旋转备用约束可以表示为

$$\sum_{i=1}^{N} P_i^{\max} + \sum_{j=1}^{M} W_{j,t}^{G} + P_{E,t} \geq (1+L_t)\left(\sum_{k=1}^{K} PEV_{k,t}^{G} + Pload_t\right) \tag{14-42}$$

式中，L_t 表示系统在 t 时段的旋转备用率。

（2）电动汽车充电约束

每个时段各组电动汽车的充电功率须满足约束：

$$0 \leqslant PEV_{k,t} \leqslant PEV_{k,t}^{\max} \tag{14-43}$$

电动汽车的储能状态可以用下式计算：

$$E_{k,t} = E_{k,t-1} + PEV_{k,t} \zeta \Delta t \tag{14-44}$$

式中，电动汽车每个时段的储能状态可以用其上一时段的储能状态 $E_{k,t-1}$ 加上这一时段充电功率与时间的乘积，ζ 为电动汽车电池的充电效率。

每组电动汽车的初始储能状态可以表示为 E_k^{ini}，所有电动汽车的储能总量可以表示为 E^{ini}，电动汽车车主会在一天出行开始时将一天的预计行程发送给控制中心，控制中心会根据车主发送的信息来计算每辆电动汽车开始充电的时间以及荷电状态，进而计算电动汽车充电所需要的总能量 E^{end}，在调度过后，仍须满足电动汽车出行所需的电能总量，其公式表达如下：

$$E_k^{\text{end}} = E_k^{\text{ini}} + \sum_{t=1}^{T} PEV_{k,t} \zeta \Delta t \tag{14-45}$$

$$E^{\text{end}} = \sum_{k=1}^{K} E_k^{\text{end}} = E^{\text{ini}} + \sum_{t=1}^{T} PEV_t^{G} \zeta \Delta t \tag{14-46}$$

（3）风电机组约束

$$0 \leqslant W_{j,t} \leqslant W_{j,t}^{G} \tag{14-47}$$

每台风电机组的实际被调度的输出功率应小于其功率预测值。

（4）储能系统约束

储能系统的能量存储状态计算公式可以表示为

$$E_{\text{bat},t} = E_{\text{bat},t-1} - P_{E,t} \tau \Delta t \tag{14-48}$$

式中，$E_{\text{bat},t}$ 为储能系统的能量存储状态；τ 为其充放电效率。

假设在调度结束后，储能系统的电量应与其初始电量相同（无论在期间充放电的能量有多少）：

$$E_{\text{bat}}^{\text{ini}} = E_{\text{bat}}^{\text{end}} \tag{14-49}$$

与电动汽车储能电池相同，微网的储能系统功率与能量约束可以表示如下：

$$-\underline{P}_E \leqslant P_{E,t} \leqslant \bar{P}_E \tag{14-50}$$

$$\underline{E}_{bat} \leqslant E_{bat,t} \leqslant \overline{E}_{bat} \qquad (14\text{-}51)$$

14.3.4 鲁棒优化模型

含可再生能源与电动汽车的微网系统调度问题的鲁棒优化模型可以表示为

$$\min_{P_{i,t},W_{j,t},PEV_{k,t}} \sup_{W_{j,t}^G,PEV_t^G} F \qquad (14\text{-}52)$$

$$\text{s.t. 式（14-39）～式（14-51）}$$

在本章建立的鲁棒优化模型中，变量 $W_{j,t}^G$ 和 PEV_t^G 是在区间内变化的不确定变量，故约束条件（式（14-42）、式（14-46）、式（14-47））可以根据 $W_{j,t}^G$ 和 PEV_t^G 的取值不同被分为一系列子约束条件，这样整个优化问题转化为一个半无限优化问题（Semi-infinite Problem），使得问题变得难以求解。我们将在下一节中利用对偶理论将优化问题（式（14-52））转化为其容易求解的鲁棒对等式进行处理。

14.3.5 鲁棒对等式与可调节鲁棒优化

1. 鲁棒对等式

基于鲁棒优化对等式的转化方式，根据式（14-28）和式（14-33），我们首先将模型中的旋转备用约束改写为

$$\sum_{i=1}^{N} P_i^{\max} + \sum_{j=1}^{M} (\overline{W}_{j,t}^G + \hat{W}_{j,t}^G) - (1+L_t)\sum_{k=1}^{K}(P\overline{E}V_{k,t}^G + P\hat{E}V_{k,t}^G) + P_{E,t} \geqslant (1+L_t)Pload_t \qquad (14\text{-}53)$$

式中，我们将模型中在区间内变化的不确定量用其预测区间的均值和偏差表示。

鲁棒优化目标为在不确定变量取得"最坏情况"时寻找优化问题的最优解。不确定变量的"最坏情况"可以表示为

$$X = \max\left\{ \sum_{j=1}^{M} \hat{W}_{j,t}^G - (1+L_t)\sum_{k=1}^{K} P\hat{E}V_t^G \right\}$$

$$\text{s.t.} \quad \underline{\hat{W}}_{j,t}^G \leqslant \hat{W}_{j,t}^G \leqslant \overline{\hat{W}}_{j,t}^G \qquad (14\text{-}54)$$

$$P\underline{\hat{E}}V_t^G \leqslant P\hat{E}V_t^G \leqslant P\overline{\hat{E}}V_t^G$$

优化问题（式（14-54））是可行且有界的，那么根据强对偶原理，其对偶问题也是可行且有界的，并且它们最优解所对应的目标函数值相同。其对偶问题可以表示为

$$\min\left\{-\sum_{j=1}^{M}\hat{\underline{W}}_{j,t}^{G}\alpha_{t}+\sum_{j=1}^{M}\overline{\hat{W}}_{j,t}^{G}\beta_{t}-\sum_{k=1}^{K}P\underline{\hat{E}}V_{k,t}^{G}\gamma_{t}+\sum_{k=1}^{K}P\overline{\hat{E}}V_{k,t}^{G}\delta_{t}\right\}$$

$$\text{s.t.}\qquad\qquad -\gamma_{t}+\delta_{t}\geqslant 1 \qquad\qquad\qquad\qquad (14\text{-}55)$$

$$-\alpha_{t}+\beta_{t}\geqslant -1-L_{t}$$

$$\alpha_{t},\beta_{t},\gamma_{t},\delta_{t}\geqslant 0$$

所以约束条件（式（14-53））可以改写为

$$\sum_{i=1}^{N}P_{i}^{\max}+\sum_{j=1}^{M}\overline{W}_{j,t}^{G}-\left(1+L_{t}\right)\sum_{k=1}^{K}P\overline{E}V_{k,t}^{G}-\sum_{j=1}^{M}\hat{\underline{W}}_{j,t}^{G}\alpha_{t}+\sum_{j=1}^{M}\overline{\hat{W}}_{j,t}^{G}\beta_{t}-$$

$$\sum_{k=1}^{K}P\underline{\hat{E}}V_{k,t}^{G}\gamma_{t}+\sum_{k=1}^{K}P\overline{\hat{E}}V_{k,t}^{G}\delta_{t}+P_{\mathrm{E},t}\geqslant\left(1+L_{t}\right)Pload_{t} \qquad (14\text{-}56)$$

综上，原难以求解的优化问题（式（14-52））可以转化为其鲁棒对等式：

$$\min_{P_{i,t},W_{j,t},PEV_{k,t},\alpha_{t},\beta_{t},\gamma_{t},\delta_{t}}F$$

$$\text{s.t.}\ \text{式（14-39）}\sim\text{式（14-51），式（14-56）} \qquad (14\text{-}57)$$

式（14-57）为一个线性约束的优化问题，可以利用拉格朗日松弛法或者智能优化算法（如遗传算法）进行求解。

2. 可调节鲁棒优化算法

通过引入不确定系数 Γ_{t} 来调节鲁棒优化的鲁棒性与经济性，对于微网鲁棒优化模型，考虑到风电机组有 M 个，电动汽车有 K 组，所以有 $M+K$ 个不确定变量可以在其不确定区间内变化，定义区间 $R=[0,M+K]$ 表示不确定系数 Γ_{t} 的取值区间。假设每个不确定变量都会在其不确定区间内变化，例如风电机组出力 $W_{j,t}^{G}\in\left[\overline{W}_{j,t}^{G}+\eta_{j,t}\hat{\underline{W}}_{j,t}^{G},\overline{W}_{j,t}^{G}+\eta_{j,t}\overline{\hat{W}}_{j,t}^{G}\right]$，这里定义 $\eta_{j,t}\in[0,1]$ 为不确定区间大小的控制变量。不确定系数 Γ_{t} 可以在 R 内取值，且可以不为整数，Γ_{t} 值的确定代表了模型中有 $\lfloor\Gamma_{t}\rfloor$ 个变量可以在其整个区间内变化，即 $\eta_{m,t}=1$，有一个变量可以在其一部分区间变化，即 $\eta_{m,t}=\Gamma_{t}-\lfloor\Gamma_{t}\rfloor$，通过 Γ_{t} 值的大小来控制模型的鲁棒性。为了理解和证明方便，引入变量 $Q_{m,t}$ 表示不确定变量的具体取值，其表达式如下：

$$Q_{m,t}=\sum_{j\in[0,m]}\hat{W}_{j,t}^{G}-\left(1+L_{t}\right)\sum_{k\in[0,m-j]}P\hat{E}V_{k,t}^{G} \qquad (14\text{-}58)$$

定义 S 为可以在其整个区间内变化 $\eta_{m,t}=1$ 的不确定变量集合，s 表示只能在一部

分区间内变化 $\Gamma_t - \lfloor \Gamma_t \rfloor$ 的不确定变量，因此旋转备用不被满足的概率可以表示为：

$$\Pr\left\{\sum_{i=1}^{N}P_i^{\max} + \sum_{j=1}^{M}\left(\overline{W}_{j,t}^{G} + \hat{W}_{j,t}^{G}\right) - (1+L_t)\cdot\sum_{k=1}^{K}\left(P\overline{E}V_{k,t}^{G} + P\hat{E}V_{k,t}^{G}\right) + P_{\mathrm{E},t} < (1+L_t)Pload_t\right\} \leqslant$$

$$\Pr\left\{\sum_{m\in R}\eta_{m,t}\omega_{m,t} \geqslant \Gamma_t\right\} \tag{14-59}$$

$$\omega_{m,t} = \begin{cases} 1, & m \in S \\ \dfrac{Q_{m,t}^{*}}{Q_{g,t}^{*}}, & m \in R \setminus S \end{cases} \tag{14-60}$$

式中，$Q_{g,t}^{*} = \min\{Q_{g,t}\}$，$g \in S \bigcup \{s\}$

同时，约束条件不被满足概率的取值可以表示为

$$\Pr\left\{\sum_{r\in R}\omega_{m,t}\eta_{m,t} \geqslant \Gamma_t\right\} \leqslant (1-\mu)C(n,\lfloor v \rfloor) + \sum_{l=\lfloor v \rfloor+1}^{n}C(n,l) \tag{14-61}$$

$$C(n,l) = \begin{cases} \dfrac{1}{2^n} & l=0 \ \text{或} \ n \\ \dfrac{1}{\sqrt{2\pi}}\sqrt{\dfrac{n}{(n-l)l}}\exp\left(n\log\left(\dfrac{n}{2(n-l)}\right) + l\log\left(\dfrac{n-l}{l}\right)\right) & \text{其他} \end{cases} \tag{14-62}$$

式中，n 为 R 的最大值，$v = \dfrac{\Gamma_t + n}{2}$，$\mu = v - \lfloor v \rfloor$。

14.3.6 算例仿真

本节通过对住宅区微网系统进行建模，根据仿真结果验证算法的有效性与实用性。

1. 仿真场景

仿真场景设置在住宅区的典型微网中，微网内含有一台最大输出功率为 2000kW 的柴油发电机作为辅助电源，4 台最大功率为 500kW 的风电机组作为主要电源。场

景中设置电动汽车 100 辆，按照其到达时间被分为 8 组，其电池容量统一设置为 60kWh。储能系统的初始电量设置为 200kWh，微网旋转备用率为 0.1，仿真时段为下午 4：00 至第二天凌晨 4：00，共分为 24 个时段。本节基于此场景建立鲁棒优化模型进行仿真，并利用拉格朗日松弛算法进行求解，仿真环境为 matlab2014b。

图 14-3 表示生成的模型输入参数曲线，风电机组的输出功率和电动汽车的充电功率预测区间均利用 95% 置信度生成。可以看出，在初始条件下，电动汽车主要在 19：30～21：30 时段内充电，这时用户负荷较高而风电机组的输出功率不足，使得系统中的柴油发电机必须起动来满足负荷功率需求，提升了系统运行费用，并且可能会影响电网的稳定运行，而在风能充足的时段 0：00～2：00，用户负荷很低，但电动汽车未选择在这个时段充电，造成能量的浪费。因此，仿真系统初始运行条件既不经济也不稳定。

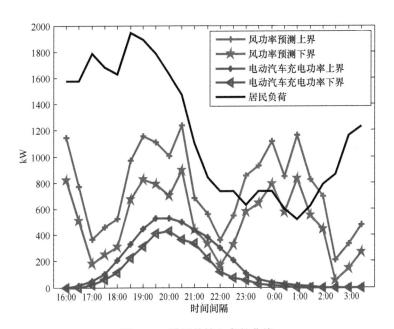

图 14-3　模型的输入参数曲线

2. 仿真结果分析

1）应用鲁棒优化方法对模型进行优化以提高电力系统稳定性和经济性，如图 14-4 所示，仿真计算考虑电动汽车和风电机组输出功率对微网系统影响的 "最坏" 情况，在保证电网鲁棒性的前提下，将电动汽车安排在日负荷谷时风能充足的时段进行充电，柴油发电机和微网储能系统出力满足剩余用户负荷需求，达到减少负荷峰谷差，增加可再生能源利用率的目的。根据优化结果，微网系统峰值负荷减少了23%，运行费用从 1681 美元减少到 1274 美元，减少了 21%。

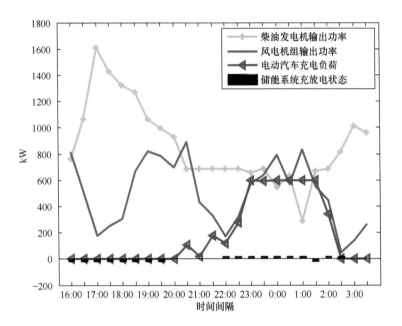

图 14-4　鲁棒优化结果

2）为了减少鲁棒优化对求解造成的"过度保守"影响，设置 Γ_i 的取值在其鲁棒性与稳定性中寻找折中。当 Γ_i 取值为 0 时，说明系统中不确定参数均为其预测区间的均值不在其区间内变化，这种情况代表了传统随机优化情况。随着 Γ_i 取值的增加，取值在其预测区间内变化的不确定变量增多，优化模型中的不确定变量增多，模型鲁棒性增强。鲁棒性增强对于此微网系统，则是风功率减小，电动汽车充电功率增加，微网系统需要调度更多的柴油发电机来弥补增加的负荷需求，进而造成微网的运行费用增加，经济性降低。当 Γ_i 达到其最大值时，即考虑不确定变量变化的"最坏情况"，其鲁棒性最强，经济性最弱。具体的仿真结果如图 14-5～图 14-7 所示。

3）鲁棒性与经济性的数值关系仿真结果如图 14-8 所示，随着不确定系数 Γ_i 增大，模型中考虑的不确定变量数量增多，模型鲁棒性逐渐增强，经济性逐渐减弱。与传统随机优化（ $\Gamma_i = 0$ ）相比，鲁棒性最强（ $\Gamma_i = 12$ ）的调度策略能够将约束条件不满足的概率减少61%，同时带来 40% 的运行成本增长。然而，在某些场景下，系统并不需要这么强的鲁棒性保障，所以系统的决策者可以依据两者之间的关系在系统鲁棒性和经济性中寻找折中。

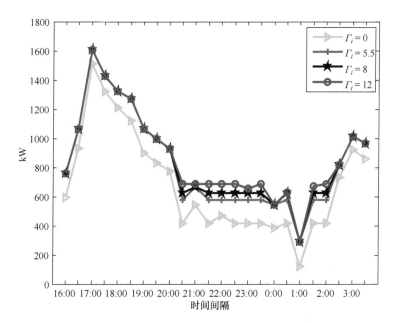

图 14-5　柴油发电机输出功率随 Γ_i 变化值

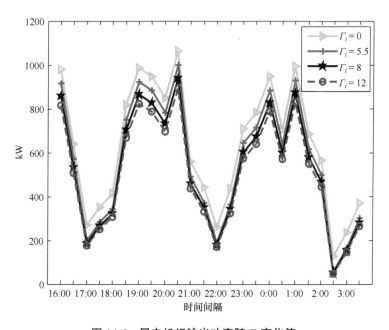

图 14-6　风电机组输出功率随 Γ_i 变化值

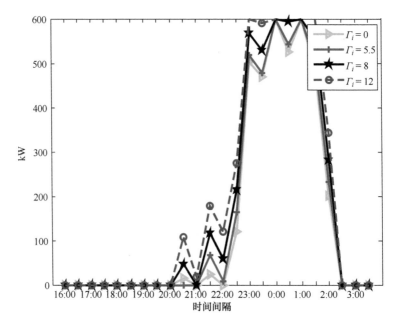

图 14-7　电动汽车充电功率随 Γ_i 变化值

　　4）在本节建立的模型中，有两种不同的变量具有随机性，即电动汽车充电功率与风电机组输出功率，如果风电功率被优先调度，那么运行成本曲线为图 14-8 中的运行成本曲线 1 所示，其成本曲线初始阶段呈线性；如果电动汽车充电功率被优先调度，那么成本曲线的线性阶段被后移。为了避免这种人为因素对仿真结果的影响，我们对每个 Γ_i 仿真 50 次取其平均值，最终的仿真结果如图 14-8 中运行成本曲线 2 所示。图 14-8 展示了鲁棒性与经济性的数值关系，给微网系统决策者提供了参考。例如，最"保守"的鲁棒优化结果（$\Gamma_i = 12$）中约束条件不满足概率达到 0，但是系统会付出很高的经济代价，假如约束条件不被满足的概率可以放松到 1%，那么 Γ_i 的取值可以为10.5，微网运行成本可以减少 7.8%。

14.3.7　本节小结

　　本节首先根据微网中含有不确定性可再生能源与电动汽车接入的特点，提出利用鲁棒优化方法对其协同调度建模，在模型建立时充分考虑两者不确定性对微网系统的影响；其次针对鲁棒优化决策模型对微网系统调度带来的"过度保守"问题，利用可调节鲁棒优化方法对鲁棒优化方法进行改进，从而达到在电网稳定的前提下提升电网运行经济性的目的；最后利用仿真算例验证数学模型的有效性与实用性。

　　根据仿真结果，可以得出如下结论：

　　1）与传统随机优化方法相比，本节建立的鲁棒优化方法在模型中充分考虑了风功率和电动汽车充电功率的随机性特征，牺牲了部分经济性来提高电网运行鲁棒性，最"保守"的鲁棒调度策略可以将电网运行条件约束保证为 100%。

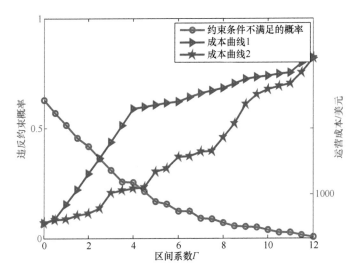

图 14-8　鲁棒性与经济性的数值关系

2）本节改进的可调节鲁棒优化方法可以同时考虑模型经济性与鲁棒性的相互关系并且量化这种关系，为决策者制定调度决策提供参考，提升了模型的实用性。

3）为了减少电动汽车数量的增加对模型复杂度的影响，本节提出利用分组调度算法，调度中心根据电动汽车接入电网进行充电的时间、剩余电量等信息，将电动汽车进行分组，每一组的电动汽车统一进行调度，这种简化算法无需将每辆电动汽车作为变量代入模型计算，大大减少了求解调度模型的复杂度。

然而，随着电动汽车的普及与技术发展，双向充放电技术使得车网互动（V2G）技术得到了很大发展，在本节模型中未考虑电动汽车 V2G 情况。

14.4　基于鲁棒优化的光伏微网电动汽车有序充电策略

本章考虑了含可再生能源和电动汽车的微网系统，由于可再生能源出力及电动汽车充电行为具有随机性，本节提出了一个解决光伏电站出力和电动汽车充电行为的不确定性数学模型，以最大程度地降低微网系统的经济和环境成本为目标函数。并使用对偶理论优化所建的调度模型来处理不确定变量，最后通过数值案例对比分析了鲁棒优化和随机优化在光伏微网系统的应用效果。

14.4.1 光伏微网系统模型

在考虑含可再生能源和电动汽车的微网系统时，通常有两个问题是调度人员不得不解决的。一是，可再生能源的出力易受气候和天气变化影响，非人为因素可控。其发电量和系统用电需求无法很好地实时匹配，例如在用电高峰时往往没有可用的电力，或者在用电低谷时电力生产过剩。在这方面光伏发电和传统火电机组相比一直被诟病。二是，电动汽车充电负荷对电网的冲击。目前电动汽车的充电行为是无序随机的，当少数电动汽车接入电网时，电网尚可应对，当有大规模电动汽车无序接入电网时，可能给电网的安全稳定运行带来压力，甚至是危险。

但是这两个问题交织在一起时，或许可互为助力协调解决。随着电动汽车数量的增加，电动汽车与电网之间的双向能量传输为可再生能源发电和电动汽车的大规模应用提供解决方案。电动汽车在电力需求低时可以消纳可再生能源，在电力需求高时可以向电网输送电能。合理灵活的调度策略可以保证电动汽车与可再生能源发电的协调运行。

在本节中，连接到电网的微网系统包括光伏电站（PV）、微型燃气轮机（MT）、柴油发电机（DE）和电动汽车群（EVs）。光伏输出功率和电动汽车充电行为的不确定性以集合形式表示。

1. 光伏输出模型

太阳能发电是指用光伏电池模块将太阳能直接转换为电能。太阳能是取之不尽、用之不竭的清洁能源，太阳能光伏电站运行具有安全、可靠的特点，不受石油和煤炭能源危机的影响。但是，通常很难准确地预测光伏系统的经时发电量。由于光伏电站出力的周期性和随机性，在本节以集合形式表示其出力，并且集合里的每个值都同等重要。

$$PV_{l,t} = \overline{PV_{l,t}} + \hat{PV}_{l,t}$$

$$\text{s.t.} \quad \underline{\hat{PV}_{l,t}} \leq \hat{PV}_{l,t} \leq \overline{\hat{PV}_{l,t}}$$

$$(14\text{-}63)$$

光伏出力被建模为对称且有界的随机变量，并且式（14-63）也可表示为 $[\overline{PV_{l,t}} + \underline{\hat{PV}_{l,t}}, \overline{PV_{l,t}} + \overline{\hat{PV}_{l,t}}]$。

2. 电动汽车充电行为模型

大规模的电动汽车增速接入对电网调度而言，是机遇更是挑战，分析电动汽车行驶特点和充电行为非常必要。

采用正态分布函数表示电动汽车的日行驶距离 d^k。

$$d^k \sim \mathrm{Normal}(\mu_1, \sigma_1) \tag{14-64}$$

根据电动汽车的日行驶距离 d^k，结合电动汽车满荷电状态时最大行驶距离 d^k_m，可以计算电动汽车每日行驶后的剩余电量，也就是开始充电时的初始电量。

$$\mathrm{SOC}^k(\%) = \left(1 - \frac{d^k}{d^k_\mathrm{m}}\right) \times 100\% \tag{14-65}$$

由于本节微网场景是含光伏的工作区微网，所以电动汽车参与调度时需要遵循一定的规则，电动汽车需要在工作区充电或放电。电动汽车充电开始时间即为车主到达工作区的上班时间。经过统计，电动汽车充电开始时间可采用正态分布函数表示。

$$T^k_\mathrm{start} \sim \mathrm{Normal}(\mu_2, \sigma_2) \tag{14-66}$$

在本节中，我们考虑所有参与调度的电动汽车均具有相同的电池容量 E 和相同的额定充电功率 P_c。因此，所有电动汽车的充电结束时间 T^k_end 可由式（14-67）计算。

$$T^k_\mathrm{end} = T^k_\mathrm{start} + \frac{(1 - \mathrm{SOC}^k)E}{P_\mathrm{c}} \tag{14-67}$$

同时，所有参与调度的电动汽车每时刻总的充电功率可由每辆电动汽车的充电功率叠加得到。

$$PEV_t = \sum_{k=1}^{K} PEV_{k,t} \tag{14-68}$$

式中，$PEV_{k,t}$ 表示 t 时刻第 k 辆电动汽车的充电功率；K 表示参与调度的电动汽车总数量。

综上所述，电动汽车充电功率的不确定性可以按照如下集合的形式表示。

$$PEV_t = \overline{PEV_t} + \hat{PEV_t} \tag{14-69}$$

$$\mathrm{s.t.} \quad \underline{\hat{PEV_t}} \leqslant \hat{PEV_t} \leqslant \overline{\hat{PEV_t}}$$

式中，PEV_t 表示 t 时刻所有电动汽车总的充电功率，同样的，PEV_t 值在区间 $[\overline{PEV_t} + \underline{\hat{PEV_t}}, \overline{PEV_t} + \overline{\hat{PEV_t}}]$ 内都可以取到。

14.4.2 光伏微网双层调度系统模型

本章光伏微网双层调度系统由光伏电站、柴油发电机、微型燃气轮机和电动汽车群组成，采取并网运行方式。出力单元由光伏电站、柴油发电机、微型燃气轮机和电网系统组成。所产生的电能用来满足系统自身用电负荷和电动汽车群充电需求。应用场景图如图14-9所示。

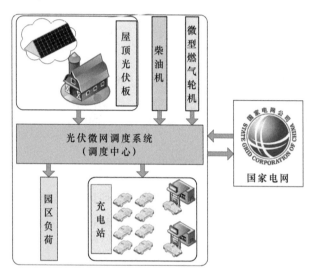

图14-9 光伏微网调度系统场景图

如图14-10所示，光伏微网双层调度系统的上层是调度层，通过鲁棒优化算法决策出各时刻系统单元的出力情况及电动汽车的充电总功率；下层为操作层，在考虑电动汽车个体差异性的基础上，完成电动汽车充电总功率的分配问题。上下层之间通过电动汽车充电总功率联系，上层模型输出结果的电动汽车充电总功率作为下层模型的输入。

1. 上层（鲁棒优化）调度模型

本层模型包括两部分内容，鲁棒优化调度模型的目标函数及相关约束。以最小化系统运维成本和环境治理成本为目标函数，光伏出力和电动汽车充电的不确定性以集合形式表示，通过鲁棒对等式转换，得到鲁棒优化调度目标函数。具体建模过程如下。

（1）系统总成本目标函数

系统总成本由两部分构成。第一部分是系统运行维护成本 C_1，包括柴油发电机和微型燃气轮机的燃料成本和运维成本、光伏电站的运维成本和电网的购电成本。第二部分是环境治理成本 C_2，柴油发电机发电过程会产生二氧化碳及对空气质量有害的二氧化硫和氮氧化物，这部分气体会导致治理成本。

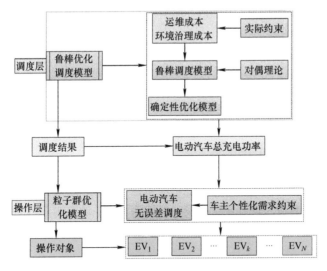

图 14-10　双层光伏微网系统结构图

本章调度的目的就是在保证系统安全稳健运行的前提下，尽可能降低系统总成本。

$$\min C_{\text{total}} = \min(C_1 + C_2) \tag{14-70}$$

其中，柴油发电机和燃气轮机发电都需要消耗燃料。柴油发电机的燃料成本可以用自变量为发电功率 $P_{i,t}$ 的二次函数形式表示；而燃气轮机发电功率 $PMT_{j,t}$ 则有效率转化的问题，故燃气轮机的燃料成本用单位发电功率成本系数 $\eta(PMT_{j,t})$ 和实际发电功率表示。光伏发电 $PV_{l,t}$ 不需要消耗燃料。柴油发电机、微型燃气轮机和光伏板的运维成本则用其发电功率乘以相应的运维系数 K_{OM} 获得。本章忽略电动汽车充电时的电池损耗成本。

$$C_{\text{f}}(P_{i,t}) = [c_1 P_{i,t}^2 + c_2 P_{i,t} + c_3]_{\text{DE}} + \left[\frac{PMT_{j,t}}{\eta(PMT_{j,t})}\right]_{\text{MT}}$$
$$C_{\text{OM}}(P_{i,t} + PV_{l,t} + PMT_{j,t}) = K_{\text{OM}}(P_{i,t} + PV_{l,t} + PMT_{j,t}) \tag{14-71}$$
$$C_{\text{grid},t} = P_{\text{grid},t} M_t \Delta t$$

式中，$C_{\text{f}}(\cdot)$ 表示柴油发电机和微型燃气轮机的燃料成本；$C_{\text{OM}}(\cdot)$ 表示柴油发电机、微型燃气轮机和光伏电站的运维成本；$C_{\text{grid},t}$ 表示微网向大电网的购电成本。由此，我们可以得到系统总的运维成本函数 C_1：

$$C_1 = \sum_{t=1}^{T}[C_{\text{f}}(P_{i,t} + PMT_{j,t}) + C_{\text{OM}}(P_{i,t} + PV_{l,t} + PMT_{j,t}) + C_{\text{grid},t}] \tag{14-72}$$

相较于光伏发电的绿色无污染，柴油发电机和微型燃气轮机发电造成的环境污染问题不容忽视。此外，电能在大电网和微网之间传输时也会引起效率损耗与污染。其治理成本函数 C_2 为

$$C_2 = \sum_{t=1}^{T}\sum_{p=1}^{P}\sum_{h=1}^{H}(C_h\mu_{p,h})P_{p,t} + \sum_{t=1}^{T}\sum_{h=1}^{H}(C_h\mu_{\text{grid}})P_{\text{grid},t} \tag{14-73}$$

式中，C_h 表示第 h 种污染物的治理成本系数；$\mu_{p,h}$ 表示第 p 种出力单元对于第 h 种污染物的排放系数；$P_{p,t}$ 表示 t 时刻第 p 种出力单元的出力功率；μ_{grid} 表示电能在大电网和微网之间传输的污染物排放系数。

（2）约束条件

在光伏微网系统内，必须保证电能供应质量。亦即，通过和大电网的连接，光伏电站、柴油发电机和微型燃气轮机所发的电能除了供电动汽车充电外，还须满足工业园区内的正常用电负荷需求 $P_{\text{load},t}$。

$$\sum_{i=1}^{I}P_{i,t} + P_{\text{grid},t} + \sum_{j=1}^{J}PMT_{j,t} + \sum_{l=1}^{L}PV_{l,t} - PEV_t = P_{\text{load},t} \tag{14-74}$$

柴油发电机和微型燃气轮机的出力分别在各自范围内受到相应的出力约束。光伏电站出力不应该超过其实际出力值，并且优先利用光伏发电。

$$P_{i,\min} \leqslant P_{i,t} \leqslant P_{i,\max}$$
$$PMT_{j,\min} \leqslant PMT_{j,t} \leqslant PMT_{j,\max} \tag{14-75}$$
$$0 \leqslant PV_{l,t} \leqslant PV_{l,t}$$

为了保护机组的正常运行，柴油发电机和微型燃气轮机每单位时间增加或减少的出力变化应当满足相应的约束。本章考虑优先利用系统内的电能，并且尽可能避免在峰时电价时段用电。根据需要向大电网购电。

$$P_{i,\text{down}} \leqslant P_{i,t} - P_{i,t-1} \leqslant P_{i,\text{up}}$$
$$P_{j,\text{down}} \leqslant PMT_{j,t} - PMT_{j,t-1} \leqslant P_{j,\text{up}} \tag{14-76}$$
$$P_{\text{down}} \leqslant P_{\text{grid},t} \leqslant P_{\text{up}}$$

由于本章忽略电池充电损耗，所以电动汽车充电应按照规范进行，其充电功率不宜过大。

$$0 \leqslant PEV_{k,t} \leqslant PEV_{k,t}^{\max} \tag{14-77}$$

设置旋转备用约束的目的是保证系统可靠的能量供应，在某些发电单元出现故障时可以弥补相应的电力供应缺口。此处 L_t 是指旋转备用率。

$$\sum_{i=1}^{I} P_{i,t}^{\max} + \sum_{j=1}^{J} PMT_{j,t}^{\max} + P_{\text{grid},t}^{\max} + \sum_{l=1}^{L} PV_{l,t} \geq (1+L_t)(P_{\text{load},t} + \sum_{k=1}^{K} PEV_t) \tag{14-78}$$

式（14-74）和式（14-78）均包含光伏出力和电动汽车充电功率的不确定项，可以用不确定性模型替换。式（14-78）可转换为

$$\sum_{i=1}^{I} P_{i,t}^{\max} + \sum_{j=1}^{J} PMT_{j,t}^{\max} + P_{\text{grid},t}^{\max} + \sum_{l=1}^{L} (\overline{PV_{l,t}} + \hat{PV_{l,t}}) \geq (1+L_t)[P_{\text{load},t} + \sum_{k=1}^{K} (\overline{PEV_{k,t}} + \hat{PEV_{k,t}})]$$

$$\tag{14-79}$$

将式（14-79）中的不确定项提取出来，当其波动最大，越发偏离其期望值时会产生最恶劣场景，称为极限场景。可以用下式表示最恶劣场景：

$$\max \left[\sum_{l=1}^{L} \hat{PV_{l,t}} - (1+L_t) \sum_{k=1}^{K} \hat{PEV_{k,t}} \right]$$

$$\underline{\hat{PV_{l,t}}} \leq \hat{PV_{l,t}} \leq \overline{\hat{PV_{l,t}}}$$

$$\underline{\hat{PEV_{k,t}}} \leq \hat{PEV_{k,t}} \leq \overline{\hat{PEV_{k,t}}} \tag{14-80}$$

式（14-80）的求解结果不是简单的边界取值，其值可以是二维空间内包含的任意值。每时刻各个变量都在对应的不确定区间波动，直接求解难度很大。由于该函数是一个严格凸函数并且可微，可以基于强对偶理论将其转化为确定性问题后求解，降低求解难度。

$$\min \left(-\sum_{l=1}^{L} \underline{\hat{PV_{l,t}}} \alpha_t + \sum_{l=1}^{L} \overline{\hat{PV_{l,t}}} \beta_t - \sum_{k=1}^{K} \underline{\hat{PEV_{k,t}}} \gamma_t + \sum_{k=1}^{K} \overline{\hat{PEV_{k,t}}} \delta_t \right)$$

$$-\alpha_t + \beta_t \geq 1$$

$$-\gamma_t + \delta_t \geq -1 - L_t \tag{14-81}$$

$$\alpha_t, \beta_t, \gamma_t, \delta_t \geq 0$$

于是，原先的旋转备用约束模型就转化为

$$\sum_{i=1}^{I} P_{i,t}^{\max} + \sum_{j=1}^{J} PMT_{j,t}^{\max} + P_{\text{grid},t}^{\max} - (1+L_t) P_{\text{load},t}$$

$$\sum_{l=1}^{L} \overline{PV_{l,t}} - \sum_{l=1}^{L} \underline{\hat{PV_{l,t}}} \alpha_t + \sum_{l=1}^{L} \overline{\hat{PV_{l,t}}} \beta_t$$

$$-(1+L_t) \sum_{k=1}^{K} \overline{PEV_{k,t}} - \sum_{k=1}^{K} \underline{\hat{PEV_{k,t}}} \gamma_t + \sum_{k=1}^{K} \overline{\hat{PEV_{k,t}}} \delta_t \tag{14-82}$$

$$\geq 0$$

2. 下层（粒子群优化）实时调度模型

调度层考虑实际约束（如出力限制、爬坡约束等）根据系统运维成本和环境治理成本得到光伏输出功率、微型燃气轮机输出功率、柴油发电机输出功率、电网传输功率和电动汽车总充电功率。

在既有研究中，通常忽略电动汽车的个体差异性，但实际中不同电动汽车车主有着不同的用车需求。如果仅考虑电动汽车作为储能单元的理想调度是不现实的，因为一旦电动汽车车主不愿意参与微网调度，则有序充电无法落实。

当上层（调度层）完成求解以后，输出总电动汽车充电功率，本层需要完成其后的功率分配。需要结合每辆电动汽车车主的个性化需求，并考虑充电后的 SOC 上限。

操作层通过引入粒子群优化算法实现电动汽车总充电功率的分配问题，采用粒子群算法实现每辆车的个性化实时调度过程如下：

1）初始化种群。设第 k 辆电动汽车个体 x_k，设置合适的种群规模 Q 和最大迭代次数 ger，空间维度是该电动汽车分组内的电动汽车总数 N。初始化每辆电动汽车的位置 $x_k(t)$ 和速度 $v_k(t)$。

$$x_k(t) = \text{rempat}(x_{k\min}, Q) + \text{rempat}((x_{k\max} - x_{k\min}), Q) \cdot \text{rand}(Q, N)$$
$$v_k(t) = \text{rempat}(v_{k\min}, Q) + \text{rempat}((v_{k\max} - v_{k\min}), Q) \cdot \text{rand}(Q, N)$$

（14-83）

2）计算适应度。由于电动汽车总充电功率应与上层调度结果精准匹配，所以函数值越小越好。

$$f(PEV_1, PEV_2, \cdots, PEV_k, \cdots, PEV_N) = \text{Min} \sum_{t=1}^{T} \sum_{k=1}^{N} \Delta PEV_{k,t}$$

（14-84）

3）更新个体历史最优位置和群体历史最优位置。每次搜寻都需要将当前适应度与历史最优适应度对比，如果当前适应度比历史最优适应度小，则更新个体历史最优位置和群体历史最优位置及历史最优适应度。

4）位置与速度更新。

$$v_k^{b+1}(t) = \omega v_k^b(t) + c_1 r_1 (P_k(t) - x_k^b(t)) + c_2 r_2 (P_g(t) - x_k^b(t))$$
$$x_k^{b+1}(t) = x_k^b(t) + v_k^{b+1}(t)$$

（14-85）

5）由于本层的操作对象是每一辆电动汽车，解为各时刻每辆电动汽车的实时状态。所以当迭代次数达到最大时，输出为

$$(PEV_1, PEV_2, \cdots, PEV_k, \cdots, PEV_N) = \text{arg Min} \sum_{t=1}^{T} \sum_{k=1}^{N} \Delta PEV_{k,t}$$

（14-86）

否则，返回步骤2），继续循环上述过程。

3. 鲁棒性的量化标准

自鲁棒优化被提出以来，一直用于求解不确定性优化问题。图 14-11 是系统不同场景下的二维空间示意图。与随机优化不同，鲁棒优化产生的鲁棒可行解一定能保证系统在最恶劣的情况下依然有效，下面介绍如何在鲁棒可行解中寻求鲁棒最优解。

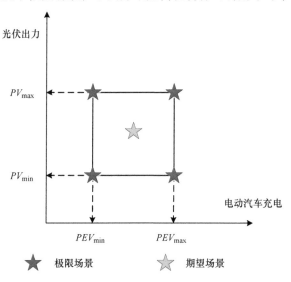

图 14-11　不同场景二维空间示意图

鲁棒优化的变量以集合形式表示，可以表示两种极端的情况，最好场景和最坏场景。在最好场景下，电动汽车充电最小而光伏出力最多，这种情况调度压力小；在最坏场景下，电动汽车充电最多而光伏出力最少，这种情况比较具有现实意义，所以通常的鲁棒优化一般多属此种情况。

鲁棒优化和随机优化为模型的求解提供了两种思路。随机优化难以应对系统遇到的最恶劣场景；而鲁棒优化的优势在于求解最恶劣场景问题，在面对其他较优场景时可以保证系统的安全稳定运行。可以通过旋转备用约束被破坏的概率（POV）来客观评价两种方法。

$$\Pr\left[\sum_{i=1}^{I}P_{i,t}^{\max}+\sum_{j=1}^{J}PMT_{j,t}^{\max}+P_{\mathrm{grid},t}^{\max}+\sum_{l=1}^{L}PV_{l,t}^{\mathrm{G}}<(1+L_t)\left(P_{\mathrm{load},t}+\sum_{k=1}^{K}PEV_{k,t}^{\mathrm{G}}\right)\right]$$
$$\leqslant\Pr\left[\sum_{m\in V}\eta_{m,t}\omega_{m,t}\geqslant\varGamma\right] \tag{14-87}$$

式中，$\varGamma$ 表示不确定变量的数量。由文献可知，系统鲁棒性满足下式条件。

$$\Pr\left[\sum_{m\in V}\eta_{m,t}\omega_{m,t}\geqslant\varGamma\right]\leqslant\exp\left[-\frac{\varGamma^2}{2\,|\,J_t\,|}\right] \tag{14-88}$$

14.4.3 算例分析

1. 问题描述

本章选择某并网工业区作为验证本章所建调度系统模型有效性的应用场景。如图 14-12 所示，在模拟了前文所述模型之后，获得了该调度系统的初始场景图。PV 出力下限曲线和 PV 出力上限曲线分别代表每个时刻光伏输出功率的下限和上限。EV_S 充电功率上限曲线和 EV_S 充电功率下限曲线分别代表电动汽车充电功率的上限和下限。由图 14-12 可见，当人们早上来工作区办公时开始充电，充电行为主要集中在 8:00 ~ 10:30 之间。此时，办公区域的电力需求增加，但是光伏电站的输出仍然相对较低。为了补偿电动汽车的无序充电行为，柴油发电机必须增加其出力，从而导致系统总成本增加。在中午休息时间，系统用电量随之减少，但此时光伏电站的输出很大，若没有用电设备及时消纳电能，则会导致光资源发电浪费产生弃光现象。因此，要维持安全、稳定、经济运行，必须优化调度系统。

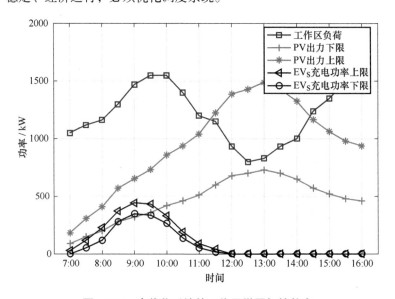

图 14-12　未优化系统的工作区微网初始状态

2. 参数设置

在本章中，微网与大电网实时连接，光伏微网系统包括一个最大输出功率为 1500kW 的柴油发电机、两个最大功率为 800kW 的光伏电站和两个最大功率为 250kW 的微型燃气轮机。调度期间光伏电站实际输出与预测输出的最大偏差设置为 ±30%。此外，系统还考虑到有 100 辆电动汽车参与有序充电调度。我们假设每辆电动汽车的电池容量为 60kWh，电动汽车的充电功率为 6kW。并且微网旋转备用率设置为 0.2，仿真时间设置为 7:00 ~ 16:00，步长为 30min。发电单元的详细参数、运行和维护成本及环境处理成本均参考既有文献。在基于 MATLAB 的 CPLEX 平台上编程求解模型。

3. 实验方案

1）获取光伏电站各时刻出力功率不确定区间及电动汽车群各时刻充电功率不确定区间；分别基于点估计及区间估计获得随机优化光伏出力功率及随机优化电动汽车充电功率。

2）以最小化系统运维成本和环境保护成本为目标函数，考虑系统实际约束。

3）根据系统不确定变量个数将求解结果分为随机优化结果和鲁棒优化结果。

4）如果系统不确定变量个数为 0，则此时求解结果为随机优化结果，系统具有很低的鲁棒性，防范风险能力很低。

5）如果系统不确定变量个数为最大，基于对偶理论，替换目标函数及约束中的不确定性变量，使之转化成确定性问题求解。此时系统求解结果为鲁棒优化结果，系统鲁棒性最大，防范风险能力最强。

6）最后从经济性和鲁棒性两方面评价系统模型。

4. 仿真结果与分析

（1）随机优化仿真结果与分析

随机优化旨在确保满足电力需求的同时，减少系统运维成本和环境保护成本。如图 14-13 所示，电动汽车在 10:30 ~ 14:30 时间段充电的调度情况。这个时间段不是光伏微网用电的高峰期，尽管此时大电网的电价正处在峰时，但是系统有足够的光能可供使用。因此，光伏微网系统可以使可再生能源效率最大化不足的电能由其他发电单元供给。但是，该系统未考虑光伏电站功率输出和电动汽车充电行为的不确定性，它的鲁棒性较低，并且在非最佳、不稳定的状态下运行。一旦光伏电站出力功率未按预测值输出，或者电动汽车充电功率发生变动，很可能给系统带来经济损失，严重时危及微网系统的安全。

图 14-14 展示了某电动汽车在随机优化下电池 SOC 实时状态图，由图可见，其变化趋势与电动汽车总充电功率趋势保持一致。在 10:30 之前电动汽车并不充电，故其 SOC 没有变化，10:30 以后开始按调度充电。

（2）鲁棒优化（最恶劣场景）仿真结果与分析

鲁棒优化充分考虑了系统的不确定性，即使在最坏的情况下也可以保证系统的稳定运行。与随机优化相比，鲁棒优化光伏电站出力只有 8880kW，为随机出力的 78.27%，却满足了电动汽车 2280kW 的充电功率，是随机优化的 1.17 倍。当发生该情况时，微网系统必须增加柴油发电机的输出，并且向电网增加购电以满足系统用电负

荷需求。由于中午处于峰时电价，电价较高，应避免微网向大电网的购电。图 14-15
显示了光伏电站的输出功率已被充分利用，并且在中午时对电动汽车进行了有效充
电，以实现峰值负荷转移。鲁棒优化可以保证系统的稳定性，但系统的总成本也随之
增加。

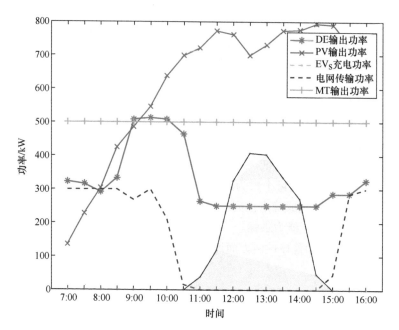

图 14-13　随机优化仿真结果

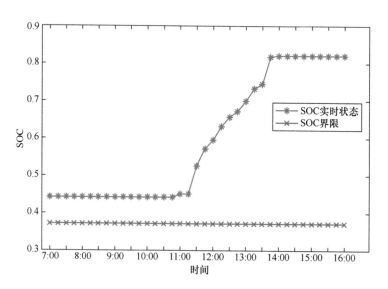

图 14-14　随机优化某电动汽车 SOC 实时状态图

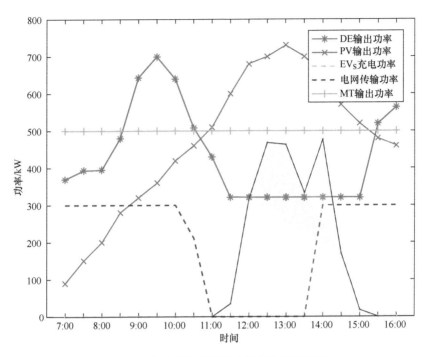

图 14-15　鲁棒优化（最恶劣场景）仿真结果

图 14-16 展示了某电动汽车在鲁棒优化（最恶劣场景）下电池 SOC 实时状态图，从图中可见，其变化趋势与电动汽车总充电功率趋势保持一致。在 11∶00 之前电动汽车并不充电，故其 SOC 没有变化，11∶30 以后开始按调度充电。并且当其 SOC 到达车主所设置的最大值后，便不再充电。需补充说明的是，不同车主对 SOC 充电限制有着不同的要求，本章在操作层将不同电动汽车均设置了不同的充电临界值和最大值，使得模型的实用性更强，可以满足不同车主的不同个性化需求，提高车主参加微网调度的满意度。

（3）鲁棒优化（最好场景）仿真结果与分析

与鲁棒优化（最恶劣场景）相反，鲁棒优化（最好场景）是另一种极端场景。如图 14-17 所示，它的光伏电站出力较前者增加 4155kW，而电动汽车充电功率下降 666kW。由此带来的影响就是柴油发电机出力和向大电网购电显著减少，由于微型燃气轮机成本低且环保，其出力维持不变。因此，鲁棒优化（最好场景）调度结果的总成本最小。图 14-18 展示了某电动汽车在鲁棒优化（最好场景）下电池 SOC 实时状态图。

（4）三种结果对比与分析

本章详细统计了三种优化方法的各出力单元和用电负荷的功率值、总成本及 POV（旋转备用约束被违反的概率），见表 14-2。结果表明鲁棒优化（最好场景）方案的总成本最低。

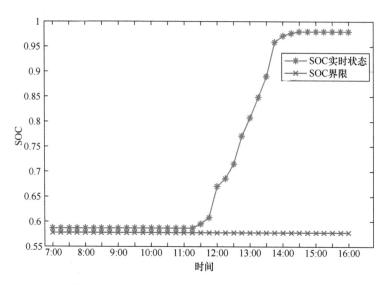

图 14-16　某电动汽车在鲁棒优化（最恶劣场景）下电池 SOC 实时状态图

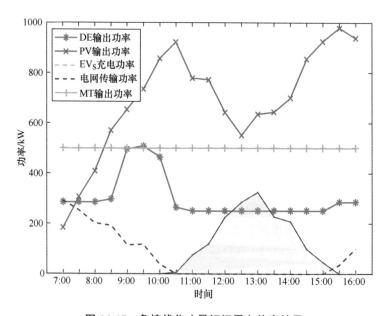

图 14-17　鲁棒优化（最好场景）仿真结果

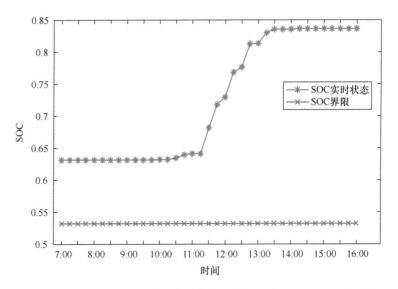

图 14-18　某电动汽车在鲁棒优化（最好场景）下电池 SOC 实时状态图

表 14-2　三种优化方法的结果对比

类型	柴油发电机 /kW	光伏电站 /kW	微型燃气轮机 /kW	大电网 /kW	电动汽车 /kW	总成本 / 元	POV （%）
鲁棒优化（最坏场景）	8243.9	8880	9500	3787.7	2280	22508	0
鲁棒优化（最好场景）	5943.5	13035.6	9500	1133.2	1614	20611	—
随机优化	6460.3	11345.3	9500	2706.5	1947	21456	100

14.4.4　本节小结

　　电动汽车参与微网调度为可再生能源发电的并网提供了新的解决方案。如何调度电动汽车以发挥其储能作用是需要优先解决的问题。好的调度策略对于微网经济、安全和环境保护非常重要。本节首先分析了光伏发电和电动汽车充电行为的不确定性，并以集合形式表示这种不确定性。然后，为提高微网经济效益和环境效益，建立了多目标优化调度模型，并将鲁棒优化理论应用于调度模型。最后，仿真结果验证了所构建模型的有效性。与随机优化相比，鲁棒优化使得系统最保守，也因此降低了系统的经济成本，但更好地保证了微网系统的稳定运行。本节调度策略是一种保守方法，适用于对安全性要求较高的微网系统。

第 15 章 V2G 研究进展与展望

15.1 V2G 对电网侧影响分析

15.1.1 V2G 对电网调度的影响

由于研究目的、算法及约束条件的差异，分布式能源的调度问题在电力系统中是一个非常重要的复杂问题。该问题可通过不同的框架解决，尽管较早以前就有学者提出将电动汽车单独纳入调度环节，但仍然无法有效解决上述问题。而微网（Microgrid, MG）和虚拟电厂（Virtual Power Plant, VPP）两种应用框架的提出，有望加速该问题的解决。

虚拟电厂与微网的差异之处主要体现在：

1）微网可能处于并网或离网状态，但虚拟电厂始终处于并网状态。

2）微网可以成为一个独立于大电网的实体，但虚拟电厂不具备这种应用模式。

3）微网通常需要储能单元辅助运行，而虚拟电厂中的储能元件则不是必须的。

4）微网在有限的地理区域内包含一组固定资源，而虚拟电厂可以将大范围内的各种资源综合起来匹配调用。

5）微网应用面临法律和政策阻力，而虚拟电厂则可按现行体系合法推广应用。

现有研究表明，在微网环境下，车网互动（V2G）技术可以为可再生能源就地消纳及稳定并网提供支撑，同时可再生能源以微网的形式就近消纳或并入大电网可有效解决可再生能源波动性给电网带来的冲击。电动汽车是一种有效连接可再生能源、分布式能源与电力系统的移动储能单元。Prencipe 等人提出 V2G 技术集成单向汽车共享系统中电动汽车的最优管理模型以获得最佳的电动汽车初始分布，从而最大限度地提高系统用户的总收入和通过每日电动汽车充电/放电计划获得的 V2G 利润。Xu 等人提出一种基于两阶段分类分层调度框架的 V2G 资源优化分配方法，采用 Canopy 和 K-means 的混合聚类算法快速获得电动汽车目标服务区域。Maeng 等人提出一种基于强化学习的 V2G 电动汽车调度策略，将单个电动汽车的充放电表述为一个顺序决策问题，并利用无监督强化学习方法学习最佳的顺序充放电决策，直到电动汽车电池达到其使用寿命，从而降低总体成本和最大限度地利用电动汽车电池。

　　虚拟电厂技术是以整合大规模分布式电源和主动负荷为目标的虚拟集合体，其目的是实现能源优化配置的同时为经济调度提供灵活支撑。但虚拟电厂在实现能源调度的过程中易受各种不确定因素的影响，如可再生能源发电的波动性、负荷预测误差、电动汽车充电时间及剩余电量的不确定性等。这些因素会直接影响虚拟电厂的稳定性，进而影响虚拟电厂中的市场规划。Geng 等人提出兼顾电动汽车的虚拟电厂容量分配模型，建立了考虑多目标的虚拟电厂容量最优配置模型，并引入条件风险值（CVaR）来表示虚拟电厂面临的投资不确定性。Wang 等人提出构建一种虚拟电厂与电动汽车车队集成来平滑风电的输出波动性，提出了电动汽车群和超级电容器的协调控制策略，通过提高放电深度和最大化电动汽车群的能量分布，优化其功率输出并延长电池寿命。

　　无论在微网还是虚拟电厂中，都含有大量不确定性影响因素。由于可再生能源功率预测与电动汽车充放电功率影响因素众多，难以精确获取其概率分布，仅需利用少量信息就可开展分析的鲁棒优化算法逐渐引起了学者们的关注，尤其是针对电动汽车充电负荷的预测区间问题研究。卢志刚等人为提高发电利润与风电消纳水平，提出了一种应用于虚拟电厂的双层逆鲁棒调度模型，在引入最优逆鲁棒指标的基础上分析V2G 充放电功率间的极限约束，从而增强了模型的安全性和节能性。Yao 等人提出了一个考虑智能充放电系统多方的优势及有限不确定性的多目标鲁棒优化框架，设计了一种基于收敛需求响应策略的电动汽车充放电调度策略，进一步释放电动汽车作为分布式储能装备的潜力。Chen 等人考虑风电、光伏和负荷的不确定性，提出了一种虚拟电厂两阶段鲁棒优化模型，在模型中引入了鲁棒控制参数，重点计算电动汽车聚合虚拟储能的可用容量，并应用 C&CG 算法进行求解，结果表明，最优调度方案有助于减少不确定性引起的波动、平衡虚拟电厂的经济效益和运营风险。

15.1.2　V2G 对电能质量的影响

　　大量电动汽车同时接入电网充电会产生电压谐波、电能损失和变压器过载等现象。王金行等人针对谐波与电网电压指标，分析了大规模电动汽车充电对电网电能质量的影响。查鹏程等人依据充电站接入配电网的场景特征选取合适的电能质量指标建立评估模型。黄存强等人提出了一种基于有源功率因数校正的直流充电系统架构及其综合控制方法以减少电动汽车充电对电网的不利影响。崔进等人分析了 V2G 工作时造成交流侧谐波含量高、功率因数低的原因，重新设计了三相 PWM 整流电路双闭环控制策略并制定模糊规则表，实现动力电池充放电过程的在线优化。

　　此外，近年来电动汽车产业发展迅速，导致电网总损耗不断增大，负载不平衡、馈线拥塞和电压下降等问题日益突出。随着电网和大规模电动汽车间能量双向智能传输水平提高，系统复杂度也必然上升，因此，必须开发相应规程调度 V2G 能量以降低规模化电动汽车 V2G 并网带来的不利影响。

15.1.3　V2G 对电网稳定性研究

目前，已有相关文献对电动汽车的充电模式和放电策略进行专门阐述。Hariri 等人结合插电式混合动力汽车（PHEV）的精确模型，建立了一种智能电网可信度和充分性分析模型，根据 PHEV 随机参数状态矩阵的聚合评估智能电网的可靠性。Stiasny 等人研究了低压配电网电动汽车建模的主要影响因素，为电动汽车渗透率提高后的电网可靠影响评估提供指导，在对影响电网能量流和电压的电动汽车负载进行建模方面，开展了七个方面的分析；Bibak 等人在电动汽车和 V2G 的渗透率、充电模式、充电位置和充电时间表等不同参数下，综合评估电动汽车和 V2G 在削峰需求和填谷需求方面的作用，利用蒙特卡洛模拟分析了参数对电力需求曲线的影响。

15.1.4　V2G 对配电网经济成本研究

规模化电动汽车 V2G 会引起配电网故障、提高配电成本与维护成本。王敏等人为改善城市电力负荷峰谷差给配电系统稳定经济运行带来的影响，提出了电动汽车削峰协同调度策略，通过价格信号引导电动汽车这类新型灵活资源参与辅助服务，从而平滑系统负荷曲线并减少电动汽车用户的用电成本。檀勤良等人在考虑大规模电动汽车参与 V2G 调峰的基础上，重点研究了季节因素对电动汽车参与 V2G 出力的影响。以系统运行成本最小、电网侧负荷波动最小、用户侧经济收益最大为目标建立了多目标规划模型，通过优化电源结构，减少电源侧碳排放，提高系统整体经济效益。

15.1.5　V2G 对电网频率调节研究

电动汽车 V2G 具有能量双向流通、响应速度快、精度高的特点，其响应比传统出力单元更迅速。当系统受到干扰或突发故障时，电动汽车可通过 V2G 网络吸收能量或将存储的能量反向输送至网络来校正系统频率偏差或区域控制误差，辅助系统调频。

Metwly 等人对采用电动汽车车队的二次频率调节（SFR）的电源管理策略进行了比较研究，采用分层控制方案比较了充电站（CS）层面的控制和电动汽车层面的控制。范培潇等人针对孤岛微网中源荷不确定性所导致的频率失稳、电动汽车用户充电需求受损与微型燃气轮机调控成本增加等问题，提出了基于改进进化 - 深度强化学习(EDRL) 的含 V2G 孤岛微网频率综合控制策略。

15.2　V2G 对用户侧影响分析

15.2.1　V2G 对用户需求响应研究

需求响应主要分为基于价格与基于激励机制两大类。基于价格的需求响应是指基于不同时段电力供应成本变化量驱动用户调节响应策略，如峰值电价、实时电价、分时电价等。Lin 等人通过构建动态虚拟价格需求响应模型及基于双层 Stackelberg 博弈模型的输出偏差调整策略，为具有不同特征的电动汽车用户提供了个性化选择的响应策略。

而基于激励机制的需求响应是通过直接控制负荷来达到管理目的，在含有 V2G 的需求响应管理中，利用电动汽车的剩余电量解决供电问题至关重要，Azin 等人提出了一种综合激励方案，旨在通过充电站之间有效分配充电需求来最大限度地提高系统综合效率。

V2G 技术实现了电动汽车与电网间能量的双向流动，在满足需求响应的同时为智能电网提供了可靠性保障。Tariq 等人通过负载流分析识别电网中最薄弱的节点，同时识别由于额外的插电式电动汽车（PEV）充电负载而新增的变压器负载，并提出了一种技术经济的电网加固解决方案，以尽量减少额外的 PEV 充电负载对电网电压稳定性的不利影响。

许多电动汽车有序充电研究假设用户全部接受分时电价，而这种假设过于理想化。因此，开展基于实时电价的有序充电策略研究时，考虑用户响应度至关重要。王杰等人采用传递闭包法对峰谷电价时段进行划分，并结合用户的响应度，提出了基于峰谷分时电价的电动汽车有序充放电控制方法。

15.2.2　V2G 模式下用户经济性研究

已有相关文献对 V2G 削峰填谷效果进行了大量研究。但从用户经济性角度出发，基于实时电价为电动汽车制定削峰填谷的策略往往更具有实际意义。在用电低谷时运用低电价引导电动汽车充电，而用电高峰时引导电动汽车放电，既可满足电网供电需求，又可为用户提供额外收益。在可再生能源迅猛发展的大势下，电动汽车作为辅助调节电网稳定性的移动储能单元，建立包含用户行为的物理信息模型十分重要。汪锋等人提出了一种计及用户用电成本及用能舒适度，基于分时电价与分布式储能充放电策略的台区可调控资源聚合方法及协调调度策略，可以有效降低用户用能成本、提高用能舒适度，促进了用户参与电网响应的积极性，提升了台区对可调控资源的管控能力。魏春霞等人充分考虑两部制电价和分时电价的时移引导作用，构建了用户侧储能和电动汽车自发响应特性分析模型，在运行效益最大化、充电费用最小化的目标下，模拟了满足各类用户总体负荷需求条件下的充放电负荷响应行为。

15.3 V2G 对储能系统影响分析

电化学储能是全球发展最为迅速的技术，电动汽车大多采用锂电池作为蓄能元件，V2G 技术下必会对电动汽车的电池寿命产生负面影响。不满足电动汽车额定容量的折旧电池可作为新能源的储能元件进行二次利用，促进可再生能源消纳，但由于其成本较高，所以未能普及应用。根据 IEC 61850 智能电网国际标准，将电动汽车作为智能电网的智能电子设备、从电网侧分析电动汽车动力电池系统的功能层次结构、完成与智能电网互联互通的电动汽车动力电池系统模型设计，是电动汽车参与电网调度和新能源电能存储净化的潜在应用方向。

15.3.1 可再生能源消纳的电动汽车与储能系统研究

近年来，随着补贴制度的完善，在德国、澳大利亚和美国部分地区，支持家庭光伏发电的自用蓄电池安装项目日益增加。Eid 等人对配电系统进行了优化，以适应不同的可再生能源，包括光伏和风电机组，以及连接到配电系统特定位置的现有电动汽车充电站（EVCS）。储能单元经过优化，可控制配电系统内的功率流，并通过最小化建议的适应度函数来提高其性能。

目前我国电化学储能发展非常迅速，锂电池技术在调频、分布式微网、用户储能领域增速迅猛，但锂电池储能还处于商业化初期，缺乏相应的数据支持、技术路线不成熟、储能整体和价格机制不完善、成本高、项目融资困难，离大规模应用还有一定距离，但其应用前景广阔，如建立 V2G 系统、光储式电动汽车充换电站、需求响应充电等。

15.3.2 基于 V2G 模式的动力电池梯级利用研究

随着动力电池循环使用次数的增加，其容量或功率特性会出现显著衰退，进而无法满足车用要求。但退役的动力电池仍蕴含巨大的剩余价值，其容量和功率仍可满足多种储能场合的需求，如 UPS、通信基站、数据中心、风光发电储能等应用。从梯级利用的研究现状来看，国外在此方向发展较快，且有成功的商业案例。许欣慧等人构建了退役电池在多储能场景下梯级利用的经济性评估模型，算例表明，退役电池在多储能场景下的梯级利用相较于其在单一场景中的二次利用可更大限度地发挥退役电池的剩余价值，提高储能系统的经济效益。Al-Alawi 等人针对退役电动汽车电池在二次应用中再利用的技术经济可行性相关研究进行了综述，并分析了退役电动汽车电池在电网服务方面的性能。Fan 等人以电动汽车常用的磷酸铁锂（LFP）电池、镍钴锰酸锂（NCM）电池和储能系统中常用的铅酸电池为研究对象，比较了其全生命周期对环境的影响，并通过生命周期评估（LCA）方法对电池生产阶段的关键部件进行了敏感性分析。

15.4　V2G 对环境影响分析

电动汽车渗透率逐步提升将新增巨大的电力负荷，必然对以燃煤发电为主的电力系统造成巨大冲击，导致电力系统的煤炭消耗和二氧化碳排放量增加。然而，电动汽车在二氧化碳排放方面的影响在很大程度上取决于充电策略，具体来说，受控收费措施导致电动汽车在充电时与非受控情况下相比会产生更多的二氧化碳排放，其原因在于电动汽车用户更倾向于使用低价高排放的燃煤电厂所发电量进行充电。因此，鉴于能源安全、经济效益及环境影响等因素，使用清洁能源发电，建立电力调度能效和二氧化碳排放法规至关重要。Ahmadi 等人提出了一种灵活的多目标优化方法，用于评估和部署考虑技术经济和环境因素的 V2G 和 G2V 技术，最大限度地降低运营成本和二氧化碳排放。Yao 等人以 2030 年我国风电、光伏发电装机容量达到 12 亿 kW 为例，通过构建多区域电力调度扩容模式，模拟不同比例的电动汽车参与 V2G 对电力系统低碳转型的经济效益和气候效益。Hoehne 等人为了确定最大限度地减少插电式电动汽车的使用导致排放的可能性，探索了美国每个电力可靠性地区的日常优化充电策略，将标准和 V2G 使用的插电式电动汽车充电优化时间表与预先定时的充电时间表进行比较，以表征充电特征、区域驾驶和边际能源发电趋势的二氧化碳减排潜力，研究表明，与预先定时充电相比，优化充电可以减少二氧化碳排放量，在标准使用中减少约 31%，在 V2G 使用中减少多达 59%。

随着低碳交通的发展，V2G 将成为新能源汽车中最具发展前景的技术。凭借双向互动、高效协调、互利共赢等特点，它可以在促进二氧化碳减排、整合可再生能源、平衡电网峰谷等一系列节能降碳环节中发挥作用，因此 V2G 技术必可在技术创新、终端市场培育、政府导向等方面的发展过程中引领一场汽车工业的低碳革命。

附录 中英文对照表

FEV	Future Electric Vehicles	未来型电动汽车
V2G	Vehicle to Grid	车网互动
GIS	Geographic Information System	地理信息系统
DG	Distributed Generation	分布式发电
AHP	Analytic Hierarchy Process	层次分析法
MPHGA	Multiple Population Hybrid Genetic Algorithm	多种群混合遗传算法
SGA	Standard Genetic Algorithm	标准遗传算法
ALA	Alternative Location Allocation	交替定位分配
MCDM	Multicriteria Decision Making	多准则决策
OD	Origin Destination	起点 - 目的地
SNN	Shared Nearest Neighbour	共享最邻近
EVCS	Electric Vehicle Charging Station	电动汽车充电站
VMT	Vehicle Miles Traveled	车辆行驶里程
MINLP	Mixed Integer Non-Linear Programming	混合整数非线性规划
MILP	Mixed Integer Linear Programming	混合整数线性规划
UPI	User Program Interface	用户程序接口
MOACO	Multi-Objective Ant Colony Optimization	多目标蚁群优化
BPSO	Binary Particle Swarm Optimization	二进制粒子群优化
GAHP	Grey Analytic Hierarchy Process	灰色层次分析法
FRLM	Flow Refueling Location Model	流量补能选址模型
NP	Non-deterministic Polynomial	非确定性多项式
SOC	State of Charge	荷电状态
SPEA-Ⅱ	Strength Pareto Evolutionary Algorithm	帕累托强度进化算法

（续）

QPSO	Quantum Particle Swarm Optimization	量子粒子群优化
MLEVCSLPMBEP	Multiple Level Electric Vehicle Charging Station Location Planning Model Based on Economical Principle	基于经济性的电动汽车充电站多级选址规划模型
GA	Genetic Algorithm	遗传算法
SD	System Dynamics	系统动力学
DSM	Demand Side Management	需求侧管理
ADMM	Alternating Direction Method of Multipliers	交替向乘子法
NHTS	National Household Travel Survey	美国交通部全国居民出行调查
RES	Renewable Energy Systems	可再生能源系统
BESS	Battery Energy Storage Station	蓄电池储能站
AGC	Automatic Generation Control	自动发电控制
FR	Frequency Regulation	频率调节
BRP	Balancing Responsible Parties	平衡责任方
VPP	Virtual Power Plant	虚拟电厂
OIRI	Optimal Inverse Robustness Index	最优逆鲁棒指标

参 考 文 献

[1] 艾圣芳, 林湘宁, 万云飞, 等. 考虑 V2G 模式的含多个电动汽车充电站有源配电网规划研究 [J]. 中国电机工程学报, 2013, 33(34): 122-129, 20.

[2] 艾圣芳. 考虑电动汽车 V2G 效应的配电网规划研究 [D]. 武汉 : 华中科技大学, 2013.

[3] 艾学勇. 电动汽车充电负荷预测及充换电站协调规划研究 [D]. 上海 : 上海交通大学, 2013.

[4] Cielo A, Margiaria P, Lazzeroni P, ct al. Renewable energy communities business models under the 2020 Italian regulation[J]. Journal of Cleaner Production, 2021, 316: 128217.

[5] Abbass H A, Deb K. Searching under multi-evolutionary pressures[C]. 2nd International Conference on Evolutionary Multi-Criterion Optimization(EMO 2003), 2003: 391-404.

[6] Abbod M F, Mahfouf M, Linkens D A. Multi-objective genetic optimisation for self-organising fuzzy logic control[C]. UKACC International Congress on Control, 1998: 1575-1580.

[7] Abdullah M R, Kalaiarasi N, Pradeep V, et al. A novel technological review on fast charging infrastructure for electrical vehicles: challenges, solutions, and future research directions[J]. Alexandria Engineering Journal, 2023, 82: 260-290.

[8] Adomato B, Patil R, Filipi Z. Characterizing naturalistic driving patterns for plug-in hybrid electric vehicle analysis[C]. IEEE Vehicle Power and Propulsion Conference, 2009: 655-660.

[9] Akupan E R, Stephen W F T, Kevin P K N . Optimal allocation of plug-in electric vehicle charging stations in the distribution network with distributed generation[J]. Green Energy and Intelligent Transportation, 2023, 2(3): 100094.

[10] Ala A, Deveci M, Bani E A, et al. Dynamic capacitated facility location problem in mobile renewable energy charging stations under sustainability consideration[J]. Sustainable Computing: Informatics and Systems, 2023, 41: 100954.

[11] Alberto B, Jennifer C, Ali A, et al. An integrated electric vehicle network planning with economic and ecological assessment: Application to the incipient middle Eastern market in transition towards sustainability[J]. Journal of Cleaner Production, 2021, 302: 126980.

[12] Andersson J. A survey of multiobjective optimization in engineering design[R]. Technical Report AIAA-96-4023-CP, AIAA, Washington D. C., 2001.

[13] Andersson J. Multiobjective optimization in engineering design[D]. Linköpings: Linköpings University, 2001.

[14] Arslan O, Kara ş an O E. A benders decomposition approach for the charging station location problem with plug hybrid electric vehicles[J]. Transportation Research Part B: Methodological, 2016, 93: 670-695.

[15] AshtariA, Bibeau E, Shahidinejad S, et a1. PEV charging profile prediction and analysis based on vehicle usage data [J]. IEEE Transactions. on Smart Grid, 2011(Available online, Digital Object Identifier: 10. 1109/TSG2011. 2162009).

[16] Asna M, Shareef H, Prasanthi A. Planning of fast charging stations with consideration of EV user, distribution network and station operation[J]. Energy Reports, 2023, 9: 455-462.

[17] Ahmadi S E, Kazemi-Razi S M, Marzband M, et al. Multi-objective stochastic techno-economic-environmental optimization of distribution networks with G2V and V2G systems[J]. Electric Power Systems Research, 2023, 218: 109195.

[18] Al-Alawi M K, Cugley J, Hassanin H. Techno-economic feasibility of retired electric-vehicle batteries repurpose/reuse in second-life applications: A systematic review[J]. Energy and Climate Change, 2022, 3: 100086.

[19] Alasseri R, Rao T J, Sreekanth K J. Institution of incentive-based demand response programs and prospective policy assessments for a subsidized electricity market[J]. Renewable and Sustainable Energy Reviews, 2020, 117: 109490.

[20] Azin B, Yang X T, Marković N, et al. An incentivized scheme for electric vehicle charging demand management[J]. Transportation Research Part C: Emerging Technologies, 2023, 155: 104288.

[21] 白高平. 电动汽车充(放)电站规模化建设与电网适应性研究[D]. 北京: 北京交通大学, 2011.

[22] 北京市质量技术监督局. 电动汽车电能供给与保障技术规范 充电站: DB11 /Z 728—2010[S]. 北京: 中国标准出版社, 2010.

[23] Chakraborty P, Pal M. Planning of fast charging infrastructure for electric vehicles in a distribution system and prediction of dynamic price[J]. International Journal of Electrical Power and Energy Systems, 2024, 155: 109502.

[24] Back T. Evolutionary algorithms in theory and practice[M]. New York: Oxford University Press, 1996.

[25] Bagchi T P. Multiobjective scheduling by genetic algorithms[M]. Boston: Kluwer Academic Publisher, 1999.

[26] Basseur M, Seynhaeve F, Talbi E. Design of multi-objective evolutionary algorithms: application to the flow-shop scheduling problem[C]. the 2002 Congress on Evolutionary Computation(CEC02), 2002: 1151-1156.

[27] Bodet C, Schülke A, Erickson K, et al. Optimization of charging infrastructure usage under varying traffic and capacity conditions[C]. 2012 IEEE Third International Conference on Smart Grid Communications (SmartGridComm), 2012: 424-429.

[28] Lin B, Yang M. Changes in consumer satisfaction with electric vehicle charging infrastructure: Evidence from two cross-sectional surveys in 2019 and 2023[J]. Energy Policy, 2024, 185: 113924.

[29] Boulanger A G, Chu A C, Maxx S, et al. Vehicle electrification: status and issues[J]. Proceedings of the IEEE, 2011, 99(6): 1116-1138.

[30] Branke J, Kaubler T, Schmeck H. Guidance in evolutionary multi-objective optimization[J]. Advances in Engineering Software, 2001, 32: 499-507.

[31] Branke J, Kaubler T, Schmeck H. Guiding multi-objective evolutionary algorithms towards interesting regions[C]. 4th International Conference on Adaptive Computing in Design and Manufacture (ACDM 2000), 2000: 1-4.

[32] Bibak B, Tekiner-Mogulkoc H. The parametric analysis of the electric vehicles and vehicle to grid system's role in flattening the power demand[J]. Sustainable Energy, Grids and Networks, 2022, 30: 100605.

[33] 蔡晓禹, 张介, 雷财林. 面向车路协同的公交车行驶行为研究展望[J]. 科学技术与工程, 2018, 18(32): 143-151.

[34] 曾雅文, 李娟, 周捷, 等. 电动汽车充电基础设施规划[J]. 电工技术, 2020(9): 30-33.

[35] 陈光，毛召磊，李济沅，等．计及碳排放的电动汽车充电站多目标规划 [J]．电力系统自动化，2014, 38(17): 49-53.

[36] 陈静鹏，艾芊，肖斐，等．基于用户出行需求的电动汽车充电站规划 [J]．电力自动化设备，2016, 36(6): 34-39.

[37] 陈雷钰，张汝华，马明迪．基于 AnyLogic 的轨道交通车站大客流瓶颈识别与疏散组织优化 [J]．上海大学学报（自然科学版），2023, 29(4): 694-704.

[38] 陈连福．电动出租车充电站布局规划研究 [D]．北京：北京交通大学，2015.

[39] 陈文平，康立山．基于多父体杂交的多目标演化优化算法 [J]．计算机工程与应用，2003 (10): 79-82.

[40] 陈晓彤．双碳目标下电动汽车有序充电策略研究现状 [J]．机电工程技术，2023, 52(4): 136-140.

[41] 陈艳红，刘雯丽，陈向东，等．基于 AnyLogic 的地铁应急疏散仿真研究 [J]．交通科技与管理，2023, 4(20): 16-18, 15.

[42] 陈一凡，刘廷章，金勇，等．电动汽车充电调度综述 [J]．电气自动化，2017, 39(3): 26-29.

[43] 陈中，陆舆，邢强，等．考虑电动汽车碳配额的电力系统调度分析 [J]．电力系统自动化，2019, 43(16): 44-51.

[44] 程海青．基于微电网的电动汽车换电站的规划模型研究 [D]．上海：上海应用技术学院，2015.

[45] 程宏波，肖永乐，王勋，等．基于引力模型的电动汽车充电站选址规划 [J]．电工电能新技术，2016, 35(5): 61-66.

[46] 程宏波，肖永乐，王勋，等．考虑低碳收益的电动汽车充电站选址规划 [J]．中国电力，2016, 49(7): 118-121.

[47] 褚玉婧，马良，张惠珍．时间满意逐渐覆盖电动汽车充电站选址及算法 [J]．数学的实践与认识，2015, 45(10): 101-106.

[48] 崔继慧．电动汽车充电设施与发展现状研究 [J]．科技与创新，2019(15): 72-73, 75.

[49] 崔逊学．基于多目标优化的进化算法研究 [D]．合肥：中国科学技术大学，2002.

[50] 崔逊学．一种求解高维优化问题的多目标遗传算法及其收敛性分析 [J]．计算机研究与发展，2003, 40(7): 901-906.

[51] 崔玉峰，杨晴，张棘山，等．国内外电动汽车发展现状及充电技术研究 [J]．云南电力技术，2010, 38(2): 9-12.

[52] 蔡黎，张权文，代妮娜，等．规模化电动汽车接入主动配电网研究进展综述 [J]．智慧电力，2021, 49(6): 75-82.

[53] 曾鸣，张平，隆竹寒，等．面向微电网运营商的电动汽车参与需求侧响应调控策略 [J]．电力建设，2018, 39(3): 108-115.

[54] 查鹏程，甘雅丽，高海祐，等．电动汽车充电站接入配电网的电能质量评估 [J]．电测与仪表，2022, 59(6): 69-75.

[55] 陈维荣，傅王璇，韩莹，等．计及需求侧的风 - 光 - 氢多能互补微电网优化配置 [J]．西南交通大学学报，2021, 56(3): 640-649.

[56] 陈先龙，王秀丽，陈洁，等．考虑分布式可再生能源交易的风电商与电动汽车充电站协同优化调度 [J]．电网技术，2023, 47(11): 4598-4610.

[57] 程江洲，王劲峰，黄悦华，等．基于用户需求的居民小区 EV 充放电优化控制策略 [J]．可再生能源，2019, 37(11): 1637-1642.

[58] 崔进, 张良力, 刘江, 等. 计及电能质量优化的 V2G 充电桩模糊控制建模 [J]. 计算机仿真, 2023, 40(3): 116-121, 245.

[59] Cai R, Huang K, Zheng S, et al. Including research on optimization planning of multi-energy complementary electric vehicle charging station[J]. Energy Reports, 2023, 9: 1037-1047.

[60] Cassandras C G, Geng Y. Optimal dynamic allocation and space reservation for electric vehicles at charging stations[J]. IFAC Proceedings Volumes, 2014, 47(3): 4056-4061.

[61] Ceollo C A C, Pulido G T. A micro-genetic algorithm for multiobjective optimization[C]. 1st International Conference on Evolutionary Multi-Criteria Optimization(EMO2001), 2001: 126-140.

[62] Chan C C. The state of the art of electric, hybrid, and fuel cell vehicles[J]. Proceedings of the IEEE, 2007, 95(4): 704-718.

[63] Chankong V, Haimes Y Y. Multiobjective decision making: theory and methodology[M]. New York: Elsevier Science Publishing Ltd, 1983.

[64] Chen J H. Theory and applications of efficient multi-objective evolutionary algorithms[D]. Taichung: Feng Chia University, 2004.

[65] Chen S, Shi Y, Chen X, et al. Optimal location of electric vehicle charging stations using genetic algorithm[C]. Network Operations and Management Symposium (APNOMS), 2015 17th Asia-Pacific, IEEE, 2015: 372-375.

[66] Chen X M. Pareto tree searching genetic algorithm: approaching pareto optimal front by searching pareto optimal tree[R]. Technical Report NK-CS-2001-002, Nankai University, 2001.

[67] Chen Y, He L, Li J, et al. An inexact bi-level simulation-optimization model for conjunctive regional renewable energy planning and air pollution control for electric power generation systems[J]. Applied Energy, 2016, 183: 969-983.

[68] Chen Z, He F, Yin Y. Optimal deployment of charging lanes for electric vehicles in transportation networks[J]. Transportation Research Part B: Methodological, 2016, 91: 344-365.

[69] Cheng R W, Gen M, Tsujimura Y. A tutorial survey of job-shop scheduling problems using genetic algorithms, part I : representation[J]. Computers and Industrial Engineering, 1996, 30(4): 983-997.

[70] Cheng R W, Gen M, Tsujimura Y. A tutorial survey of job-shop scheduling problems using genetic algorithms, part II: hybrid genetic search strategies[J]. Computers and Industrial Engineering, 1999, 36(1): 343-364.

[71] Chuanneng W, Jingyan Y, Nian L, et al. Study on siting and sizing of battery-switch station[C]. 4th International Conference on Electric Utility Deregulation and Restructuring and Power Technologies, IEEE, 2011: 657-662.

[72] Coello C A C, Christiansen A D. MOSES: a multiobjective optimization tool for engineering design[J]. Engineering Optimization, 1999, 31(3): 337-368.

[73] Coello C A C, Christiansen A D. Two new GA-based methods for multiobjective optimization[J]. Civil Engineering Systems, 1998, 15(3): 207-243.

[74] Coello C A C, Lamont G B. Applications of multi-objective evolutionary algorithms[M]. Singapore: World Scientific, 2004.

[75] Coello C A C, Pulido G T, Lechuga M S. Handling multiple objectives with particle swarm optimization[J]. IEEE Transactions on Evolutionary Computation, 2004, 8(3): 256-279.

[76] Coello C A C, Romero C E M. Evolutionary algorithms and multiple objective optimization[M]//Matthias Ehrgott and Xavier Gandibleux. Multiple Criteria Optimization: State of the Art Annotated Bibliographic Surveys. Boston: Kluwer Academic Publishers, 2002: 277-331.

[77] Coello C A C, Sierra M R. A coevolutionary multi-objective evolutionary algorithm[C]. the 2003 Congress on Evolutionary Computation (CEC'2003), 2003, 1: 482-489.

[78] Coello C A C, Veldhuizen D A, Lamont G B. Evolutionary algorithms for solving multi-objective problems[M]. New York: Kluwer Academic Publishers, 2002.

[79] Coello C A C. A short tutorial on evolutionary multiobjective optimization[C]. 1st International Conference on Evolutionary Multi-Criterion Optimization(EMO2001), Lecture Notes in Computer Science, 2001: 21-40.

[80] Coello C A C. An Comprehensive survey of evolutionary-based multiobjective optimization techniques[J]. Knowledge and Information System, 1999, 1(3): 269-308.

[81] Coello C A C. An empirical study of evolutionary techniques for multiobjective optimisation in engineering design[D]. New Orleans: Tulane University, 1996.

[82] Coello C A C. An updated survey of evolutionary multiobjective optimisation techniques: state of the art and future trends[C]. the 1999 Congress on Evolutionary Computation, 1999: 3-13.

[83] Coello C A C. An updated survey of GA-based multiobjective optimization techniques[J]. ACM Computing Surveys, 2000, 32(2): 109-143.

[84] Coello C A C. Constraint-handling using an evolutionary multiobjective optimization technique[J]. Civil Engineering and Environmental Systems, 2000, 17: 319-346.

[85] Coello C A C. Evolutionary multi-objective optimization: a critical review[M]//Sarker R, Mohammadian M, and Yao X. Evolutionary Optimization. New York: Kluwer Academic Publishers, 2002: 117-146.

[86] Coello C A C. Evolutionary multiobjective optimization: current and future challenges[M]// Benitez J, Cordon O, Hoffmann F, et al. Advances in Soft Computing: Engineering, Design and Manufacturing. Berlin: Springer-Verlag, 2003: 243-256.

[87] Coello C A C. Handling preferences in evolutionary multiobjective optimization: a survey[C]. 2000 Congress on Evolutionary Computation, 2000, 1: 30-37.

[88] Cui D, Wang Z, Liu P, et al. Stacking regression technology with event profile for electric vehicle fast charging behavior prediction[J]. Applied Energy, 2023, 336: 120798.

[89] Chen Y, Niu Y, Du M, et al. A two-stage robust optimization model for a virtual power plant considering responsiveness-based electric vehicle aggregation[J]. Journal of Cleaner Production, 2023, 405: 136690.

[90] Cheng J, Wang J, Y Huang, et al. An orderly charging/discharging control strategy for electric vehicles based on customer's demand in residential area[J]. Renewable Energy Resources, 2019.

[91] 邓宇菁, 胡列格, 冯页新. 基于改进的社会力模型对相向运动人群流中自组织现象的模拟 [J]. 现代计算机 (专业版), 2018(30): 15-19.

[92] 狄卫民, 王然. 垃圾分类收运模式下车辆路径问题建模与仿真 [J]. 计算机应用与软件, 2021, 38(8): 309-314.

[93] 丁晓慧. 基于 Anylogic 的生鲜农产品冷链系统配送中心物流仿真 [J]. 全国流通经济,

2020(4): 11-13.

[94] 董洁霜, 董智杰. 考虑建站费用的电动汽车充电站选址问题研究 [J]. 森林工程, 2014, 30(6): 104-108.

[95] 段聪. 计及风电出力优化或电动汽车充电站规划的配电网重构 [D]. 北京: 华北电力大学, 2015.

[96] 董飞飞, 俞登科. 考虑需求侧响应的微电网经济优化调度 [J]. 电网与清洁能源, 2020, 36(8): 55-59.

[97] 董海鹰, 贠韫韵, 汪宁渤, 等. 基于双重电价的电动汽车充放电两阶段优化调度策略 [J]. 太阳能学报, 2021, 42(4): 115-124.

[98] Vittori D, Natalicchio A, Panniello U, et al. Business model innovation between the embryonic and growth stages of industry lifecycle[J]. Technovation, 2022, 117: 102592.

[99] Deb K, Goyal T. Controlled elitist non-dominated sorting genetic algorithms for better convergence[R]. KanGAL report 200004, Indian Institute of Technology, 2000.

[100] Deb K, Pratap A, Agarwal S, et al. A fast and elitist multiobjective genetic algorithm: NSGA-II[J]. Evolutionary Computation, IEEE Transactions, 2002, 6(2): 182-197.

[101] Deb K, Thiele L, Laumanns M, et al. Scalable multi-objective optimization test problems[C]. 9th IEEE Congress on Evolutionary Computation, 2002: 825-830.

[102] Deb K. An efficient constraint handling method for genetic algorithms[J]. Computer Methods in Applied Mechanics and Engineering, 2000, 186: 311-338.

[103] Deb K. Multi-objective genetic algorithm: problem difficulties and construction of test problems[R]. Technical Report CI-49/98, University of Dortmund, 1998.

[104] Deb K. Multiobjective genetic algorithms: problem difficulties and construction of test problems[J]. Evolutionary Computation, 1999, 7: 205-230.

[105] Deb K. Multi-objective optimization using evolutionary algorithms[M]. New York: John Wiley & Sons, 2001.

[106] Ding Y, Zhu Y, Wang Q, et al. A comprehensive scheduling model for electric vehicles in office buildings considering the uncertainty of charging load[J]. International Journal of Electrical Power & Energy Systems, 2023, 151: 109154.

[107] Dong X, Mu Y, Jia H, et al. Planning of fast EV charging stations on a round freeway[J]. IEEE Transactions on Sustainable Energy, 2016, 7(4): 1452-1461.

[108] Dong Y, Qian S, Liu J, et al. Optimal placement of charging stations for electric taxis in urban area with profit maximization[C]. 2016 17th IEEE/ACIS International Conference on Software Engineering, Artificial Intelligence, Networking and Parallel/Distributed Computing (SNPD), 2016: 177-182.

[109] Das H S, Rahman M M, Li S, et al. Electric vehicles standards, charging infrastructure, and impact on grid integration: a technological review[J]. Renewable and Sustainable Energy Reviews, 2020, 120: 109618.

[110] E. E M . Primary Energy Use and Environmental Effects of Electric Vehicles[J]. World Electric Vehicle Journal, 2021, 12(3): 138-138.

[111] Eckel B. Java 编程思想 第 4 版 [M]. 陈昊鹏, 译. 北京: 机械工业出版社, 2007.

[112] Einhom M, Conte V, Kral C, et al. Comparison of electrical battery models using a numerically optimized parameterization method[C]. IEEE Vehicle Power and Propulsion Conference,

2011: 1-7.

[113] Eisel M, Schmidt J, Kolbe L M. Finding suitable locations for charging stations[C]. Electric Vehicle Conference (IEVC), 2014 IEEE International, 2014: 1-8.

[114] Eid A, Mohammed O, El-Kishky H. Efficient operation of battery energy storage systems, electric-vehicle charging stations and renewable energy sources linked to distribution systems[J]. Journal of Energy Storage, 2022, 55: 105644.

[115] El Bakkari F, Mounir H. Compatible alternative energy storage systems for electric vehicles: review of relevant technology derived from conventional systems[J]. Energy, 2023, 288: 129775.

[116] Englberger S, Gamra K A, Tepe B, et al. Electric vehicle multi-use: optimizing multiple value streams using mobile storage systems in a vehicle-to-grid context[J]. Applied energy, 2021, 304: 117862.

[117] 樊扬，左郑敏，朱浩骏，等．电动汽车充电模式对广东电网负荷特性的影响 [J]．广东电力，2011, 24(12): 58-61, 79.

[118] 方柳佳．电动公交车充换电站布局规划研究 [D]．广州：华南理工大学，2015.

[119] 冯超，周步祥，林楠，等，夏榆杭．Delphi 和 GAHP 集成的综合评价方法在电动汽车充电站选址最优决策中的应用 [J]．电力自动化设备，2012, 32(9): 25-29.

[120] 冯超，周步祥，林楠，等．电动汽车充电站规划的多种群混合遗传算法 [J]．电力系统及其自动化学报，2013, 25(6): 123-129.

[121] 冯亮．电动汽车充电站规划研究 [D]．天津：天津大学，2013.

[122] 范培潇，杨军，柯松，等．基于改进 EDRL 的含 V2G 孤岛微电网频率综合控制策略 [J]．电力系统自动化，2023, 47(20): 23-32.

[123] Faustino F J, Lopes J C, Melo J D, et al. Identifying charging zones to allocate public charging stations for electric vehicles[J]. Energy, 2023, 283: 128436.

[124] Femandez L P, Roman T G S, Cossent R. Assessment of the impact of plug-in electric vehicles on distribution networks[J]. IEEE Transactions on Power System, 2011, 26(1): 206-213.

[125] Fonseca C M, Fleming P J. On the performance assessment and comparison of stochastic multiobjective optimizers[C]. 4th International Conference on Parallel Problem Solving from Nature (PPSN-IV), 1996: 584-59.

[126] Fonseca C M, Fleming P J. An overview of evolutionary algorithms in multiobjective optimization[J]. Evolutionary Computation, 1995, 3: 1-16.

[127] Fonseca C M, Fleming P J. Genetic algorithms for multiobjective optimization: formulation, discussion and generalization[C]. 5th International Congress on Genetic Algorithms, 1993: 416-423.

[128] Fonseca C M, Fleming P J. Multiobjective optimisation and multiple constraint handling with evolutionary algorithms—part II: application example[R]. Research Report No. 565, University of Sheffield, 1995.

[129] Fonseca C M, Fleming P J. On the performance assessment and comparison of stochastic multiobjective optimizers[C]. 4th International Conference on Parallel Problem Solving from Nature (PPSN-IV), 1996: 584-593.

[130] Forrest S, Mitchell M. What makes a problem hard for a genetic algorithm? Some anomalous results and their explanation[J]. Machine Learning, 1993, 13: 285-319.

[131] Francesco A Amoroso, Gregorio Cappuccino. Advantages of efficiency-aware smart charging strategies for PEVs [J]. Energy Conversion and Management, 2012, 54: 1-6.

[132] Fan T, Liang W, Guo W, et al. Life cycle assessment of electric vehicles' lithium-ion batteries reused for energy storage[J]. Journal of Energy Storage, 2023, 71: 108126.

[133] 高炳蔚. 电动汽车充电对电网负荷特性的影响 [D]. 北京：华北电力大学，2013.

[134] 高赐威，董传燕，薛飞. 基于多代理系统的电动汽车充电行为仿真软件设计与实现 [J]. 中国电机工程学报，2012, 32(31): 68-77.

[135] 高赐威，张亮，薛飞，等. 集中型充电站容量规划模型研究 [J]. 中国电机工程学报，2012, 32(31): 27-34.

[136] 高赐威，段天琪. 电动汽车换电站定址分容研究 [J]. 电力需求侧管理，2015, 17(1): 2-13.

[137] 高赐威，张亮，薛飞，等. 考虑集中型充电站定址分容的电网规划研究 [J]. 中国电机工程学报，2012, 32(7): 40-46.

[138] 高建平. 电动汽车充电站网络规划优化研究 [D]. 济南：山东大学，2012.

[139] 高亚静，郭艳东，李天天. 城市电动汽车充电站两步优化选址方法 [J]. 中国电力，2013, 46(8): 143-147.

[140] 葛少云，黄缪，刘洪. 电动汽车有序充电的峰谷电价时段优化 [J]. 电力系统保护与控制，2012, 40(10): 1-5.

[141] 葛少云，冯亮，刘洪，等. 电动汽车充电站规划布局与选址方案的优化方法 [J]. 中国电力，2012, 45(11): 96-101.

[142] 葛少云，冯亮，刘洪，等. 考虑车流信息与配电网络容量约束的充电站规划 [J]. 电网技术，2013, 37(3): 582-589.

[143] 葛少云，冯亮，刘洪，等. 考虑电量分布及行驶里程的高速公路充电站规划 [J]. 电力自动化设备，2013, 33(7): 111-116.

[144] 顾擎明. 基于遗传算法的制造系统调度问题的研究 [D]. 南京：东南大学，1998.

[145] 关志华，寇纪淞，李敏强. 基于 ε-约束方法的增广 Lagrangian 多目标协同进化算法 [J]. 系统工程与电子技术，2002, 24(9): 33-37.

[146] 关志华，寇纪淞，李敏强. 基于模糊偏好的多目标进化优化算法 [J]. 天津大学学报，2002, 35(3): 275-280.

[147] 郭春林，肖湘宁. 电动汽车充电基础设施规划方法与模型 [J]. 电力系统自动化，2013, 37(13): 70-75.

[148] 郭栋，李娇娇，郑春燕，等. 电动汽车应急充电设施布局规划方法 [J]. 电力系统自动化，2023, 47(16): 66-75.

[149] 郭豪杰，崔双喜. 基于分时电价的电动汽车有序充电策略研究 [J]. 机电工程技术，2021, 50(10): 20-24.

[150] 郭茂祖，张雅喆，赵玲玲. 基于空间语义和个体活动的电动汽车充电站选址方法 [J]. 计算机应用，2023, 43(09): 2819-2827.

[151] 郭艳东，张磊，陈方明，等. 分阶段的电动汽车充电站布局研究 [J]. 陕西电力，2014, 42(1): 37-41.

[152] 郭艳东. 城市电动汽车充电站规划研究 [D]. 北京：华北电力大学，2013.

[153] 韩富佳. 电动汽车充电站选址定容优化研究 [D]. 南昌：南昌大学，2015.

[154] 韩节. 廊坊市电动汽车充电设施选址布局研究 [D]. 北京：华北电力大学，2015.

[155] 韩鹏，汪晋宽，韩英华，等. 智能电网中电动汽车与微网联合运行的建模与仿真 [J]. 东北

大学学报 (自然科学版), 2014, 35(10): 1373-1377.

[156] 全国汽车标准化技术委员会 . 汽车和挂车类型的术语和定义 : GB/T 3730. 1—2001. 北京 : 中国标准出版社 , 2002.

[157] Gen M, Cheng R W. Genetic algorithms and engineering design[M]. New York: John Wiley & Sons Inc, 1996.

[158] Gen M, Cheng R W. Genetic algorithms and engineering optimization[M]. New York: John Wiley & Sons Inc, 2000.

[159] Goldberg D E. Genetic algorithms: in search, optimization and machine learning[M]. New York: Addison-Wesley, 1989.

[160] Guang L, Chengbi Z. Location planning of charging station for electric vehicle based on urban traffic flow[C]. 2016 China International Conference on Electricity Distribution (CICED), IEEE, 2016: 1-5.

[161] Gulbahar T I, Sutcu M, Almomany A, et al. Optimizing electric vehicle charging station location on highways: a decision model for meeting intercity travel demand[J]. Sustainability, 2023, 15(24): 16716.

[162] Guo S, Zhao H. Optimal site selection of electric vehicle charging station by using fuzzy TOPSIS based on sustainability perspective[J]. Applied Energy, 2015, 158: 390-402.

[163] Guo Z, Bian H, Zhou C, et al. An electric vehicle charging load prediction model for different functional areas based on multithreaded acceleration[J]. Journal of Energy Storage, 2023, 73: 108921.

[164] Guohua L, Hao F, Baojie W, et al. Evaluating the influence of approaching vehicles on pedestrian's visual patterns and crossing behaviors at an uncontrolled crosswalk[J]. Transportation Research Part F: Psychology and Behaviour, 2022, 88: 236-247.

[165] Guzel I, Gol M. Plug-in electric vehicle load modeling for charging scheduling strategies in microgrids[J]. Sustainable Energy, Grids and Networks, 2022, 32: 100819.

[166] Geng S, Tan C, Niu D, et al. Optimal allocation model of virtual power plant capacity considering Electric vehicles[J]. Mathematical Problems in Engineering, 2021, 2021: 1-19.

[167] 何洪文 , 孙逢春 , 余晓江 . 电动公交车 BJD6100-EV 市区行驶能耗分析 [J]. 北京理工大学学报 , 2004(3): 222-225.

[168] 何瑞辉 , 郑桢 , 邢涛 , 等 . 随机行驶电动汽车禁忌搜索充电定位算法 [J]. 电器与能效管理技术 , 2020(6): 96-102.

[169] 何战勇 . 电动汽车充电站规划方法及运营模式研究 [D]. 北京 : 北京交通大学 , 2012.

[170] 侯慧 , 唐俊一 , 王逸凡 , 等 . 城区电动汽车充电站布局规划研究 [J]. 电力系统保护与控制 , 2022, 50(14): 181-187.

[171] 胡国伟 , 孙刚 , 郭昌林 , 等 . 基于 PSASP/UPI 环境的电动汽车充电站优化规划 [J]. 中国电力 , 2012, 45(9): 52-55.

[172] 胡维昊 , 陈哲 , 王晓茹 . 大规模电动汽车接入电网的分析 [J]. 电力科学与技术学报 , 2011, 26(4): 14-19.

[173] 胡宜平 . 规模化电动汽车充电对电网的影响及其调频应用研究 [D]. 武汉 : 华中科技大学 , 2015.

[174] 胡宇宸 . 基于演化博弈的电动汽车补贴政策仿真与建模研究 [D]. 北京 : 华北电力大学 , 2016.

[175] 胡泽春，宋永华，徐智威，等．电动汽车接入电网的影响与利用 [J]. 中国电机工程学报，2012, 32(4): 1-10, 25.

[176] 黄冠彬．基于工程实例的电动汽车充电桩布局与规划建设研究 [J]. 光源与照明，2021(11): 86-88.

[177] 黄小庆，杨夯，陈颉，等．基于 LCC 和量子遗传算法的电动汽车充电站优化规划 [J]. 电力系统自动化，2015, 39(17): 176-182.

[178] 黄振森，杨珺．考虑服务容量的充电站选址问题 [J]. 电工电能新技术，2015, 20(5): 111-118.

[179] 侯慧，唐俊一，王逸凡，等．价格与激励联合需求响应下电动汽车长时间尺度充放电调度 [J]. 电力系统自动化，2022, 46(15): 46-55.

[180] 侯建朝，侯鹏旺，孙波．计及需求响应的 EV 和可再生能源多阶段动态经济环境调度优化模型 [J]. 电网与清洁能源，2017, 33(9): 104-112.

[181] 黄存强，王玉，米金梁，等．基于有源功率因数校正的电动汽车直流充电系统接入对电网谐波的影响研究 [J]. 高电压技术，2023, 49(S1): 239-246.

[182] 黄南天，刘德宝，蔡国伟，等．基于多相关日场景生成的电动汽车充电负荷区间预测 [J]. 中国电机工程学报，2021, 41(23): 7980-7990.

[183] Hamed M M, Kabtawi D M, Al-Assaf A, et al. Random parameters modeling of charging-power demand for the optimal location of electric vehicle charge facilities[J]. Journal of Cleaner Production, 2023, 388: 136022.

[184] He F, Wu D, Yin Y, et al. Optimal deployment of public charging stations for plug-in hybrid electric vehicles[J]. Transportation Research Part B: Methodological, 2013, 47: 87-101.

[185] He F, Yin Y, Zhou J. Deploying public charging stations for electric vehicles on urban road networks[J]. Transportation Research Part C: Emerging Technologies, 2015, 60: 227-240.

[186] He J, Zhou B, Feng C, et al. Electric vehicle charging station planning based on multiple-population hybrid genetic algorithm[C]. 2012 International Conference on Control Engineering and Communication Technology (ICCECT), 2012: 403-406.

[187] He K, Jia H, Mu Y, et al. Coordinated planning of fixed and mobile charging facilities for electric vehicles on highways[J]. IEEE Transactions on Intelligent Transportation Systems, 2023, 24(9): 10087-10098.

[188] Hidalgo P A L, Ostendorp M, Lienkamp M. Optimizing the charging station placement by considering the user's charging behavior[C]. Energy Conference (ENERGYCON), 2016 IEEE International, IEEE, 2016: 1-7.

[189] Hu X, Lei H, Deng D, et al. A two-stage approach to siting electric bus charging stations considering future-current demand[J]. Journal of Cleaner Production, 2024, 434: 139962.

[190] Li H, Son D, Jeong B. Electric vehicle charging scheduling with mobile charging stations[J]. Journal of Cleaner Production, 2024, 434: 140162.

[191] Hubner M, Zhao L, Mirbach T, et a1. Impact of large—scale electric vehicle application on the power supply[C]. Electrical Power &Energy Conference, IEEE, 2009: 1-6.

[192] Hariri A M, Hejazi M A, Hashemi-Dezaki H. Investigation of impacts of plug-in hybrid electric vehicles' stochastic characteristics modeling on smart grid reliability under different charging scenarios[J]. Journal of cleaner production, 2021, 287: 125500.

[193] Hoehne C G, Chester M V. Optimizing plug-in electric vehicle and vehicle-to-grid charge

scheduling to minimize carbon emissions[J]. Energy, 2016, 115: 646-657.

[194] Ip A, Fong S, Liu E. Optimization for allocating BEV recharging stations in urban areas by using hierarchical clustering[C]. 2016 6th International Conference on Advanced Information Management and Service (IMS), 2010: 460-465.

[195] Ishibashi H, Auirre H E, Tanaka K, et al. Multi-objective optimization with improved genetic algorithm[C]. IEEE International Congress on Systems, Man, and Cybernetics, 2000, 5: 3852-3857.

[196] Islam M M, Mohamed A, Shareef H. Optimal allocation of rapid charging stations for electric vehicles[C]. 2015 IEEE Student Conference on Research and Development (SCOReD), 2015: 378-383.

[197] I Junquera Martínez, J García-Villalobos, Zamora I, et al. Energy management of micro renewable energy source and electric vehicles at home level[J]. Journal of Modern Power Systems & Clean Energy, 2017, 5(6): 979-990.

[198] Jirdehi M A, Tabar V S. Multi-objective long-term expansion planning of electric vehicle infrastructures integrated with wind and solar units under the uncertain environment considering demand side management: a real test case[J]. Sustainable Cities and Society, 2023, 96: 104632.

[199] Iacobucci R, McLellan B, Tezuka T. Costs and carbon emissions of shared autonomous electric vehicles in a virtual power plant and microgrid with renewable energy[J]. Energy Procedia, 2019, 156: 401-405.

[200] 贾龙, 胡泽春, 宋永华, 等. 高速路网上电动汽车充电站布点优化研究 [J]. 电力系统自动化, 2015, 39(15): 82-89.

[201] 贾龙, 胡泽春, 宋永华, 等. 考虑不同类型充电需求的城市内电动汽车充电设施综合规划 [J]. 电网技术, 2016, 40(9): 2579-2587.

[202] 贾斯佳, 袁竞峰. 电动汽车基础设施选址定容研究——以南京市河西新城为例 [J]. 科技管理研究, 2018, 38(1): 223-232.

[203] 江凯, 刘达伟, 王万平, 等. 含可入网电动汽车 (V2G) 和分布式电源的配电网优化规划 [J]. 电器与能效管理技术, 2014, 8(12): 39-44, 57.

[204] 蒋毅舟. 规模化电动汽车用电需求的空间分布预测 [D]. 北京：华北电力大学, 2012.

[205] 久春, 文锋, 温家鹏, 等. 纯电动汽车用锂离子电池的建模和模型参数识别 [J]. 电力科学与技术学报, 2010, 25(1): 67-74.

[206] 江志辉, 吴茜, 钱仲豪, 等. 考虑电动汽车接入的区域配电网供用电区间预测技术 [J]. 科技通报, 2021, 37(12): 30-37.

[207] Jia L, Hu Z, Liang W, et al. A novel approach for urban electric vehicle charging facility planning considering combination of slow and fast charging[C]. 2014 International Conference on Power System Technology (POWERCON), 2014: 3354-3360.

[208] Jiang Z, Han J, Li Y, et al. Charging station layout planning for electric vehicles based on power system flexibility requirements[J]. Energy, 2023, 283: 128983.

[209] Jordán J, Martí P, Palanca J, et al. Interurban charging station network: An evolutionary approach[J]. Neurocomputing, 2023, 529: 214-221.

[210] Jenn A, Brown A. Smart charging of electric vehicles will reduce emissions and costs in a 100% renewable energy future in california[J]. 2021. DOI: 10. 7922/G2M32T2H.

[211] Ji C, Yang Q, Ning N, et al. Mitigating downward reserve deficiency of power system via coor-

dinating ev demand response at valley period[J]. IEEE Access, 2020, 8: 112368-112378.

[212] Jiao F, Ji C, Zou Y, et al. Tri-stage optimal dispatch for a microgrid in the presence of uncertainties introduced by EVs and PV[J]. Applied Energy, 2021, 304: 117881.

[213] Rogers Cadenhead. Java 入门经典 第 6 版 [M]. 梅兴文, 郝记生, 译. 北京: 人民邮电出版社, 2012.

[214] 康思佳. 电动汽车无序充电对电网的影响研究 [J]. 电工材料, 2023(6): 34-37.

[215] Khalid M R, Alam M S, Sarwar A, et al. A comprehensive review on electric vehicles charging infrastructures and their impacts on power-quality of the utility grid[J]. ETransportation, 2019, 1: 100006.

[216] Khan N, Goldberg D E, Pelikan M. Multi-objective bayesian optimization algorithm[R]. Technical Report No. 2002009, University of Illinois at Urbana-Champaign, 2002.

[217] Kłos M J, Sierpiński G. Siting of electric vehicle charging stations method addressing area potential and increasing their accessibility[J]. Journal of Transport Geography, 2023, 109: 103601.

[218] Kramer B, Chakraborty S, Kroposki B. A review of plugin vehicles and vehicle-to-grid capability[C]. 34th Annual Conference of IEEE Industrial Electronics(IECON), 2008.

[219] Kim T H, Shin H, Kwag K, et al. A parallel multi-period optimal scheduling algorithm in microgrids with energy storage systems using decomposed inter-temporal constraints[J]. Energy, 2020, 202: 117669.

[220] 兰昊, 郝冬, 王晓兵. 燃料电池电动汽车氢气消耗量测量方法研究 [J]. 汽车科技, 2021(3): 14-19, 13.

[221] 雷黎, 刘权彬, 等. 电动汽车使用对电网负荷曲线的影响初探 [J]. 电机技术, 2000(1): 37-39.

[222] 李海峰, 康中敏. 基于混合遗传神经网络的电动汽车充电站最优选址的研究 [J]. 四川电力技术, 2012, 35(4): 49-52.

[223] 李惠玲, 白晓民. 电动汽车充电对配电网的影响及对策 [J]. 电力系统自动化, 2011, 35(17): 38-43.

[224] 李菁, 华张铮, 方达, 等. 基于混合差分蜂群算法的城市电动汽车充电站布局规划 [J]. 东北电力大学学报, 2016, 36(4): 84-90.

[225] 李菱, 李燕青, 姚玉海, 等. 基于遗传算法的电动汽车充电站的布局规划 [J]. 华东电力, 2011, 39(6): 1004-1006.

[226] 李盛伟, 孙巧, 白星振, 等. 面向用户需求的电动汽车充电站最优规划模型研究 [J]. 可再生能源, 2018, 36(4): 568-573.

[227] 李士书. 基于排队论的电动汽车电池消耗量建模与仿真 [D]. 北京: 北京交通大学, 2013.

[228] 李婷婷, 娄柯, 王园, 等. 基于多目标粒子群的电动汽车优化充电策略研究 [J]. 电子科技, 2024, 37(3): 51-56.

[229] 李响, 吴刚, 祝晓宏, 等. 高寒地区私家电动汽车充放电行为分析 [J]. 吉林电力, 2023, 51(2): 43-48.

[230] 李秀娟. 求解多目标优化问题的随机梯度遗传算法 [J]. 南京航空航天大学学报, 2003, 35(4): 455-458.

[231] 李阳, 吴伟杰, 林勇, 等. 考虑电动汽车行驶特性的工业园区电动汽车充电设施规划 [J]. 南方能源建设, 2018, 5(S1): 7-14.

[232] 李正恩．基于交通行为的城市电动汽车充电网络规划与运营研究 [D]．济南：山东大学，2014．

[233] 李子，刘亮，丁玲，等．基于泰森多边图的分场景充电基础设施规划 [J]．电网与清洁能源，2023，39(3)：131-135，142．

[234] 栗然，臧向迪，张文昕，等．共享电动汽车混合充换电站选址优化 [J]．电力自动化设备，2021，41(10)：67-74．

[235] 廖斌杰．电动汽车充电设施规划及配电网接纳电动汽车能力评估 [D]．杭州：浙江大学，2016．

[236] 林优，千晓松．中国电动汽车运营模式及其对电网的影响 [J]．大观周刊，2011(37)：82．

[237] 刘柏良，黄学良，李军，等．含分布式电源及电动汽车充电站的配电网多目标规划研究 [J]．电网技术，2015，39(2)：450-456．

[238] 刘飞．北京电动汽车充电站布局规划研究 [D]．北京：北京物资学院，2015．

[239] 刘飞．基于遗传算法的电动汽车充电站布局的最优规划 [J]．电力科学与工程，2015，31(8)：37-54．

[240] 刘海林．单目标多目标最优化进化算法 [D]．广州：华南理工大学，2002．

[241] 刘华锋，张翀，张迪，等．基于改进人工蜂群算法的电动汽车充电策略优化 [J]．电气传动自动化，2022，44(6)：6-10．

[242] 刘经明，杨阳，李喆，等．基于用户充电可及原则的电动汽车充电站选址 [J]．计算机应用，2018，38(S1)：236-239．

[243] 刘娟，邹丹平，庄童，等．电动汽车快充站运营监控系统设计研究 [J]．电力与能源，2019，40(3)：334-338．

[244] 刘锴，李昂，孙小慧，等．电动汽车充电站布局优化研究 [J]．城市交通，2016，14(4)：64-69．

[245] 刘珂嘉，李玉梅，孙满晶．基于多源信息的电动汽车充电负荷预测 [J]．机电信息，2023(15)：1-5，9．

[246] 刘笠．基于分区的含电动汽车充换电站配电网规划研究 [D]．南京：南京师范大学，2015．

[247] 刘启巍，乐为，郭本海．基于复杂网络的新能源汽车充电设施使用效率研究 [J]．管理评论，2021，33(9)：284-293．

[248] 刘志成．Java 进阶教程 [M]．2 版．北京：机械工业出版社，2009．

[249] 刘自发，张伟，王泽黎．基于量子粒子群优化算法的程式电动汽车充电站优化布局 [J]．中国电机工程学报，2012，32(22)：39-45．

[250] 龙虹毓，周游，陈芳幸，等．基于山地城市电动汽车负荷特性的充电设施规划 [J/OL]．现代电力，1-10[2024-01-07]．https://doi.org/10.19725/j.cnki.1007-2322.2022.0195．

[251] 卢芳．基于排队论的电动汽车充电站选址定容研究 [D]．北京：北京交通大学，2015．

[252] 罗敏，杨景旭，周尚礼，等．考虑电动汽车用户决策行为的电价型需求响应模型 [J]．机电工程技术，2023，52(11)：204-208，255．

[253] 罗卓伟，胡泽春，宋永华．大规模电动汽车充放电优化控制及容量效益分析 [J]．电力系统自动化，2012，36(10)：19-26．

[254] 罗卓伟，胡泽春，宋永华，等．电动汽车充电负荷计算方法 [J]．电力系统自动化，2011，35(14)：36-43．

[255] 吕世斌．宁波中心城区电动汽车充换电站规划与选址研究 [D]．北京：华北电力大学，2015．

[256] 吕天文．中国电动汽车行业现状分析与展望 [J]．电源世界，2010(6)：8-9．

[257] 李华珍，柳有权，朱家伟，等．基于改进粒子群算法的居民需求响应调度优化与仿真 [J]．

系统仿真学报, 2021, 33(8): 1969-1979.

[258] 卢志刚, 王荟敬, 赵号, 等. 含 V2G 的虚拟电厂双层逆鲁棒优化调度策略 [J]. 电网技术,
       2017, 41(4): 1245-1252.

[259] L Jia, Z Hu, Z Luo. Optimal siting and sizing of electric vehicle charging stations[C]. IEEE In-
       ternational Electric Vehicle Conference, 2012: 1-6.

[260] Garcia L L. The contagion of pneumonia in older persons: an application of the bass diffusion
       model. [J]. Gerontology and Geriatric Medicine, 2020, 6: 2333721420949308.

[261] Lam A Y S, Leung Y W, Chu X. Electric vehicle charging station placement: formulation, com-
       plexity, and solutions[J]. IEEE Transactions on Smart Grid, 2014, 5(6): 2846-2856.

[262] Laumanns M, Zitzler E, Thiele L. A unified model for multi-objective evolutionary algorithms
       with elitism[C]. 7th IEEE Congress on Evolutionary Computation, 2000: 46-53.

[263] Lee G, Song J, Han J, et al. Study on energy consumption characteristics of passenger electric
       vehicle according to the regenerative braking stages during real-world driving conditions[J].
       Energy, 2023, 283: 128745.

[264] Leeprechanon N, Phonrattanasak P, Sharma M K. Optimal planning of public fast charging sta-
       tion on residential power distribution system[C]. Transportation Electrification Asia-Pacific
       (ITEC Asia-Pacific), 2016 IEEE Conference and Expo, IEEE, 2016: 519-524.

[265] Li B, Jing D, Zhong H, et al. Centralized charging station planning for battery electric trucks
       considering the impacts on electricity distribution systems[J]. Energy Reports, 2023, 9: 346-
       357.

[266] Li Y, Su S, Liu B, et al. Trajectory-driven planning of electric taxi charging stations based on
       cumulative prospect theory[J]. Sustainable Cities and Society, 2022, 86: 104125.

[267] Li Y, Wang J, Wang W, et al. Dynamic pricing based electric vehicle charging station location
       strategy using reinforcement learning[J]. Energy, 2023, 281: 128284.

[268] Lin X, Sun J, Ai S, et al. Distribution network planning integrating charging stations of electric
       vehicle with V2G[J]. International Journal of Electric Power&Energy Systems, 2014, 63: 507-
       512.

[269] Liu Z, Zhang W, Ji X, et al. Optimal planning of charging station for electric vehicle based on
       particle swarm optimization[C]. Innovative Smart Grid Technologies-Asia(ISGT Asia), IEEE,
       2012: 1-5.

[270] Loni A, Asadi S. Data-driven equitable placement for electric vehicle charging stations: Case
       study San Francisco[J]. Energy, 2023, 282: 128796.

[271] Lu F, Hua G. A location-sizing model for electric vehicle charging station deployment based
       on queuing theory[C]. 2015 International Conference on Logistic, Informatics and Service Sci-
       ences (LISS), 2015: 1-5.

[272] Lu H M, Yen G G. Rank-density based mutiobjective genetic algorithm[C]. 9th IEEE Congress
       on Evolutionary Computation, 2002: 944-949.

[273] Lu H M, Yen G G. Dynamic population size in multiobjective evolutionary algorithms[C]. 7th
       IEEE Congress on Evolutionary Computation, 2002: 1648-1653.

[274] Lin H, Dang J, Zheng H, et al. Two-stage electric vehicle charging optimization model con-
       sidering dynamic virtual price-based demand response and a hierarchical non-cooperative
       game[J]. Sustainable Cities and Society, 2023, 97: 104715.

[275] Liu X. Research on flexibility evaluation method of distribution system based on renewable energy and electric vehicles[J]. IEEE Access, 2020, 8: 109249-109265.

[276] Luo L, Wu Z, Gu W, et al. Coordinated allocation of distributed generation resources and electric vehicle charging stations in distribution systems with vehicle-to-grid interaction[J]. Energy, 2020, 192: 116631.

[277] 马丽叶, 王海锋, 卢志刚. 计及故障率影响含电动汽车的分布式电源选址定容双层协调规划 [J]. 电网技术, 2021, 45(12): 4749-4760.

[278] 马子龙. 电动汽车充电对配电网影响及应对措施 [D]. 北京: 中国矿业大学, 2021.

[279] 麦启欣, 张奕源, 罗霞. 城市电动汽车用户充电选择行为分析 [J]. 综合运输, 2023, 45(7): 13-20.

[280] 毛玲, 张钟浩, 赵晋斌, 等. 车 - 桩 - 网交融技术研究现状及展望 [J]. 电工技术学报, 2022, 37(24): 6357-6371.

[281] 米阳. 电动汽车充电设施的双目标最优选址问题 [J]. 哈尔滨工程大学学报, 2018, 39(8): 1264-1268, 1342.

[282] 苗淼. 电动汽车充电站选址规划及运营模式研究 [D]. 成都: 西华大学, 2015.

[283] 闵德权, 江可鉴, 刘蕊, 等. 纯电动货车充电站的两阶段选址定容模型 [J]. 重庆理工大学学报 (自然科学), 2023, 37(1): 186-195.

[284] Mateo C, Frías P, Sánchez-Miralles A. Distribution planning with hourly profiles for analysing electric vehicle charging strategies[J]. International Journal of Electric and Hybrid Vehicles, 2016, 8(1): 1-18.

[285] May G. Battery options for hybrid electric vehicles[C]. IET Hybrid Vehicle Conference, 2006: 67-78.

[286] Maeng J, Min D, Kang Y. Intelligent charging and discharging of electric vehicles in a vehicle-to-grid system using a reinforcement learning-based approach[J]. Sustainable Energy, Grids and Networks, 2023, 36: 101224.

[287] Mbuwir B V, Spiessens F, Deconinck G. Distributed optimization for scheduling energy flows in community microgrids[J]. Electric Power Systems Research, 2020, 187: 106479.

[288] Metwly M Y, Ahmed M, Hamad M S, et al. Power management optimization of electric vehicles for grid frequency regulation: comparative study[J]. Alexandria Engineering Journal, 2023, 65: 749-760.

[289] Moura P, Greta K W, Mohammadi J. Management of electric vehicles as flexibility resource for optimized integration of renewable energy with large buildings[C]. 2020 IEEE PES Innovative Smart Grid Technologies Europe (ISGT-Europe), IEEE, 2020: 474-478.

[290] 牛利勇. 纯电动公交充电系统关键技术研究 [D]. 北京: 北京交通大学, 2008.

[291] Nahtstedt K, Chang S. Placement of energy sources for electric transportation in smart cities[C]. 2016 IEEE International Conference on Smart Computing(SMARTCOMP), 2016: 1-8.

[292] Nickdoost N, Jalloul H, Choi J. An integrated framework for temporary disaster debris management sites selection and debris collection logistics planning using geographic information systems and agent-based modeling[J]. International Journal of Disaster Risk Reduction, 2022, 80: 103215.

[293] Nayak D S, Misra S. An operational scheduling framework for Electric Vehicle Battery Swap-

ping Station under demand uncertainty[J]. Energy, 2024, 290: 130219.

[294] Nurmuhammed M, Akdağ O, Karadağ T. A novel modified Archimedes optimization algorithm for optimal placement of electric vehicle charging stations in distribution networks[J]. Alexandria Engineering Journal, 2023, 84: 81-92.

[295] Nosratabadi S M, Hooshmand R A, Gholipour E. A comprehensive review on microgrid and virtual power plant concepts employed for distributed energy resources scheduling in power systems[J]. Renewable & Sustainable Energy Reviews, 2017, 67: 341-363.

[296] 裴明阳，朱宏昱 . 电动汽车动态无线充电路段优化建模方法 [J]. 华南理工大学学报（自然科学版), 2023, 51(10): 135-151.

[297] 彭国财，邓玉珍，张邻 . 基于遗传算法的电动汽车充电站选址定容研究 [J]. 科学技术创新，2024(2): 1-4.

[298] 彭凯贝，白伟，伍柳伊，等 . 基于改进 LSTM 模型的铁路客运站客流预测研究 [J]. 铁道运输与经济，2023, 45(4): 53-60.

[299] Paganini F, Espíndola E, Marvid D, et al. Optimization of spatial infrastructure for EV charging[C]. 2022 IEEE 61st Conference on Decision and Control (CDC), IEEE, 2022: 5035-5041.

[300] Pan Y, Fang W, Ge Z, et al. A hybrid on-line approach for predicting the energy consumption of electric buses based on vehicle dynamics and system identification[J]. Energy, 2023, 290: 130205.

[301] Panta U, Gairola P, Nezamuddin N. Modelling benefit-to-cost ratio for initial phase electrification using battery electric bus[J]. Transport Policy, 2024, 145: 137-149.

[302] Parks K, Denholm P, Markel T. Costs and emissions associated with plug-in hybrid electric vehicle charging in the XCEI energy colorado service territory[R]. National Renewable Energy Laboratory, 2007.

[303] Parsopoulos K E, Tasoulis D F, Vrahatis. Multiobjective optimization using parallel vector evaluated particle swarm optimization[C]. IASTED International Conference on Artificial Intelligence and Applications(AIA 2004), 2004: 823-828.

[304] Guo P, Chen Z, Yang Y, et al. A multistage simulation-optimization-integrated methodology framework for user-oriented electric vehicle carsharing reallocation under dynamic price subsidy[J]. Energy, 2024, 290: 130207.

[305] Phonrattanasak P, Leeprechanon N . Multiobjective ant colony optimization for fast charging stations planning in residential area[C]. Innovative Smart Grid Technologies-Aisa(ISGT Asia), IEEE, 2014: 290-295.

[306] Polisetty S P R S, Jayanthi R, Veerraju M S. An intelligent optimal charging stations placement on the grid system for the electric vehicle application[J]. Energy, 2023, 285: 129500.

[307] Prathapaneni D R, Detroja K P. An integrated framework for optimal planning and operation schedule of microgrid under uncertainty[J]. Sustainable Energy, Grids and Networks, 19: 100232.

[308] Prencipe L P, van Essen J T, Caggiani L, et al. A mathematical programming model for optimal fleet management of electric car-sharing systems with Vehicle-to-Grid operations[J]. Journal of Cleaner Production, 2022, 368: 133147.

[309] 钱科军，周承科，袁越 . 纯电动汽车与电网相互关系的研究现状 [J]. 电网与清洁能源，

2010, 26(11): 1-7.

[310] 钱科军，谢鹰，张新松，等．考虑充电负荷随机特性的电动汽车充电网络模糊多目标规划 [J]．电网技术，2020, 44(11): 4404-4414.

[311] 权会霞．城市电动汽车充换电设施优化布局研究 [D]．北京：华北电力大学，2013.

[312] QIAN Kejun, ZHOU Chenke, Malcolm ALLAN, et al. Modeling of load demand due to EV battery charging in distribution systems[J]. IEEE Transactions on Power Systems, 2011, 26(2): 802-810.

[313] Qiao D, Wang G, Xu M. Fast-charging station location problem: a two-phase approach with mathematical program with equilibrium constraints considering charging choice behaviour[J]. Sustainable Cities and Society, 2023, 96: 104678.

[314] Qiao D, Wang G, Xu M. Mathematical program with equilibrium constraints approach with genetic algorithm for joint optimization of charging station location and discrete transport network design[J]. Transportation Letters, 2023. DOI: 10. 1080/19427867. 2023. 2237740.

[315] 任亮亮，吴丽霞，靳旭刚，等．电动汽车充电站分层递进式选址方法研究 [J]．重庆交通大学学报（自然科学版），2018, 37(6): 121-126.

[316] Richardson P, Flynn D, Keane A. Impact assessment of varying penetrations of electric vehicles on low voltage distribution systems[C]. IEEE Power & Engineering Society General Meeting, IEEE, 2010: 1-6.

[317] Ruiz-Barajas F, Ramirez-Nafarrate A, Olivares-Benitez E. Decarbonization in Mexico by extending the charging stations network for electric vehicles[J]. Results in Engineering, 2023, 20: 101422.

[318] Ran C, Zhang Y, Yin Y. Demand response to improve the shared electric vehicle planning: Managerial insights, sustainable benefits[J]. Applied Energy, 2021, 292: 116823.

[319] Ravi S S, Aziz M. Utilization of electric vehicles for vehicle-to-grid services: Progress and perspectives[J]. Energies, 2022, 15(2): 589.

[320] 尚鹏程，陈一村，罗光亮，等．基于 Anylogic 的地下物流系统终端货运仿真分析 [J]．信息技术与网络安全，2019, 38(8): 78-84.

[321] 邵路路，马静元，李鹏．置换模式下电动汽车补贴与定价决策研究——考虑地方政府补贴和消费者行为的分析 [J]．价格理论与实践，2022, (7): 138-142, 204.

[322] 邵赛，关伟，毕军．考虑排队时间和里程约束的竞争充电站选址问题 [J]．交通运输系统工程与信息，2016, 16(6): 169-175.

[323] 史江昆，申彩英，陈鑫．电动汽车不同种类电源特性对比 [J]．北京汽车，2023, (4): 21-24, 38.

[324] 史晓东，郭永城，冯志远，等．基于 AnyLogic 的智能体仿真与优化 [J]．物流工程与管理，2023, 45(9): 56-59.

[325] 侍书靖，苗春霞，黄畅，等．基于 Shapley 值法的我国居民就医机构选择及影响因素研究 [J]．中国卫生事业管理，2022, 39(7): 509-512, 526.

[326] 宋阳．电动汽车充电站布局优化研究 [D]．成都：西南交通大学，2016

[327] 宋永华，杨岳希，胡泽春．电动汽车电池的现状及发展趋势 [J]．电网技术，2011, 35(4): 1-7.

[328] 宋志成，王勋，伦利，等．基于收益最大化的电动汽车充电站选址规划 [J]．南昌：华东交通大学学报，2014, 31(1): 50-55.

[329] 孙亮，申畅，朱童生，等．考虑交通流量俘获的电动汽车充电负荷预测和充电站规划 [J/

OL]. 电力自动化设备, 1-14[2024-01-07]. https: //doi. org/10. 16081/j. epae. 202312045.

[330] 孙晓明. 电动汽车充电电价时段划分方法及有序充电策略研究 [D]. 北京: 北京交通大学, 2014.

[331] 锁军, 李龙, 贺瀚青, 等. 考虑交通路况的电动汽车充电负荷预测 [J]. 电网与清洁能源, 2022, 38(10): 141-147.

[332] Esmaeilnejad S, Kattan L, Wirasinghe S C. Optimal charging station locations and durations for a transit route with battery-electric buses: a two-stage stochastic programming approach with consideration of weather conditions[J]. Transportation Research Part C: Emerging Technologies, 2023, 156: 104327.

[333] Saadati R, Jafari-Nokandi M, Saebi J, et al. Optimal location of fast charging stations alongside pricing design from distribution company viewpoint considering renewable energy resource: A modified capacitated flow-capturing location model[J]. Sustainable Energy, Grids and Networks, 2023, 34: 100989.

[334] Salmon J. Systems Optimization of charging infrastructure for electric vehicles[C]. Systems Conference (SysCon), 2016 Annual IEEE, 2016: 1-8.

[335] Sbalzarini FL, Muller S, Koumoutsakos P. Multi-objective optimization using evolutionary algorithms[G]. Summer Program of Center for Turbulence Research, 2000: 63-74.

[336] Faisal S, Soni B P, Goyal G R, et al. Reducing the ecological footprint and charging cost of electric vehicle charging station using renewable energy based power system[J]. e-Prime - Advances in Electrical Engineering, Electronics and Energy, 2024, 7: 100398.

[337] Shahraki N, Cai H, Turkay M, et al. Optimal locations of electric public charging stations using real world vehicle travel patterns[J]. Transportation Research Part D: Transport and Environment, 2015, 41: 165-176.

[338] Shi R, Zheng S, Zheng C, et al. Study on EV charging station location planning based on the load balance principle with agent-based anyLogic simulation[C]. Control and Decision Conference (2014 CCDC), The 26th Chinese, IEEE, 2014: 1515-1519.

[339] Skaloumpakas P, Spiliotis E, Stoian D, et al. A user-friendly electric vehicle reallocation solution for uniformly utilized charging stations[J]. Sustainable Energy, Grids and Networks, 2023: 101266.

[340] Song M, Cheng L, Zhang Y. Joint location optimization of charging stations and segments in the space-time-electricity network: An augmented Lagrangian relaxation and ADMM-based decomposition scheme[J]. Computers & Industrial Engineering, 2023, 183: 109517.

[341] Summanwar V S, Jayaraman V K, Kulkarni B D, et al. Solution of constrained optimization problems by multi-objective genetic algorithm[J]. Computers and Chemical Engineering, 2002, 26: 1482-1492.

[342] Polisetty S P R S, Jayanthi R, Veerraju M S. An intelligent optimal charging stations placement on the grid system for the electric vehicle application[J]. Energy, 2023, 285: 129500.

[343] Saeedirad M, Rokrok E, Joorabian M. A smart discrete charging method for optimum electric vehicles integration in the distribution system in presence of demand response program[J]. Journal of Energy Storage, 2022, 47: 103577.

[344] Sawwas A, Chedid R. A pool-based energy market model for microgrids characterized by scheduled blackouts[J]. Applied Energy, 2020, 283(5): 116358.

[345] Shi R, Li S, Zhang P, et al. Integration of renewable energy sources and electric vehicles in V2G network with adjustable robust optimization[J]. Renewable Energy, 2020, 153: 1067-1080.

[346] Stiasny J, Zufferey T, Pareschi G, et al. Sensitivity analysis of electric vehicle impact on low-voltage distribution grids[J]. Electric Power Systems Research, 2021, 191: 106696.

[347] 谭欣欣 . 基于鲁棒优化的电动汽车充电站选址决策研究 [D]. 北京：北京理工大学 , 2016.

[348] 谭泽富，周正洋，高树坤，等 . V2G 应用进展综述 [J]. 重庆理工大学学报 (自然科学), 2023, 37(3): 222-229.

[349] 田立亭，史双龙 . 贾卓，等 . 电动汽车充电需求的统计学建模方法 [J]. 电网技术 , 2010, 34(11) ; 126-130.

[350] 田鹏，张林 . 基于收益分析的充电站选址规划模型 [J]. 电力大数据 , 2019, 22(12): 58-66.

[351] 涂轶昀，李灿，承林 . 电动汽车对电网影响的研究 [J]. 广东电力 , 2012, 25(5): 11-15.

[352] 檀勤良，郭明鑫，刘源，等 . 基于大规模 V2G 的区域电源低碳优化策略 [J]. 电力建设 , 2022, 43(12): 56-65.

[353] Wang T, Zhang J, He J. Dynamic wireless charging lane reversal for connected and automated electric vehicles in highway[J]. Sustainable Energy Technologies and Assessments, 2023, 57: 103206.

[354] Tasnim M N, Akter S, Shahjalal M, et al. A critical review of the effect of light duty electric vehicle charging on the power grid[J]. Energy Reports, 2023, 10: 4126-4147.

[355] Tiep T L, Fauzia J, Gabriele S . What drives purchase behavior for electric vehicles among millennials in an emerging market[J]. Journal of Cleaner Production, 2023, 428: 139213.

[356] Tomás G S R, Ilan M, Michel R A, et al. Regulatory framework and business models for charging plug-in electric vehicles: Infrastructure, agents, and commercial relationships [J]. Energy Policy, 2011, 39: 6360-6375.

[357] Tan B, Chen H, Zheng X, et al. Two-stage robust optimization dispatch for multiple microgrids with electric vehicle loads based on a novel data-driven uncertainty set[J]. International Journal of Electrical Power & Energy Systems, 2022, 134: 107359.

[358] Tariq A, Kazmi S A A, Ali G, et al. Multivariate stochastic modeling of plugin electric vehicles charging profile and grid impact analysis[J]. Sustainable Energy, Grids and Networks, 2023, 36: 101155.

[359] Thomas D, D'Hoop G, Deblecker O, et al. An integrated tool for optimal energy scheduling and power quality improvement of a microgrid under multiple demand response schemes[J]. Applied Energy, 2019, 260: 114314.

[360] Chawal U, Rosenberger J, Chen V C P, et al. A design and analysis of computer experiments based mixed integer linear programming approach for optimizing a system of electric vehicle charging stations[J]. Expert Systems With Applications, 2024, 245: 123064.

[361] Ullah I, Liu K, Yamamoto T, et al. Modeling of machine learning with SHAP approach for electric vehicle charging station choice behavior prediction[J]. Travel Behaviour and Society, 2023, 31: 78-92.

[362] 王彪，尹霞 . 实时电价下含 V2G 功能的电动汽车理性充放电模型及其分析 [J]. 电力系统保护与控制 , 2016, 44(24): 90-96.

[363] 王欢林 . 电动汽车充电站选址定容研究 [D]. 北京：华北电力大学 . 2013.

[364] 王辉，王贵斌，赵俊华，等.考虑交通网络流量的电动汽车充电站规划 [J].电力系统自动化，2013, 37(13): 63-69.

[365] 王辉，文福拴，辛建波.电动汽车充放电特性及其对配电系统的影响分析 [J].华北电力大学学报，2011(9): 17-24.

[366] 王辉.电动汽车充电站规划与运营研究 [D].杭州：浙江大学，2013.

[367] 王立颖.电动汽车的关键技术及发展前景 [J].汽车工业研究，2009(8): 12-15.

[368] 王露.城市纯电动汽车快速充电设施的布局选址优化模型研究 [D].北京：北京交通大学，2016.

[369] 王晓涵.电动汽车充放电行为建模及 V2G 研究 [D].南宁：广西大学，2014.

[370] 王义，靳梓康，王要强，等.考虑电动汽车共享储能特性的园区综合能源系统低碳运行 [J/OL].电力系统自动化，1-16[2024-01-07]. http: //kns. cnki. net/kcms/detail/32. 1180. TP. 20230912. 0859. 006. html.

[371] 王震坡，孙逢春，林程.电动公交客车充电站容量需求预测与仿真 [J].北京理工大学学报，2006, 26(12): 1061-1064.

[372] 王震坡，张瑾，刘鹏，等.电动汽车充电站规划研究综述 [J].中国公路学报，2022, 35(12): 230-252.

[373] 王宗为，罗霞.考虑电池退化和动态充电特性的电动汽车充电站效益优化模型 [J].交通运输工程与信息学报，2023, 21(3): 13-30.

[374] 魏承君，于倩，李立晓，等.基于 FLOWNEX 的 AP1000 常规岛热力系统全范围建模及瞬态工况模拟 [J].科学技术与工程，2021, 21(16): 6710-6717.

[375] 魏冠元，王冠群，阮观梅，等.电动汽车充电站选址智能决策与优化研究综述 [J].计算机工程与应用，2023, 59(21): 52-65.

[376] 魏宏亮，李群英，冯利民.大规模电动汽车充电对吉林省供电负荷的影响 [J].吉林电力，2012, 40(3): 28-30.

[377] 魏玲.基于多层次灰色评价方法的新能源电动汽车充电设施选址的研究 [J].南昌大学学报，2016, 40(3): 225-228.

[378] 魏阳喆.电动汽车充电对电网影响综述 [J].时代汽车，2022(2): 108-109, 120.

[379] 吴春阳.电动汽车充电设施规划及接入及智能响应 [D].郑州：郑州大学，2011.

[380] 吴康利，王立晓.多等级电动出租车充电站选址 [J].科学技术创新，2021(27): 173-174.

[381] 吴憩棠.我国"十城千辆"计划的进展 [J].新能源汽车，2009, 1(24): 15-19.

[382] 武渊，叶宁.城市路网中电动汽车充电站双层多目标选址定容模型 [J].山西大学学报（自然科学版），2021, 44(4): 695-704.

[383] 汪锋，刘智强，张克勇，等.基于分时电价与储能充放电策略的台区可调控资源聚合及调度 [J].储能科学与技术，2023, 12(4): 1204-1214.

[384] 王杰，唐菁敏，刘思淼.基于用户响应度的电动汽车有序充放电策略 [J].电子测量技术，2021, 44(1): 31-36.

[385] 王敏，吕林，向月.计及 V2G 价格激励的电动汽车削峰协同调度策略 [J].电力自动化设备，2022, 42(4): 27-33, 85.

[386] 魏春霞，林伟芳，周专，等.用户侧储能和电动汽车自发响应特性对含高比例新能源电网影响分析 [J].高电压技术，2023, 49(S1): 231-238. .

[387] 魏震波，任小林，黄宇涵.考虑综合需求侧响应的区域综合能源系统多目标优化调度 [J].电力建设，2020, 41(7): 92-99.

[388] Wang N, Tian H, Wu H, et al. Cost-oriented optimization of the location and capacity of charging stations for the electric Robotaxi fleet[J]. Energy, 2023, 263: 125895.

[389] Wang Y, Liu D, Wu Y, et al. Locating and sizing of charging station based on neighborhood mutation immune clonal selection algorithm[J]. Electric Power Systems Research, 2023, 215: 109013.

[390] Wang Y, Wen Y, Zhu Q, et al. Real driving energy consumption and CO_2 & pollutant emission characteristics of a parallel plug-in hybrid electric vehicle under different propulsion modes[J]. Energy, 2022, 244: 123076.

[391] Wu R, Wang T, Wang Z, et al. Spatial adaptability evaluation and optimal location of electric vehicle charging stations: A win-win view from urban travel dynamics[J]. Energy Strategy Reviews, 2023, 49: 101122.

[392] Wang W, Chen P, Zeng D, et al. Electric vehicle fleet integration in a virtual power plant with large-scale wind power[J]. IEEE Transactions on Industry Applications, 2020, 56(5): 5924-5931.

[393] 肖俊. 价值链下移动电子商务模式的构建策略 [J]. 投资与合作, 2021, (4): 109-110.

[394] 谢莹华, 谭春辉, 张雪峰, 等. 电动汽车充放电方式对深圳电网日负荷曲线的影响 [J]. 广东电力, 2011, 24(12): 47-50, 69.

[395] 徐虹, 贺鹏, 艾欣. 电动汽车充电功率需求分析模型研究综述 [J]. 现代电力, 2012, 29(3): 51-56.

[396] 徐立中, 杨光亚, 许昭, 等. 电动汽车充电负荷对丹麦配电系统的影响 [J]. 电力系统自动化, 2011, 35(14): 18-23.

[397] 许鑫, 范文慧, 冯雅喆. 车辆路径问题的仿真建模分析 [C]. 中国科协年会, 2008.

[398] 许欣慧, 舒征宇, 李世春. 基于退役电池在多储能场景下梯级利用的经济运行研究 [J]. 智慧电力, 2020, 48(12): 58-64.

[399] Zeng X, Xie C, Xu M, et al. Optimal en-route charging station locations for electric vehicles with heterogeneous range anxiety[J]. Transportation Research Part C, 2024, 158: 104459.

[400] Xu J, Huang Y. The short-term optimal resource allocation approach for electric vehicles and V2G service stations[J]. Applied Energy, 2022, 319: 119200.

[401] 闫兆进, 杨慧, 慈慧, 等. 船舶轨迹提取模型构建与交通流分析 [J]. 地球信息科学学报, 2023, 25(11): 2134-2149.

[402] 阎春利, 刘嘉玲, 陈爽. 考虑空间分布的电动出租车中长期充电需求预测 [J]. 武汉理工大学学报, 2023, 45(11): 106-114, 131.

[403] 杨方, 张义斌, 何博, 等. 电动汽车大规模充电对电网经济性的影响评价 [J]. 中国电力, 2016, 49(3): 178-182.

[404] 杨洪明, 熊朊成, 刘保平, 等. 插入式混合电动汽车充放电行为的概率分析 [J]. 电力科学与技术学报, 2011, 35(14): 1-10.

[405] 杨丽君, 郭茜茜, 闫鹏达. 考虑电池组配送的集中型充电站容量规划研究 [J]. 电网技术, 2016, 40(5): 1387-1393.

[406] 杨扬, 秦桑, 郑锋, 等. 电动汽车充电站的充电定价策略研究 [J]. 浙江电力, 2018, 37(6): 58-62.

[407] 姚明, 毛文杰, 曹淑超, 等. 基于多源数据的电动汽车充电设施布局优化方法研究 [J]. 智慧电力, 2023, 51(9): 31-37.

[408] 姚伟锋，赵俊华，文福拴，等．配电系统与电动汽车充电网络的协调规划 [J]. 电力系统自动化，2015, 39(9): 10-18.

[409] 叶彭姚．城市道路网拓扑结构的复杂网络特性研究 [J]. 交通运输工程与信息学报，2012, 10(1): 13-19, 30.

[410] 袁小溪，潘鸣宇，段大鹏，等．基于网格划分的电动汽车充电负荷预测方法 [J]. 电力科学与技术学报，2021, 36(3): 19-26.

[411] 阎怀东，马汝祥，柳志航，等．计及需求响应的 EV 充电站多时间尺度随机优化调度 [J]. 电力系统保护与控制，2020, 48(10): 71-80.

[412] Yan L. Optimal layout and scale of charging stations for electric vehicles[C]. 2016 China International Conference on Electricity Distribution (CICED), 2016: 1-5.

[413] Yang L, Chen J, Li W, et al. Research on optimizing the location and capacity of electric vehicle charging stations[C]. International Conference on Heterogeneous Networking for Quality, Reliability, Security and Robustness, 2020: 76-90.

[414] Yang S, Luan Z, Qin Z. Research of charging (discharging) orderly and optimizing load curve for electric vehicles based on dynamic electric price and V2G[C]. MATEC Web of Conferences, 2016.

[415] Yue W, Xi R, Song Z. Research on dynamic matching model of electric vehicles and charging facilities in China: A case study of taxis in Beijing[J]. Chinese Journal of Population, Resources and Environment, 2021, 19(1): 88-97.

[416] Yang A, Wang H, Li B, et al. Capacity optimization of hybrid energy storage system for microgrid based on electric vehicles' orderly charging/discharging strategy[J]. Journal of Cleaner Production, 2023, 411: 137346.

[417] Yang D, Zhang C, Jiang C, et al. Interval method based optimal scheduling of regional multi-microgrids with uncertainties of renewable energy[J]. IEEE Access, 2021, 9: 53292-53305.

[418] Yao X, Fan Y, Zhao F, et al. Economic and climate benefits of vehicle-to-grid for low-carbon transitions of power systems: a case study of China's 2030 renewable energy target[J]. Journal of Cleaner Production, 2022, 330: 129833.

[419] Yao Z, Wang Z, Ran L. Smart charging and discharging of electric vehicles based on multi-objective robust optimization in smart cities[J]. Applied Energy, 2023, 343: 121185.

[420] 张成，滕欢，等．电动汽车充电站规划模型及评价方法 [J]. 电力系统及其自动化学报，2014, 26(1): 49-52.

[421] 张迪．电动汽车充 / 换电设施选址模型研究 [D]. 武汉：华中科技大学，2015.

[422] 张国亮，李波，王运发．多等级电动汽车充电站的选址与算法 [J]. 济南：山东大学学报 (工学版), 2011, 41(6): 136-142.

[423] 张国亮．城市内和城市间电动汽车充电站的选址布局研究 [D]. 天津：天津大学，2012.

[424] 张家炜，尹静，李小萱，等．基于 AnyLogic 的绿色建筑全生命周期碳排放评估与模拟 [J]. 绿色建筑，2023(6): 87-92.

[425] 张君．电动汽车 V2G 充放电模式对电网负荷曲线影响的分析 [D]. 武汉：湖北工业大学，2016.

[426] 张美霞，吴子敬，杨秀．基于动态能耗模型与用户心理的电动汽车充电负荷预测 [J]. 现代电力，2022, 39(6): 710-719.

[427] 张美霞，徐立成，杨秀，等．基于电动汽车充电需求时空分布特性的充电站规划研究 [J].

电网技术, 2023, 47(1): 256-268.

[428] 张明霞, 庄童. 小区电动汽车充电负荷实测分析 [J]. 电力需求侧管理, 2012, 14(3): 44-46.

[429] 张炜桀. 电动汽车充电设施建设分析及总结 [J]. 建筑电气, 2022, 41(10): 21-24.

[430] 张文会, 苏嘉祺, 哈字洪, 等. 电池交换式纯电动公交充电站选址定容模型 [J]. 华南理工大学学报 (自然科学版), 2023, 51(10): 126-134.

[431] 张文杰. 基于价格更新机制的 V2G 最优控制策略研究 [D]. 北京：北京理工大学, 2015.

[432] 张文亮, 武斌, 李武峰, 等. 电动汽车我国纯电动汽车的发展方向及能源供给模式的探讨 [J]. 电网技术, 2009, 33(4): 1-5.

[433] 张夏韦, 梁军, 王要强, 等. 电动汽车充电负荷时空分布预测研究综述 [J]. 电力建设, 2023, 44(12): 161-173.

[434] 张祥宇, 舒一楠, 付媛, 等. 含虚拟储能直流微电网的源荷储能量协同优化控制 [J]. 高电压技术, 2023, 49(8): 3497-3508.

[435] 张毅, 朱攀. 电动出租车专用充电场站选址模型研究 [J]. 地球信息科学学报, 2021, 23(5): 802-811.

[436] 张永旺, 赵伟, 肖勇, 等. 基于分层架构的大规模电动汽车有序充电仿真平台 [J]. 电网技术, 2015, 39(1): 55-62.

[437] 赵姣, 杨倩倩, 胡大伟等. 基于排队模型的电动物流车充电站选址和运输路径问题 [J/OL]. 山东大学学报 (工学版): 1-13[2024-01-06]. http: //kns. cnki. net/kcms/detail/37. 1391. T. 20230904. 1039. 002. html.

[438] 赵书强, 李志伟, 党磊. 基于城市交通网络信息的电动汽车充电站最优选址和定容 [J]. 电力自动化设备, 2016, 36(10): 8-23.

[439] 郑士尧. 基于系统动力学的电动汽车补贴政策建模分析与仿真研究 [D]. 北京：华北电力大学, 2015.

[440] 周洪超, 李海锋. 基于博弈论的电动汽车充电站选址优化模型研究 [J]. 科技和产业, 2011, 11(2): 51-54.

[441] 周文峰, 李珍萍, 崔晓洁, 等. 电动汽车充电站选址问题研究 [J]. 数学的实践与认识, 2016, 46(11): 187-194.

[442] 周筝, 龙华, 李帅等. 时空需求下的电动汽车充电设施选址优化模型 [J]. 计算机应用研究, 2023, 40(9): 2633-2638, 2645.

[443] 张军, 张伟, 曹凌捷, 等. 国内储能市场发展现状及趋势分析 [J]. 电力与能源, 2020, 41(6): 739-743.

[444] 张美霞, 吴子敬, 杨秀. 基于动态能耗模型与用户心理的电动汽车充电负荷预测 [J]. 现代电力, 2022, 39(6): 710-719.

[445] 张婉莹, 张国新, 李亚锦, 等. 纯电动快递配送车 V2G 削峰填谷经济效益分析 [J]. 山东电力技术, 2020, 47(12): 11-15.

[446] 张卫国, 宋杰, 郭明星, 等. 考虑电动汽车充电需求的虚拟电厂负荷均衡管理策略 [J]. 电力系统自动化, 2022, 46(9): 118-126.

[447] 周健飞, 孙宇轩, 代军. 基于 V2G 技术的微电网调峰控制策略研究 [J]. 电力与能源, 2019, 40(3): 351-353.

[448] Zamee M A, Han D, Cha H, et al. Self-supervised online learning algorithm for electric vehicle charging station demand and event prediction[J]. Journal of Energy Storage, 2023, 71: 108189.

[449] Zhang B X, Ji Z F, Du R F, et al. Investigation on energy consumption of electric vehicle with

micro gas turbine as a range-extender under various driving cycles[J]. International Journal of Vehicle Design, 2022, 88(2-3-4): 216-237.

[450] Zhang F, Lyu H, Ji Y, et al. Battery swapping demand simulation for electric micromobility vehicles considering multi-source information interaction and behavior decision[J]. Journal of Cleaner Production, 2023, 414: 137525.

[451] Zhang Hanlei, Chow M Y. Comprehensive dynamic battery modeling for PHEV applications[C]. IEEE Power and Energy Society General Meeting, IEEE, 2010: 1-6.

[452] Zhang J, Wang Z, Miller E J, et al. Multi-period planning of locations and capacities of public charging stations[J]. Journal of Energy Storage, 2023, 72: 108565.

[453] Zhang L, Zhao Z, Xin H, et al. Charge pricing model for electric vehicle charging infrastructure public-private partnership projects in China: A system dynamics analysis[J]. Journal of Cleaner Production, 2018, 199: 321-333.

[454] Zhao F, Shang H Y, Cui J H. Role of electric vehicle driving behavior on optimal setting of wireless charging lane[J]. Physica A: Statistical Mechanics and its Applications, 2023, 618: 128655.

[455] Niu Z, An K, Ma W. Vehicle-to-grid enabled charging infrastructure planning and operations considering demand uncertainties[J]. Transportation Research Part D, 2024, 127: 103918.

[456] Zhao Z, Lee C K M, Ren J. A two-level charging scheduling method for public electric vehicle charging stations considering heterogeneous demand and nonlinear charging profile[J]. Applied Energy, 2024, 355: 122278.

[457] Zhou W, Huang R, Liu K, et al. A novel interval-based approach for quantifying practical parameter identifiability of a lithium-ion battery model[J]. International Journal of Energy Research, 2020, 44(5): 3558-3573.

[458] Zhao J, He C, Peng C, et al. Blockchain for Effective Renewable Energy Management in the Intelligent Transportation System[J]. Journal of Interconnection Networks, 2021, 22(S1): 2141009.

[459] Zitzler E. Evolutionary algorithms for multiobjective optimization: methods and applications[D]. Zurich: Swiss Federal Institute of Technology Zurich, 1999.